李成军 著

本书为 2016 年浙江省哲学社会科学规划课题成果

项目名称：传统伦理思想的近代转型及其社会机制研究

立项号：16NDJC319YBM

儒家伦理思想

近代演进研究

（1840—1930 年）

西南交通大学出版社

·成 都·

图书在版编目（ＣＩＰ）数据

儒家伦理思想近代演进研究：1840—1930 年／李成军著. —成都：西南交通大学出版社，2021.4
ISBN 978-7-5643-8007-6

Ⅰ. ①儒… Ⅱ. ①李… Ⅲ. ①儒家－伦理学－研究－中国－近代 Ⅳ. ①B82-092②B222.05

中国版本图书馆 CIP 数据核字（2021）第 062771 号

Rujia Lunli Sixiang Jindai Yanjin Yanjiu
（1840—1930 Nian）
儒家伦理思想近代演进研究
（1840—1930 年）

李成军　著

责任编辑　郑丽娟
封面设计　原创动力

印张　14.5　　字数　208 千

成品尺寸　170 mm×230 mm

版次　2021 年 4 月第 1 版

印次　2021 年 4 月第 1 次

印刷　四川森林印务有限责任公司

书号　ISBN 978-7-5643-8007-6

出版发行　西南交通大学出版社

网址　http://www.xnjdcbs.com

地址　四川省成都市二环路北一段 111 号
　　　西南交通大学创新大厦 21 楼

邮政编码　610031

发行部电话　028-87600564　028-87600533

定价　78.00 元

目
录

绪　论　\001

第一章　清末儒家伦理秩序的冲击与调适　\010

　　第一节　古代社会之儒家伦理　\010

　　第二节　洋务运动时期社会危机与儒家伦理的应对　\028

　　第三节　甲午战败后儒家伦理秩序的危机与应对　\043

　　第四节　儒家礼教的近代转换　\070

第二章　民国初年儒家伦理制度的崩坏与重建　\099

　　第一节　新旧意识形态的转换　\099

　　第二节　袁世凯恢复儒家伦理设施的尝试　\108

　　第三节　孔教会之孔教思想　\123

第三章　五四新文化运动时期儒家伦理思想的解构与重构　\147

 第一节　思想氛围之空前大变动　\147

 第二节　杜亚泉之儒家伦理近代转换思想研究　\155

 第三节　陈独秀对儒家礼教秩序的批判　\176

 第四节　学衡派儒家伦理合法性之构建　\192

结　语　\214

参考文献　\222

绪　论

　　自近代以来，儒家伦理遭遇数次激烈的反传统运动，其合法性遭到怀疑甚至否定，至今仍未能有思想体系将其整体上恢复。但自近代以至今日，这并不妨碍儒家伦理之现实价值仍被社会广泛相信并倡导。过去多以此为保守思想太盛之故。笔者以为，儒家伦理影响绵延至今日，这是一种有一点诡异却又在情理之中的文化现象。也就是说，对儒家伦理合法性的怀疑甚至否定实际上并没有从根本上清除其现实存在。对儒家伦理合法性的怀疑甚至否定为观念层面之批判，而其现实存在则取决于实际需要，属于应用层面之实践。两者相互作用决定了儒家伦理之现实状态，即观念层面对其合法性进行怀疑甚至否定，但并不妨碍现实生活中人们对部分儒家伦理价值之遵循，也即观念和现实两者存在很大反差。为什么会出现这种现象？这个过程到底是怎么样发生的？这就需要对儒家伦理思想之近代演变过程进行系统梳理。

　　那么，学界对于儒家伦理思想之近代演变过程的相关研究状况如何呢？该话题一直受到学界广泛关注，但不同时期论域不同，因而关注的焦点有所不同。

　　大致而言，自中华人民共和国成立至 20 世纪 80 年代，这一时期相关研究深受政治意识形态影响，对于儒家伦理总体以批判为主。如 20

世纪 50 年代末陈旭麓在《学术月刊》发表的《"五四"前夜政治思想的逆流〔二〕——民国初年的反动复辟思想》一文，提出凡属主张提倡旧礼教旧思想的人都是半封建文化的代表。^①又如 1957 年侯外庐的《中国思想通史》中，儒家代表性人物的伦理思想被视为封建专制合理化思想，如孟子伦理思想为挽救贵族危机的反动复古思想，朱熹伦理思想为服务于封建统治阶级的反动意识形态，等等。此外，儒学研究学者除梁漱溟、熊十力、陈寅恪等少数学人外，像冯友兰、贺麟、金岳霖等新理学与新心学的代表人物，在经过思想改造后都开始重新批判自己过去有关儒家伦理的观点。^②这一阶段有关儒家伦理思想批判之理论工具延续近代以来之二元对立范式，即传统/现代、进步/落后等。在该范式中，儒家伦理思想之近代演变过程无疑是批判的对象。

进入 20 世纪 80 年代至 90 年代初，出现了一些近代伦理思想研究专著。当时虽然经济上改革开放已经启动，但思想上仍未能走出旧有之窠臼，相关研究大多延续改革开放前二元对立范式，按不同阶级阵营划分其伦理思想，相关研究成果如张锡勤等的《中国近代伦理思想史》（1984 年版）、杨忠文《中国近代伦理思想史》（1984 年版）等。代表性观点如张锡勤等的《中国近代伦理思想史》将近代伦理思想划分为以曾国藩为代表的地主阶级伦理思想，以康有为、梁启超为代表的资产阶级维新派伦理思想，以陈独秀等为代表的新文化运动激进民主派伦理思想等。

相关研究论域之改变始于 20 世纪 80 年代末至 90 年代初。这一时期，发生了两场有一定影响力之文化大讨论，即 20 世纪 80 年代末有关近代史上"激进主义"与"保守主义"的论争以及 90 年代初之人文精神大讨论。

近代史上"激进主义"与"保守主义"论争双方代表人物，批评激

---

① 陈旭麓：《"五四"前夜政治思想的逆流（二）——民国初年的反动复辟思想》，《学术月刊》，1959 年第 3 期。

② 曾振宇：《儒家伦理思想研究》，北京：中华书局 2003 年版，第 8 页。

进主义者为余英时等，辩护者有姜义华等。尽管看起来双方分歧较大，但实际上他们形成共识，即都反对作为意识形态之反传统激进主义。[①]余英时与姜义华的争论在 20 世纪 90 年代初的思想界产生广泛影响。1992年李泽厚提出"告别革命论"，1993 年陈来在《东方》杂志创刊号上发表了《二十世纪文化运动中的激进主义》一文，对 20 世纪以来思想界激进主义倾向之负面影响进行梳理。另外，1994 年，著名学者王元化发表《杜亚泉与东西文化问题论战》，对杜亚泉之调和思想予以重新评价，批评了当时激进思想在思维模式和心态上之种种阙失，如意图伦理、功利主义、激进情绪等。[②]20 世纪 90 年代"激进主义"与"保守主义"论争的思想意义就在于通过对近代反传统运动进行反思，推动整个社会对激进意识形态以及传统文化之价值进行重新反思。

对传统文化的反思主要通过文学界人文精神的讨论予以体现。1993年《上海文学》第 6 期刊登王晓明等人的对话录《旷野上的废墟——文学和人文精神的危机》。该文提出，社会商品化将文学连根拔起，文学危机实际上暴露了当代中国人人文精神的衰落与危机。[③]《读书》杂志 1994年连续安排了五组对话，将人文精神的讨论从文学领域扩展到"文史哲"以至整个人文社会学科等领域。其他如《文汇报》《光明日报》《中华读

---

① 许纪霖在《启蒙的自我瓦解——1990 年代以来中国思想文化界重大论争研究》（吉林出版集团有限责任公司，2007 年版）一书中对该问题进行了详尽的分析。

② 该文首次对长期以来被认为是保守和落伍的杜亚泉进行积极评价："我认为把杜亚泉看作是一位反对革新的落伍者，这种误解要归之于长期以来中国近代史上发生的急骤变化。"他认为，杜亚泉并不反对改革，而主张温和渐进改革，其理论基础就是接续主义，即"一方面有开进的意味，一方面又含保守意味"。王元化认为杜亚泉在东西文化论战中提出的许多问题，如传统道德的现代继承问题、东西文化的融合问题，都值得进一步探讨。参见王元化：《九十年代反思录》，上海：上海古籍出版社 2000 年版，第 44-67 页（原载《学人》第 5 辑，1994 年）。

③ 王晓明等：《旷野上的废墟——文学和人文精神的危机》，《人文精神寻思录》，上海：文汇出版社 1996 年版，第 2 页。

书报》《作家报》等也组专栏讨论。[1]1994 年《读书》杂志第 3 期开始讨论如何"挽救"人文精神，该刊第 6 期沿此思路，进入"应寻找哪些精神资源以重建人文精神？"的话题上来。试图重建人文精神的学者开始反思中国传统文化及西方文化两大文化资源各自对于人文精神重建的意义。他们意识到全盘西化引进西方人文精神行不通，转而从传统文化中寻找精神资源，进而承认传统文化中也有某种人文精神。[2]

可见，人文精神的讨论致使部分学者从思想上开始重新思考传统文化的价值，并对儒家文化中蕴含的人文精神给予有限肯定。人文精神的讨论和有关近代激进主义与保守主义的讨论两者殊途同归，从不同思路走向对传统文化的关注，且两者都在一定程度上促成了人们以一种全面、客观甚至同情的态度理解以儒家文化为主体内容的传统文化，从而促进了其地位的提升，[3]为 20 世纪 90 年代初儒家伦理相关研究的回暖奠定了重要思想基础。

在传统文化得到同情的背景下，有关儒家伦理的研究开始受到重视，出现了一批近代伦理思想的专著，对儒家伦理思想近代演变开始有所涉及。如张岂之、陈国庆《近代伦理思想的变迁》（1993 年版）、徐顺教《中国近代伦理思想研究》（1994 年版）、唐凯麟《走向近代的先声——

---

① 许纪霖：《启蒙的自我瓦解——1990 年代以来中国思想文化界重大论争研究》，长春：吉林出版集团有限责任公司 2007 年版，第 1-44 页。

② "今天谈人文精神的失落、遮蔽、重建，必须明确一个前提：传统中有无人文精神？如果在中国文化传统中根本找不到今天我们所需要的人文精神，那么只能说传统中没有真正的人文精神，也就谈不上失落或遮蔽。但如此一来，重建又以什么为依据为参照呢？全盘西化式的人文精神在中国又行不通，最后可能我们还是必须从传统中寻找人文精神的原素。……不妨说，中国知识分子原来是有着自己的人文精神的。历史上的儒家哲学，尤其是先秦儒家，可以说是中国式人文精神的体现。"王彬彬发言：《我们需要什么样的人文精神》，《人文精神寻思录》，上海：文汇出版社 1996 年版（原载《读书》1994 年第 6 期）。

③ 人文精神的讨论中有关对激进主义的反思在进入 21 世纪后仍在继续，如张汝伦在 2001 年进一步提出，进化论是近代思想史中导致不断激进、不断否定传统的思想根源。参见张汝伦：《现代中国思想研究》，上海：上海人民出版社 2001 年版，第 60 页。

中国早期启蒙伦理思想研究》（1993 年版）等。一些研究成果开始突破阵营划分的窠臼，试图从伦理思想现代化发展的理路出发对儒家伦理近代演变进行梳理。代表性成果如张怀承的《天人之变——中国传统伦理道德的近代转型》（1998 年版）认为传统儒家伦理与近代伦理属于两种不同类型，它们在思想性质和内容方面有本质区别。近代道德是近代大机器工业生产即资本主义生产方式的产物，它以人的现实利益作为道德价值的本原，以个人主义作为最高价值标准，以自由、平等、博爱作为社会生活最基本道德原则；而传统儒家道德则建立在宗法血缘家庭和小农自然经济基础之上，以天道本体的伦理精神为最终价值本原，以整体利益（道义）作为最高价值标准，以三纲五常为最基本社会秩序和道德原则。传统道德之近代转型，表现了中国传统儒家道德的发展在道德价值本原、价值标准、价值原则乃至道德思维方法、道德的作用等方面质的变革与飞跃，反映了两种不同时代精神之间的转换。①

　　该著的意义就在于突破了以阶级阵营划分伦理思想，并决定其存在价值的固有范式，试图从伦理思想本身的近代化发展理路出发重新界定儒家伦理思想之近代演变的逻辑理路及其意义，对于促进相关研究无疑具有重要的、积极的理论意义。但有一些问题值得进一步商榷，即该著将西方伦理思想的近代化当作儒家伦理思想近代演变的方向，并以此为依据，对儒家伦理思想之近代化发展进行梳理，对符合西方伦理思想近代化的儒家伦理思想因素给予一定肯定，其研究理路仍然没有逃离传统/现代、进步/落后二元对立之窠臼。按照该著的逻辑理路，儒家伦理思想的演变要么走向西方人道主义、自由、平等等伦理价值，要么走向灭亡。而近代一些回归儒家伦理或与之妥协的伦理思想，在该著看来则是传统伦理道德近代转型的不彻底；西方自由、民主等思想并未在中国生根的

---

　　① 张怀承：《天人之变——中国传统伦理道德的近代转型》，长沙：湖南教育出版社 1998 年版，第 20 页。

现象，在该著看来，即中国资本主义社会转型失败的产物等。概言之，该著对于儒家伦理思想近代演变过程的论述主要为一种外在视角，而非儒家伦理思想在中国社会发展的内在视角，因而难以客观准确地反映儒家伦理思想近代演变历史进程。

进入 21 世纪以后，出现了一批近代伦理转型相关研究成果，如李承贵《德性源流——中国传统道德转型研究》（2004 年版）、周海春《中国近代早期改革派与近代伦理思想的演变》（2004 年版）、黄进兴《从理学到伦理学：清末民初道德意识的转化》（2014 年版）、杨玉荣《中国近代伦理学核心术语的生成研究》（2013 年版）、陈文《近代社会变革中的伦理探索：从戊戌到五四》（2011 年版）、赵炎才《晚清民初道德观念嬗变研究》（2015 年版），等等。这些研究成果从近代不同时段、不同流派或道德观念等角度对近代伦理思想的变迁进行了梳理，有部分内容涉及儒家伦理思想之变迁。其中有部分研究从儒家伦理内在视角梳理其近代演变，如李承贵的《德性源流——中国传统道德转型研究》（2004 年版）和赵炎才的《晚清民初道德观念嬗变研究》（2015 年版）等。《晚清民初道德观念嬗变研究》一书对"孝""忠""礼""仁""奢""俭"等观念的近代演变进行了分析，对其积极价值进行了挖掘，对于了解儒家伦理之近代演变具有重要参考价值。但该著对儒家伦理的整体演变规律分析得不够。

《德性源流——中国传统道德转型研究》一书试图从传统道德，主要即儒家伦理的三个维度出发分析其演变过程。该著认为传统道德的结构有三个维度，分别是道德价值依据、道德价值表达形式和道德价值实施途径。其中，道德价值依据具有二元性，一为外倾之源的天理，一为内倾之源的心性，两者皆为道德本体。而传统伦理的近代转型也主要从这三个维度进行。①该观点实际上是对儒家伦理思想，尤其是理学思想之

---

① 李承贵：《德性源流——中国传统道德转型研究》，南昌：江西教育出版社 2004 年版，第 26 页。

误解。根据理学思想，天理为先验之运行规则，而人性则为天理先验规则在人之体现，因而人性体现天理，两者实为一元，所谓二元说值得商榷。

就道德价值依据之一的天理的近代转型而言，该著认为它始于明中期，即"天理"强调道德原则的绝对性与主体对道德原则的自主性两者之间存在矛盾。当时，商品经济发展，功利主义盛行，道德主体膨胀，导致"天理"内部矛盾突出，而致其道德本体地位被否定，具体包括天理的普遍性关怀品格导致天理神秘性、超验性消失，天理的原则性导致天理实体性丧失，天理之主体化导致天理绝对性丧失等。[①]这些观点都值得商榷，如就"天理道德原则的绝对性与主体对道德原则的自主性两者之间矛盾"这一观点而言，笔者认为，天理的绝对性由其先验性所决定，属于先验范畴，而主体对道德原则的自主性则为道德实践的主体能动性，属于经验范畴，后者对前者的冲击主要在于对个体是否认同"天理观"产生影响，即个体因为经验的原因对于天理之先验属性的真理性产生了怀疑或动摇，其实质即认同危机，并非两者之逻辑矛盾。其他观点也一样，所谓神秘性、超验性消失，应该也指的是个体之有关"神秘性、超验性"认同的消失，而非天理观念之"神秘性、超验性"的消失。另一个值得思考的问题就是，对于儒家天理和心性之演变的逻辑及其动因阐释还不够清晰。如就天理演变而言，仅仅谈到明中期由于经济发展、功利主义盛行的外在诱因，但是并未阐释在这种外在因素刺激下，儒家伦理演变之内在逻辑究竟为何等。

另外，就道德价值依据之二的心性的近代转型而言，该著认为近代康有为之"心"生理化与心理化，瓦解了其本体意义，而清代后期戴震等人有关万物自然之性的观点瓦解了人性之道德本体意义等。[②]

---

① 李承贵：《德性源流——中国传统道德转型研究》，南昌：江西教育出版社 2004 年版，第 37-38 页。

② 李承贵：《德性源流——中国传统道德转型研究》，南昌：江西教育出版社 2004 年版，第 75-79 页。

就道德价值表达形式而言，该著对"忠""孝""贞节""义与利""理与欲"和"公与私"等道德观念进行分析，如"孝"的演变在于由专制到民主，"忠"由一元到多元，"理与欲"的关系由紧张到宽松等。就道德价值实施途径而言，主要包括"礼"由完整到支离，学校由崇德到尚知，等等。①

该著从道德价值依据、道德价值表达形式以及道德价值实施途径三方面对传统伦理之近代演变进行了分析，与二元对立的研究范式已经有很大区别，在摆脱政治意识形态束缚方面又迈出了重要一步。但该著的一些基本观点值得商榷，且有关道德价值依据、道德价值表达形式以及道德价值实施途径等方面的近代演变的分析，对其变迁逻辑理路及其动因还需进一步阐述等。

总之，中华人民共和国成立以来，有关近代儒家伦理思想演变的研究经历了一个逐渐去政治化和去意识形态化的过程。这一点对于促进相关研究更加客观、深入具有重要意义。但是，研究视角的去政治化和去意识形态化，并不意味着其研究内容也去意识形态化。实际上，儒家伦理在中国古代社会中，与其意识形态地位密切相关；其近代化过程中，也与其意识形态地位变化密切相关。也就是说，只有从儒家伦理之意识形态地位出发，才能更好地把握儒家伦理近代演变之规律及其特征。在梳理中华人民共和国成立以来学者有关研究成果的基础上，本书试图提出不同研究理路。

其一，整体性视角。本书认为仅仅梳理儒家伦理个别规范或道德观念之近代演变，难以整体把握儒家伦理思想近代演变之规律。因此，本书主要从儒家伦理之意识形态地位出发，从不同历史时期其地位变动、制度设施变革、合法性构建等意识形态变迁出发探讨儒家伦理思想之近代演变。

---

① 李承贵：《德性源流——中国传统道德转型研究》，南昌：江西教育出版社2004年版，第2页。

其二，根源问题分析。本书认为，儒家伦理思想之近代演变有其内在推动力及其发展线索，此即儒家伦理思想近代演变之根源问题。所谓推动力，即一定历史时期，其社会秩序构建或维系有一定内在秩序需求，而伦理思想只有适应这种内在秩序需求才能促进自身的发展演变。儒家伦理思想近代演变之推动力即近代不同历史时期社会秩序构建的内在秩序需求，而在维系自身存在的前提下，满足这种需求，并不断进行自我革新和调整，这是儒家伦理思想近代演变的发展线索。

其三，内在逻辑理路。虽然儒家伦理思想近代演变受制于社会制约性因素，但是还要遵循其本身的轨迹，它往往以一定核心观念内涵的变迁为线索，形成一个历史的动态语义脉络。另外，不同核心观念的语义组成一个复杂的意义网络，这些意义网络层层叠积，形成复杂的观念世界。不同伦理思想流派的核心观念可能具有不同的变迁线索，并形成不同的意义网络和不同的观念世界。这些不同思想流派之间通过一定的观念建立沟通和对话通道，从而进行现实世界中的思想争议。不同流派之间的观念世界以及彼此间的观念通道构成了思想的内在结构。

概言之，本书试图以儒家伦理意识形态地位及其制度设施等方面的变化为基本背景，以儒家伦理适应不同历史时期社会秩序构建的内在秩序需求为线索，梳理近代不同历史时期不同人物或流派有关儒家伦理思想之基本内容及其内在脉络，并试图回答"何以儒家伦理合法性受到打击，却仍为社会所认同？"的问题，对于深化相关研究具有重要的理论意义。

第一章
清末儒家伦理秩序的冲击与调适

　　鸦片战争后，面对"师夷长技以制夷"的现实需要，洋务派试图接纳西学，但却引发对传统儒家式伦理秩序之冲击。为适应时代需要，儒家伦理之近代转换由此开始启动。

第一节　古代社会之儒家伦理

　　研究儒家伦理之演变，不能局限于儒家伦理思想、制度本身，而应从儒家伦理与古代中国社会发展的视角予以重新思考，从而帮助理解儒家伦理思想及其制度演变之动因及脉络。我们认为，任何伦理思想都在一定程度上是对社会秩序构建的回应。一定空间范围内社会秩序的演变不可能随意进行，而受其内在秩序需求的驱动，这是伦理思想演变之基本逻辑所在。这种秩序需求从根本上说，与一定时空范围内社会秩序问题，即社会群体生存基本问题密切相关。这种社会群体，在古代社会中可能是一个部落、一个封建国家、一个城邦、一个中央帝国、一个民族国家等政治实体。在公元前 5 世纪至公元前 4 世纪的古希腊，由于伯罗奔尼撒战争，雅典由兴盛顶峰转入衰落，雅典的民主制度遇到危机，并由此带来许多社会问题。为了回应这些问题，苏格拉底开始将思考的重点由上天转向人，由关注自然转向关注社会，由主要关心"世界怎样来"转向关心"人应该往哪里去"，即人类社会判断一切的价值依据是什么，人应该具备什么样的德性，人类社会应该形成什么样的相应制度安排，等等。同样，在中国春秋时代，孔子试图以内在之"仁"和外在之"礼"相结合，以重建礼教秩序。①可以说，儒家伦理思想的兴起即为对当时社会秩序"礼崩乐坏"局面的回应。尽管当时孔子的回应并没有得到各诸侯统治者的采纳而成为主导性社会意识形态，却为后世儒家伦理思想的发展奠定了思想基础。

当然，不同历史阶段有不同的社会秩序问题，因而有不同的社会秩序需求。但与世界上所有其他国家不同之处在于，中国是世界文明古国当中文明唯一延续至今的国家。之所以延续至今，很大程度上在于中国很好地解决了分裂带来的亡国危机。在几千年的历史发展中，分裂是异常状态，而回归统一始终是历史常态。这一点在世界历史发展中非常罕见。以欧洲进行比较，罗马帝国全盛时期 350 多万平方千米，地跨整个地中海，人口 7000 万；为了建立统一的秩序，罗马帝国建立了驿站，统一了共同语言（拉丁语），有统一货币，制定统一的法律，还有共同的基督教思想。②经历几百年之后，罗马帝国衰落，分裂为东、西罗马帝国。西罗马帝国随着日耳曼人的大规模入侵土崩瓦解，东罗马帝国（拜占庭帝国）又延续了近 1000 年后灭亡。帝国的衰落和灭亡很正常，但是，罗马帝国灭亡以后，西欧后来尽管又产生了几个统一王国，但始终没有能建立一统欧洲、恢复罗马帝国疆域的大帝国。一个朝代覆灭，随之另一个朝代崛起，王朝周期律，延绵数千年，在世界范围来看，只是中国之独特现象。

---

① 何怀宏：《伦理学是什么？》，北京：北京大学出版社 2002 年版，第 30 页。

② [英]德尼兹·加亚尔等著，蔡鸿滨等译：《欧洲史》，海口：海南出版社 1992 年版，第 120-122 页。

儒家伦理思想之所以得以延绵几千年，成为独尊的社会意识形态，原因在于它很好地满足了中国古代建立大一统社会秩序的需求。在中国古代社会，儒家伦理不仅仅是个体须践行之伦理规范，即所谓"成人之学"，同时它还有相应礼法制度确保其实施。伦理观念与保障制度结合而形成紧密之契合关系，这是思考中国古代社会中儒家伦理之基本观念前提。

一、作为观念事实的儒家伦理

（一）儒家伦理思想发展简述

在古代社会，维系一个庞大国家的统一非常不容易。疆土越大，时间越久，相应离心力越强，向心力越弱。如何维护国家的统一和建立稳定的社会秩序，是一个疆域辽阔的帝国头等重要的问题。中国自秦始皇统一以来，为此进行了不懈的探索，尽管不是唯一，但儒家思想在其中起到了不可替代的作用。当然，采用儒家思想——其中核心是其伦理思想——作为构建社会秩序的基本原理，也经历了一个探索的过程。在统一六国后，与罗马帝国类似，秦始皇统一了货币、文字，建立了中央集权制度和各级行政组织。[①]此外，为了获取原六国贵族和人民的认可，获得统治合法性，秦王朝在原非秦国地区并未立马采用郡县制，而视不同地区情况之不同，建立不同控制关系，甚或承认各地原治理阶层统治权力之合法性。[②]政治权力的让步并没有换来六国贵族的臣服，他们忍受了短暂屈辱之后，纷纷反叛。秦虽然通过暴力建立了统一的社会秩序，但是非常脆弱，并未能有效建立起秩序的合法性以及个体对于秩序的内化。旋即，秦历二世而亡。

汉初黄老之学崇尚无为而治，尽管对于汉初经济发展具有重要指导

---

① 韦庆远等：《中国政治制度史》，北京：中国人民大学出版社 2005 年版，第70 页。
② 庞朴：《中国儒学（一）》，上海：东方出版社 1997 年版，第 92 页。

意义，但其致命缺陷在于无法建立一种稳定、统一的社会秩序。到汉武帝时期，由于疆土与人口规模的进一步扩大，如何维持稳定和统一的秩序，成了一个紧迫的、关键的现实政治问题。在这种背景下，汉武帝采纳董仲舒的建议，"罢黜百家，独尊儒术"。董仲舒儒学思想的最大特点就在于通过将"天"神圣化，以天道为万物之准则，人道合于天道："春秋之道，……故圣者法天，贤者法圣，此其大数也；得大数而治，失大数而乱，此治乱之分也"。① 一则，政治权力来自天，君权神授；二则大一统是"天地之常经，古今之通谊"；三则"三纲"为天道之摹本，"仁义制度之数，尽取之天"。② 之后，在董仲舒儒学思想基础上，汉章帝召集大臣、学者举行白虎观会议，通过五经经义讨论制定国家政典。班固将讨论成果编撰为《白虎通义》。③ 该著对"三纲六纪"进行系统阐述，"三纲者，何谓也？君臣、父子、夫妇也"，"六纪者，谓诸父、兄弟、族人、诸舅、师长、朋友也"。④ 三纲的依据在于"法天地人"，六纪则在于"法六合"，这一点与董仲舒的思想一脉相承。总体而言，汉代儒学的思想贡献就在于，通过对天的神圣化，将人类伦常秩序视为天道之摹本，确立了大一统之国家秩序、君权神授之政治秩序、"三纲六纪"之社会秩序，从而为建立客观、神圣化的基于天道的永恒的儒家伦常秩序提供了思想方案，回应了建立统一、稳定秩序的需求，确立了秩序的合法化，为秩序的被认可提供了思想依据。

通过董仲舒及其后学的努力，儒家公羊学成为西汉的统治学说，成为汉代儒学的代表。至东汉末年，公羊学社会意识形态思想体系得以建

---

① 〔汉〕董仲舒：《楚庄王第一》，《春秋繁露义证》，北京：中华书局 1992 年版，第 8 页。
② 〔汉〕董仲舒：《楚庄王第一》，《春秋繁露义证》，北京：中华书局 1992 年版，第 8 页。
③ 朱汉民：《〈白虎通义〉：帝国政典和儒家经典的结合》，《北京大学学报》（哲学社会科学版），2017 年第 4 期，第 15-23 页。
④ 〔清〕陈立撰，吴则虞点校：《白虎通疏证》，中华书局 1994 年版，第 373-375 页。

立起来。①但是，这种伦常秩序并不稳固，从根本上说，并没有很好地解决个体如何将伦理秩序内化的问题，以致后世儒家伦理受到佛学冲击，而陷于思想和社会秩序之混乱。

进入魏晋南北朝，由于佛教的兴起，儒学的这些问题导致严重的内在信仰危机。②经历魏晋南北朝几百年的衰微和社会秩序紊乱，隋唐以来，儒家思想地位有了很大提高。唐朝初年，儒学被官学化，儒家经典被官方倡导，促进了经典之训诂，但并没有解决儒家伦理规范如何内化为人内心信念之问题，也即儒家并没有能够提供安身立命的精神资源，其内在信仰危机并没有解除。有唐一代，儒学一直没有能获得独尊地位。儒家伦理面临佛道各家之挑战，韩愈对此深有感触："周道衰，孔子没，火于秦……佛于晋魏梁隋之间；其言道德仁义者，不入于杨，则入于墨，不入于老，则入于佛。"③

尤其佛教对于儒学之挑战最大。隋唐以后之佛教强调通过心性修炼，为人之内心提供"安身立命"所在，为外在伦理规范提供内在认同和依据，在很大程度上弥补了汉代以来儒家经学之不足，即强调经典训诂，并试图从中寻找伦理规范之权威。因而，佛学在与儒学争夺人心的斗争中具有强大吸引力，对儒家地位形成严重冲击。在佛教之强大攻心力量下，儒家节节败退。为此，韩愈奋起反抗，倡导自尧、舜、禹、汤、文武周公、孔孟所传之心性儒学，也即道统。④为此，他重新强调《大学》"欲修其身者，先正其心"观念，即以"正心"对抗佛学之修心方法，为儒家伦理寻找获得个体内化之路径。⑤

---

① 庞朴：《中国儒学（一）》，上海：东方出版社1997年版，第113页。
② 庞朴：《中国儒学（一）》，上海：东方出版社1997年版，第180页。
③〔唐〕韩愈著，马其昶校注，马茂元整理：《原道》，《韩昌黎文集校注》，上海：上海古籍出版社1986年版，第13-14页。
④〔唐〕韩愈著，马其昶校注，马茂元整理：《韩昌黎文集校注》，上海：上海古籍出版社1986年版，第18页。
⑤〔唐〕韩愈著，马其昶校注，马茂元整理：《原道》，《韩昌黎文集校注》，上海：上海古籍出版社1986年版，第17页。

韩愈并没有能从根本上扭转当时儒学之地位，其贡献就在于将自尧舜禹、文武周公以至孔孟之心性儒学视为儒学之正统，一脉相承。韩愈道统思想通过周敦颐、张载以至程朱得以延续。朱熹推出四书，并将其置于五经之上。四书所凸显者为孔子、曾子、子思、孟子这一心性儒学思想传承谱系，将心性儒学（即理学）确立为儒学道统谱系之基本形态。他们以心性儒学为儒家正统，并使之进一步发展为理学，使儒学成为一个更精致的思想体系。程朱理学确立了由天理、人性、心、情等范畴组成的天理世界观，将个体品德视为天理在人之内化，修炼过程即"修身、齐家、治国、平天下"的"内圣外王"过程，由此以心性儒学为基础的儒家伦理思想体系得以完善。至此，儒家伦理思想发展到一个新高度，对后世影响深远。

明永乐十二年（1414年），明成祖朱棣下令纂修《五经四书大全》及《性理大全》儒家经典，主要以程朱理学思想为圭臬，次年编成，随后颁行，作为科举考试内容标准。清代沿袭明制。科举考试须按经按传，代圣贤立言，士子不得逾越半步。由此，明清所谓道统主要指程朱理学所代表之心性儒学，此即明清两代之官方正统思想。[①]

（二）理学伦理思想之精义

首先，程朱理学认为儒学最根本的经典依据就是《尚书·大禹谟》之"人心惟危，道心惟微；惟精惟一，允执厥中"，简称"虞廷十六字"，也就是程朱理学所言之传道密旨。[②]程颐较早对它进行初步义理阐释，朱熹称之为尧、舜、禹、汤万世相传之心法，将其地位推至空前高度。[③]

---

① 李成军：《近代国学教育思想研究》，上海：复旦大学出版社2014年版，第19页。
② 王世光：《程朱理学道统论的终结》，《天津社会科学》，2001年第2期。
③ 王世光：《程朱理学道统论的终结》，《天津社会科学》，2001年第2期。

其次，程朱理学思想为社会秩序构建的总体性方案，其核心内容即天理世界观。正如《中庸》所言，"天命之谓性，率性之谓道，修道之谓教"①。其中，社会秩序合法性源于"天"，"理"即天地运行之目的和规则。天理贯彻于人的关键就在于"人性"。"性"体现"理"，即人性通过与天理之同一性在人身上贯彻天理。此即所谓"天人合一"。正是"天人合一"，将外在伦理规范内化为个体品德修养，实现秩序内在化。社会秩序形成大致可以分为天理、人性、成德三个层面。②其一，天理层面。天是超验存在，其存在必须通过"理"与"气"来体现。天地运行依据"理"进行，"天"非目的和法则本身，"理"才是目的和法则，且"理"在逻辑上而非时间上先于天地，属于先验范畴，"未有天地之先，毕竟也只有先有此理，便有此天地。若无此理，便亦无天地"③。从涵盖范围来说，朱熹认为，万事万物只有一个理，具体事物之理皆此"一理"之分殊，天理贯彻在人则为仁义礼智信，等等。可见，朱熹所谓"天理"其具体内容主要为儒家"仁义礼智信"等伦理价值。这些价值，即康德所谓先验法则，而非自然科学所谓规律。作为先验法则，它为绝对真理，即它被视为不以人的意志为转移的事实性存在。这种先验真理性使天理成为包括皇权政治之一切社会秩序合法性之根源。其二，人性层面。朱熹认为世界万物据"理"而生，"理"在人即为"性"。由此，"性"成为沟通"天"与"人"之中介，"天"与"人"通过"性"而合一，即同据于"理"。所谓天人合一，即天人合一于天理。"理"是最高法则和依据，"性"体现"理"，理为至善，由此，"性"无不善。朱熹以天命之性为中介打通人与天理之关系，将天理内化为人之性。具体而言，就是将天理

---

① 〔南宋〕朱熹：《四书章句集注》，武汉：长江出版社 2016 年版，第 16 页。
② 儒学社会秩序构建的有关观点主要见笔者论文《康有为礼教观之近代转换》，《孝感学院学报》，2011 年第 3 期。
③ 〔南宋〕朱熹撰，郑明等点校：《朱子语类》（卷一）"理气上"，上海：上海古籍出版社 2002 年版，第 113 页。

之仁义礼智信确立为人性之基本内容。故此，人性论之意义就在于确立了天理先于经验之绝对地位，并为儒家将天理之仁义礼智信内容贯彻实施于人类之一切活动提供理论依据。以人性论为中介，天理贯彻实施于每个人，使每个人都有成圣可能，也即每个人都具备进入天理秩序之可能。另一方面，如果"性"无不善，恶从何而生？朱熹认为，人性有气质之性与天命之性两分。天命之性即所谓"性"，是"理"之所在；气质之性即所谓"情"，是恶之所生。天命之性，万物皆同，人与物亦同，都体现一个理；但气质之性，人与物、人与禽兽、人与人之间皆有差异，以此解释现实生活中个体间道德品质差异形成之根源，也为个体变化气质、接受教化提供可能。可以说，气质之性的可塑性是人接受教化之基本前提。其三，成德层面。由于天命之性不可改变，"恶"源于"气"不同所产生之情欲。天命之性与气质之性统属于心，即所谓"心统性情"。即心通过修养可以控制和改变气质之性，一方面向外格物致知，寻求"心"内在之"理"与万物外在之"理"豁然贯通；另一方面向内控制与调整"情"之发作。这样心成为秩序形成的内在装置，通过心对情欲的控制与约束以成德，心的两方面功能形成两条成德路径：一是心的内部活动，即主敬，居敬持志，即尊德性；二是向外格物致知，即道问学。所以，德性之形成以心的能动性为前提，它关注个人如何通过对情欲的控制与约束以成德，提高自己的道德水平。理学强调通过个体之修身达至对内外天理的体认与践行，并通过"齐家、治国、平天下"的路径，推己及人，从而实现同一的普遍性的伦理秩序。社会秩序形成的起点是个体之修身，此即所谓"成人"。总体而言，理学通过天理、人性、成德三个层面为社会秩序的构建提供依据，其中天理是社会秩序的合法性依据，而人性和心之成德过程则通过将外在规范内化，促进个体实现对道德秩序的认同与遵循，因而为社会道德秩序的形成提供了基本路径和方法。

二、作为制度事实的儒家伦理

儒家伦理不仅仅以观念形态存在，制度形态也是其重要存在形态。儒家伦理的制度形态即干春松所谓儒家制度化。如干春松所言，所谓儒家制度化，即以儒家学说为基准，建立起一套法律和实践系统，并通过传播使之逐渐深入习俗之中，成为指导人们生活实践的基本依据。①干春松有关儒家制度化的观点意图说明，儒学的地位及其影响力与借助于政治权力所形成的一系列保障性制度设计有关。笔者认为，通过政治权力运作，儒学被转化为一系列外在制度，由观念形态转变为指导社会实践及其秩序构建的刚性依据，从而实现空间延伸，实现伦常秩序的空间分布。也就是说，儒家伦理通过制度化将自身塑造为外在事实性存在，并反过来强化其思想之真理性，即在制度的压力下，人们往往不得不去遵循和实践儒家伦理思想，形成自动遵循的习惯，直至形成儒学信仰。具体如下。

（一）儒家礼法制度

礼是远古时代人们祭神求福的一种仪式，也是中国最早的规范体系。随着国家的出现，"礼"的内容逐渐发展为指导行为之伦常规范。其核心要求即固守规矩，"礼不妄说人，不辞费。礼不逾节，不侵侮，不好狎"②。社会秩序由此得以形成：

> 道德仁义，非礼不成；教训正俗，非礼不备；分争辨讼，非礼不决；君臣上下，父子兄弟，非礼不定；宦、学事师，非礼不亲；班朝、治军，莅官、行法，非礼威严不行；祷祠、祭祀，供给鬼神，非礼不诚不庄。③

---

① 干春松：《制度化儒家及其解体》，北京：中国人民大学出版社 2003 年版，第 9 页。
② 〔清〕孙希旦撰，沈啸寰、王星贤点校：《礼记集解》，北京：中华书局1989 年版，第 6-7 页。
③ 〔清〕孙希旦撰，沈啸寰、王星贤点校：《礼记集解》，北京：中华书局1989 年版，第 8-9 页。

礼规定什么能做，什么不能做，行为之伦理意蕴究竟为何，等等。进言之，即决定究竟形成何种社会伦理秩序，即如《礼记·曲礼》所谓："夫礼者，所以定亲疏，决嫌疑，别同异，明是非也。"[①]其本质，正如《礼记·曲礼》所言："修身践言，谓之善行。行修言道，礼之质也。"[②]也即礼的本质在于贯彻和体现"道"。可见，礼的意义在于通过身体装饰以及动作，实现伦常秩序的空间展示。礼具有两方面的重要社会功能。其一，它是社会秩序的时空载体。礼通过一些仪式和程序将社会价值观念固化。说得更具体一点，礼就是社会价值观念的时间与空间的外在展示。在这个展示过程中，社会价值由观念形态转变为时空形态，即秩序实现客观化。在古代中国，礼通过对身体的时空分割，标识人的身份与地位，塑造一种伦理秩序，因而是礼教秩序的重要标志，是儒家伦理的客观化。可见，实际上，礼是社会价值观念之外在化，而其实质是秩序之外在化，即客观化。这一点康有为颇有同感："且夫礼俗教化者，人所以行持云为者也，人道以为主宰，奉以周旋者也。何以立身，何以行事，何以云为，何以交接，必有所尊信畏敬者，以为依归，以为法式。"[③]反过来讲，礼通过秩序客观化体现其事实性存在，因而它是秩序的重要时空载体。其二，它是社会教化的重要载体。礼既是社会价值标识，同时还是社会教化规则。礼的传播实际上就是以礼的仪式为载体的社会教化的扩散。礼的代际传承过程实际上就是个体的社会化过程。在中国古代社会，《家礼》是儒家伦理的重要传承载体。这两个功能其实为一体：礼承载社会秩序，同时在承载社会教化；社会秩序通过教化实现，教化的目的在于秩序之维系。从这个意义可以说，在古代中国社会中，礼是以身体为载体的儒

019

---

① 〔清〕孙希旦撰，沈啸寰、王星贤点校：《礼记集解》，北京：中华书局1989年版，第6页。

② 〔清〕孙希旦撰，沈啸寰、王星贤点校：《礼记集解》，北京：中华书局1989年版，第7页。

③ 康有为：《以孔教为国教配天议》，《康有为政论集》，北京：中华书局 1981年版，第842页。

家伦理再生产机制。通过明晰身份识别而形成社会秩序，因而礼备受历代统治者关注。汉代开启了中国礼制发展的一个新时期。经过两汉四百余年时间，礼制与儒家伦理紧密结合，成为贯彻儒家三纲五常伦理观念，约束人们婚姻、血统、亲续、君臣等各类社会关系的行为规范体系。①宋代朱熹编著《家礼》，礼得以庶民化，为民间家礼的发展奠定基础。明清时代《家礼》发展成为民间通用礼，通过《家礼》的广泛传播，礼制前所未有地下渗到民间社会，对民众生活给予规范。②由此，礼成为儒家伦理规范的重要制度设施，成为维系儒家伦理的基本制度保障。

法则是国家法律规范。在中国古代社会中，法也是贯彻儒家伦理的基本规范体系。董仲舒的公羊学将儒家经典奉为权威，甚至以《春秋》为法决狱讼，以之作为一切行为之准则，使得解释儒家经典微言大义的经学兴起，促进了儒学的兴起。汉代儒学通过这些制度设置，将思想观念与社会现实结合，被转化为现实的客观的社会伦常秩序，对历史发展影响深远。但是其流弊也非常严重，即反而促进儒学日益空疏，脱离现实。③此后，经历了几百年的探索实践，唐代编撰了古代社会中最早、最完整的一部法典《唐律》，儒家伦理渗透其中。比如，儒家伦理主张父为子隐，子为父隐，于是法律许亲属容隐，不要求子孙作证，更不许告父母，告者绞；④儒家"准五服以制罪"是《唐律疏议》核心原则之一，是唐代法律体系中贯穿始终的儒家伦理思想。如《唐律疏议》规定，但凡妻妾有殴打丈夫的行为，即应受一年有期徒刑；致丈夫重伤的，比一般人要罪加三等；致丈夫死亡的，受斩首之刑。⑤一般人相骂行为不构

① 杨志刚：《中国礼仪制度研究》，上海：华东师范大学出版社 2000 年版，第 153-154 页。
② 杨志刚：《中国礼仪制度研究》，上海：华东师范大学出版社 2000 年版，第 238 页。
③ 庞朴：《中国儒学（一）》，上海：东方出版社 1997 年版，第 114 页。
④ 高琳：《儒家礼法结合精神及其现代价值》，《法制与社会》，2009 年第 5 期。
⑤ 李博等：《伦理与正义的平衡——唐律对"服制定罪"的发展及思想价值评析》，《青岛科技大学学报》（社会科学版），2017 年第 3 期，第 114-120 页。

成犯罪，但子孙有咒骂祖父母、父母行为者应受绞刑处罚，殴打祖父母、父母者斩首等。[①]故《四库全书提要》云："唐律一准乎礼。"《宋刑统》沿用唐律，明、清律亦深受唐律影响，只是具体处分有所不同而已。[②]可以说古代社会中，法律的颁布是儒家伦理贯彻实施的保障，因而国家法也成为儒家伦理的重要制度设施。

礼法以各种形式体现并支撑儒家伦理思想，因而成为其基本制度设施。礼法通过一些仪式、程序和法律文件将儒家伦理观念固化，成为具有约束力的行为规范。进言之，礼法即儒家伦理思想的时间与空间外在展示。在展示过程中，儒家伦理由观念形态转变为时空形态，儒家伦理秩序实现客观化。可见，礼法是儒家伦理观念之外在化，而其实质是秩序之外在化。反过来讲，礼法通过秩序外在化体现其事实性存在，因而它是儒家伦理秩序的基本时空载体。[③]

（二）儒家政教结合制度

汉武帝采纳独尊儒术意见后，不久就在教育领域中实施，通过五经博士制度和儒家典籍经学化控制儒学解释权，通过对孔子的神圣化和祭孔仪式的国家化与经常化表征儒学独尊地位。[④]实际上，通过教育内容选择和传递的控制，确保儒家经典知识成为核心教育内容，通过教育的不断实施，进行儒家经典知识的再生产，从而确立了儒学独尊地位。隋唐确立科举制度，使之成为官员选拔的重要制度设施，同时也是连接教育内容和政治控制的核心制度设置，形成政教结合制度。之后，科举制

---

① 李博等：《伦理与正义的平衡——唐律对"服制定罪"的发展及思想价值评析》，《青岛科技大学学报》（社会科学版），2017 年第 3 期，第 114-120 页。
② 高琳：《儒家礼法结合精神及其现代价值》，《法制与社会》，2009 年第 5 期。
③ 李成军：《近代国学教育思想研究》，上海：复旦大学出版社 2014 年版，第 21-21 页。
④ 干春松：《制度化儒家及其解体》，北京：中国人民大学出版社 2003 年版，第 37-56 页。

度不断发展完善，到明清时成为连接官员选拔、人才培养的核心制度设施。传统教育制度以科举制度为核心，包括各级官学、书院等教育机构。尤其值得一提的是，各级官学日益沦为科举附庸，成为获取科举应试资格的预备场所，书院由此承接了部分原官学之教育功能，成为重要教育机构。科举考试注重四书五经等经典，各级官学以至书院等不得不跟随，由此形成以科举制度为核心的传统政教结合制度，它对于儒家伦理之独尊地位具有不可替代之保障作用，具体如下。

一是充当知识总闸门，不断进行儒学知识再生产。[1]明清科举试三场，首场试四书义、经义，重在首场，即所谓科举以四书五经取士之由来。朝廷根据四书五经颁布命题范围及标准答案。此后清代沿用明代惯例，大抵上科举考试出题必须出自四书五经。朝廷钦定经义、经说，颁行《圣谕广训》《钦定四书文》等。考试须按经按传，代圣贤立言。因而科举考试实为儒学知识再生产机制。三纲五常、忠孝礼义廉耻等纲常名教是儒学之重要内容，为传统社会政治、家庭秩序维系之基本依据。科举通过纲常名教思想之不断再生产，意在对政治、社会秩序之合法性不断进行论证。儒学地位维持千年而不倒，科举功莫大焉。在科举时代，历朝统治者也正是看到儒学对于维系社会、政治秩序之重要性，都竭尽全力维系科举制度，从而摒弃一切威胁儒学地位之知识。[2]其后果正如康有为所言：

非三代之书不得读，非诸经之说不得览……若章句瞽儒，学问止于《论语》，经义未闻《汉书》，读《礼记》则严删国恤，学《春秋》则束《三传》。若夫《周礼》以经国家，《仪礼》以范人伦，以试题不及，无人读诵。[3]

---

① 李成军：《清末科举考试变革与西学引进》，《湖北第二师范学院学报》，2011年第 4 期，第 91-94 页。
② 李成军：《清末科举考试变革与西学引进》，《湖北第二师范学院学报》，2011年第 4 期，第 91-94 页。
③ 汤志均：《康有为政论集》，北京：中华书局 1981 年版，第 269 页。

可见，以科举制度为核心的传统政教结合制度的实施确实起到了很好的知识筛选和控制功能，排除了任何可能危及儒学地位的知识，从源头确保了其独尊地位，保住了儒家伦理价值的独占地位。当然，其后果也非常严重，即排除了士人接触科举范围外知识之可能，束缚了士子的知识视野，以致鸦片战争之后，无法应对西学的冲击。

二是通过士绅身份再生产，形成拱卫儒家伦理之强大士绅集团。科举作为士人进身之途，选拔后备官员，生产功名、利禄，以之利诱天下士人，产生趋之若鹜的内在驱动力。科举考试形式上为公开、平等的竞争，社会各阶层，自显官富室以至穷乡僻壤的寒素之家，凡子弟有读书者皆愿一试。士人由科举而获取功名，成为士绅之一员。通过科举，士绅身份被不断再生产，成员不断增加。明清时期，士子一旦进为生员，朝廷便免其差徭，地方官以礼相待，非革黜不受刑责。生员一旦出贡或中举即可以正途入仕，如会试中式，成进士，入翰林，则梯步青云，光宗耀祖，正所谓"十年寒窗无人问，一举成名天下知"。正途出身当中又以文进士、文举人为科甲出身，尤为显耀，很多官职非科甲不与，一些清要之职非进士莫属。异途出身者授官及晋升相当困难，职位也非常有限，如清代汉人非经保举、汉军非经考试，不授京官及正印官。[①]

三是士绅文化权力的再生产。士人通过科举考试，不仅仅获取身份、功名与利禄，还由之获取文化权力，即基于儒学知识或儒家伦理修养之话语权或影响力。传统社会之政治、道德秩序合法性源于儒学思想，士绅通过控制儒学知识而掌握儒学之解释权，形成相对于皇权"势力"的文化权力。此文化权力促使他们形成坚定维护儒学之内在动力。这就意味着士绅的身份与儒学之间形成一荣俱荣的认同关系。这样，科举制度不断生成士绅成员，而士绅成员身份以儒学认同为前提，长年累月，士

---

① 王德昭：《清代科举制度研究》，北京：中华书局1984年版，第19-27页。

绅阶层逐渐形成一种强烈的儒学认同。[①]儒学发挥重大影响力的前提在于强烈的儒学认同，首先，儒学认同促使个体将皇权政治秩序理解为具万世不易之必然性，此为维系皇权政治秩序之观念前提；其次，士绅将儒学认同视为彼此间身份识别和认同的标识，将自身当作儒家道统之维护势力，相应地，社会将士绅视为单一社会群体；最后，也正是基于儒学认同，个体将儒学视为指导社会实践之基本观念体系。

通过文化权力，士绅、皇权形成紧密的权力关系。士绅凭借文化权力掌控思想合法性资源，为皇权进行合法性论证，并凭借儒家经典知识和儒家伦理践行，成为社会结构中之重要权力来源；皇权通过掌控政治权力，为文化权力提供政治担保和支撑，如任命士绅知识分子担任各级政府官员，给予士绅各种政治经济上特权等。两者相互强化，相互支持。由此，皇权与士绅相互支撑，统治者努力延续科举制度，一直延续到1905年科举制度的废除。除了带来政治利益之外，文化权力在很大程度上为士绅带来相应的影响力。在明清社会中，由于州县级以下乡村没有任何类型的正式政府存在，居乡村之士绅，作为社群或公众首领，在解决纠纷、组织募捐活动、主导地方防备、为民申冤昭雪、灾荒时给人们提供救济以及增进地方福利中扮演积极角色。[②]士绅发挥这些作用的基础就是文化权力。按照杜赞奇的观点，士绅的这种文化权力，在乡村就是以乡村文化网络为基础。[③]

---

① 认同的原意通常指持续存在于个人实体的人格，即一个人对自己的性格、目标或存在根源之确认。认同是维系思想观念合法性的前提，是一种人际行为协调机制，即将某种思想观念塑造成为对自然或社会整体性某种合理的整体，让社会成员自觉接受，并依据其原则行事。（参见金观涛、刘青峰：《开放中的变迁——再论中国社会超稳定结构》，北京：法律出版社2011年版，第34页。）据此，儒学认同指的是社会成员，主要是士绅对儒学的接受，以及自觉依据儒学伦理指导个体及社会实践的机制。儒学认同对于古代社会秩序具有重要的意义。

② 瞿同祖著，范忠信等译：《清代地方政府》，北京：法律出版社2003年版，第5-298页。

③ [美]杜赞奇著，王福明译：《文化、权力与国家——1910—1942年的华北农村》，南京：江苏人民出版社1996年版，第5页。

以科举制度为核心的传统政教结合制度是确保儒学独尊地位、士绅身份和文化权力的不断生成以及儒学认同的基本制度设施。通过科举制度，儒学知识、士绅身份、文化权力三者形成一个封闭的内部循环结构。在该结构中，由于科举制度规定官僚选拔以儒家经典及其解释为主要考核标准，儒家经典知识成为考试基本内容，儒家伦理规划成为官方正统社会规范。通过科举考试的不断进行，士绅成员及其文化权力、儒家经典知识不断进行再生产。掌握儒家经典知识之优秀士绅成员获得担任各级职务的资质，不在任的士绅成员凭借士绅身份以及儒家伦理的践行获得广泛的社会影响力，并由此增强社会成员参加科举考试获取士绅身份的积极性，由此形成一个循环。在这个循环过程中，儒学经典知识、儒家伦理价值得以不断进行再生产，促进其时间和空间的广泛传播。只有科举考试内容，才能进入循环系统，而科举以儒家经典为基本内容，因而排斥了接受其他知识体系的可能性，从而保持了儒家经典知识、儒家伦理的独尊地位，为形成大一统的社会秩序奠定基础。按照金观涛、刘青峰的观点，儒学与社会组织一体化的形成建立于儒学和士绅的特殊作用之上。正是儒学认同的作用，将整个社会各阶层组织力量维系成为一个整体；正是接受儒学教育的士绅担当社会基本组织力量，使得社会得以有序运行。一体化整合方式使得中国社会成为超稳定系统，使得中国成为农业社会中不可征服的庞大帝国。[①]

三、作为意识形态的儒家伦理

在古代社会中，儒家伦理被视为"道"。何谓"道"？《中庸》所谓"道也者，不可须臾离也，可离非道也。是故君子戒慎乎其所不睹，恐惧乎其所不闻。莫见乎隐，莫显乎微，故君子慎其独也"[②]。韩愈正式将

① 金观涛、刘青峰：《开放中的变迁——再论中国社会超稳定结构》，北京：法律出版社 2011 年版，第 11 页。

② 〔南宋〕朱熹：《四书章句集注》，武汉：长江出版社 2016 年版，第 16 页。

儒家伦理上升为"道统"。①将儒家伦理理解为"道"的观念一直延续到清末。清末郑观应《盛世危言》以道器论开篇，充分凸显了"道"的重要性。依据郑观应的观点，"道"并非某种观念思想，其内容为儒家伦理，其地位为"自伏羲、神农、黄帝、尧、舜、禹、汤、文、武以来，列圣相传之大道"，也即指圣道传承的道统，其内容为"自天子以至于庶人，壹是皆以修身为本"。②结合儒家伦理发展历史可以看出，儒家伦理在一定程度上就是一种意识形态。

意识形态概念最早由法国哲学家特拉西（Destutt de Tracy）于 1796 年提出。③此时的西方，批判封建主义、推动理性解放的启蒙运动如火如荼。在这个过程中，意识形态概念被当作科学观念，被作为批判的武器，用以反对非理性、形而上学和宗教思想。④特拉西所谓意识形态是指"观念学说"或"观念科学"，其使命在于研究认识的起源与边界、认识的可能性与可靠性等问题。应该说，特拉西的意识形态概念主要属于哲学认识论范畴，其意义在于去除封建主义旧思想在认识上的遮蔽。马克思延续了意识形态的认识论功能，但赋予其否定性内容。依据马克思的观点，意识形态是建筑于经济基础之上的虚假意识或颠倒了的世界观，是批判的对象。⑤此外还有社会学意义的意识形态概念。社会学意义的意识形态概念不考虑意识形态是否虚假，而关注其社会功能。法国哲学家阿尔都塞⑥（Louis Althusser）认为，一般意识形态的功能主要是再生

① 〔唐〕韩愈著，马其昶校注，马茂元整理：《韩昌黎文集校注》，上海：上海古籍出版社 1985 年版，第 18 页。
② 〔清〕郑观应：《盛世危言》，沈阳：辽宁人民出版社 1994 年版，第 17 页。
③ 季广茂：《意识形态》，桂林：广西师范大学出版社 2005 年版，第 26 页。
④ [美]Jorge Larrain 著，戴从容译：《意识形态与文化身份：现代和第三世界的在场》，上海：上海教育出版社 2005 年版，第 12 页。
⑤ 季广茂：《意识形态》，桂林：广西师范大学出版社 2005 年版，第 24-36 页。
⑥ 路易斯·阿尔都塞（Louis Althusser, 1918—1990），法国著名哲学家、"结构主义马克思主义"的奠基人，主要著作有《孟德斯鸠、卢梭、马克思：政治和历史》《保卫马克思》《阅读〈资本论〉》《列宁与哲学》《自我批评》等。

产生产关系，把个人构建为服从现存秩序的主体，从而确保社会的团结。①生产关系的再生产就是通过意识形态国家机器，如宗教、教育、家庭、媒体、文化等实现的。②哲学认识论范畴的意识形态概念主要用于认识论批判，而社会学意义的意识形态概念更有助于揭示意识形态的运作及其功能，因而本书主要从社会学意义理解意识形态概念。从社会学意义来看，意识形态首先是思想或观念体系，具有系统性特点，即意识形态是社会或世界的整体性观念体系。③其次，它还有以思想或观念为基础的制度体系及行动体系，以执行特定的社会功能。从这个意义上说，基督教、伊斯兰教等是意识形态，儒学（或称之为儒教、孔教）具有系统性和整体性的观念体系，并通过儒家政教结合制度，形成排他属性，也是一种意识形态。

儒家伦理作为儒学意识形态的核心内容，包括一整套对世界和社会秩序的总体性价值观念体系及其相应制度设施。除儒家伦理外，儒学意识形态还有一整套学术观念、学术制度体系以及配套政治制度体系等。中国人关于世界观、价值观、人生存在意义等基本伦理问题的观念等都来自儒家伦理思想。对于中国人而言，甚至在古代社会中很长一段时间对于日本、朝鲜等儒家文化圈的人们而言，儒家伦理就是普世价值。而且，在漫长的历史演变中，以伦理为主要内容的儒家文化逐渐演变成为中国人自我认同的基本依据。也正是基于对儒家文化的认同，中国在马丁·雅克看来不是一个民族国家而是一个文化型国家（A Civilization-State）。④

儒家伦理观念还相继通过礼法制度、科举制度等制度措施进行再生

---

① [美]Jorge Larrain 著，戴从容译：《意识形态与文化身份：现代性和第三世界的在场》，上海：上海教育出版社 2005 年版，第 12 页。
② 季广茂：《意识形态》，桂林：广西师范大学出版社 2005 年版，第 76 页。
③ 金观涛、刘青峰：《开放中的变迁——再论中国社会超稳定结构》，北京：法律出版社 2011 年版，第 34 页。
④ [英]马丁·雅克著，张莉等译：《当中国统治世界——中国的崛起和西方世界的衰落》，北京：中信出版社 2010 年版，第 161 页。

产，从时间和空间上推动儒学意识形态不断传承、延伸。其实质就是将儒家伦理秩序不断进行再生产，从而形成大一统的伦理秩序，成为促进国家大一统的重要影响因素。

第二节 洋务运动时期社会危机与儒家伦理的应对

自乾隆后期始，清廷统治危机开始显露，到嘉道两朝各种社会矛盾变得越来越尖锐，正如一些士大夫所言——"道德废，人心坏，风俗漓"。面对社会秩序危机，一些士大夫认为道德人心颓堕的原因在于乾嘉汉学对程朱理学的排斥，因此试图重新回到宋明理学。这一主张得到嘉庆的支持，"惟当讲明正学，以涵养德性，通达事理为务，至词章之学，本属末节"①。经历道光、咸丰两朝发展，随着理学名臣曾国藩等在镇压太平天国过程中的崛起，宋明理学在同治年间开始兴起，名家达 70 多人，遍及全国 17 个省份，担任大学士和军机大臣者 5 人，代表人物主要有倭仁、曾国藩等人。②其中倭仁在同治元年（1862 年）一年三迁，擢工部尚书，授协办大学士，升文渊阁大学士，充同治帝师傅，掌管翰林院，一跃成为理论权威。面对当时官场腐败、吏治愈益窳败，固有社会伦常秩序受到冲击的现实，③以倭仁为首的保守派官员试图回到宋明理学，通过重振人心，恢复社会伦常秩序，从而恢复清王朝统治秩序。另一方面，面对鸦片战争后西方坚船利炮的冲击，一些开明士大夫试图学习西学，以应对危机。

在这种背景下，一种社会秩序的需求得以形成，即需要在引进西学

---

① 《大清仁宗睿（嘉庆）皇帝实录》第 3 册，台北文华书局影印本，第 1768 页。
② 史革新：《晚清理学研究》，北京：北京师范大学博士学位论文，1992 年，第 32-33 页。
③ 《南京条约》签订以后，英国对华鸦片贸易被合法化，因而造成白银大量外流，清政府财源日渐枯竭。为增加中央政府财政收入，清政府捐官卖官，官场腐败日渐公行。

的同时，能很好地应对社会危机，不危及固有儒学意识形态的地位。各方为此进行努力探索。

魏源的解决办法是"师夷长技以制夷"①。在镇压太平天国的军事活动过程中，曾国藩、李鸿章等重臣认识到西方洋枪洋炮的威力，开始引进西方近代军事工业。1861年，曾国藩驻军安庆，创办安庆内军械所，制造西式枪炮；1862年，李鸿章创办上海洋炮局，1865年创办江南制造总局，到1894年甲午战争前，已经设立28家制造枪炮的军工企业。②以服务军工企业为核心，洋务派还创建了大量民用工业。创办各类企业无疑需要大量技术人才。建立相关学校，培养相关技术人才被提上议事日程。各类工业企业所需知识很多非中国固有，因此，相关人才培养涉及西学引进。引进西学，在当时却涉及一个根本问题，即如何将西学纳入固有封闭的政教结合体制，而不被排斥。洋务派试图以"道器论"为指导，将西学纳入该体系。如郑观应的《盛世危言》以"道器"开篇，借《易·系辞》提出"形而上者谓之道，形而下者谓之器"。"道"的内容就是"中国自伏羲、神农、黄帝、尧、舜、禹、汤、文、武以来，列圣相传之大道，而孔子述之以教天下万世者也"③。"道"与西学是什么关系呢？他认为"汽车、光学、化学、数学、重学、天学、地学、电学"等西学就是"器"，中学与西学就是"道"和"器"的关系。④

中学之"道"与西学之"器"各自处于什么地位呢？他认为两者是"本"和"末"的关系，中学和西学结合则"本末兼赅"。而且根据郑观应的观点，西学本非外物，为中国流入西方之象数之学。后来中国学者循空文而高谈性理，"盖我务其本，彼逐其末；我穷事物之理，彼研万物

---

① 〔清〕魏源：《筹海篇三（议战）》，《海国图志（卷一）》，岳麓书社2011年版，第36页。
② 焦会琦：《洋务运动时期所办新式企业的再统计》，《生产力研究》，2015年第2期，第102-104页。
③ 〔清〕郑观应：《盛世危言》，沈阳：辽宁人民出版社1994年版，第17页。
④ 〔清〕郑观应：《盛世危言》，沈阳：辽宁人民出版社1994年版，第18页。

之质"，中国荒废象数之学，被西方超越。[1]在中国固有的知识体系中，象数之学为"器"，为末，故此，西学在儒家知识体系中，其地位也应当是"器"，是"末"。引进西学，并非引进完全不相干之知识，而是儒家固有的知识传统，以西学之"实"补充儒学之"虚"，两全其美。因而他们认为引进西学不会危及儒家伦理之"本"的地位。

但将西学引入体制内，被保守派认为有以"器"压"道"之嫌，将对科举制度这个知识总闸门形成威胁，进而威胁到儒家伦理之意识形态独尊地位，因而引起了士绅阶层对于儒家道统的普遍担忧，并遭到广泛抵制。

一、同文馆招生有关道器之争

顺"师夷长技以制夷"之思路，同治三年（1864 年），李鸿章等洋务派官员着手选派"弁兵"学习西方枪炮制造技术。[2]但其局限在于学习者层次不高，主要培养了一些制造枪炮的匠师。洋务派官员发现，学习西洋军事，还需培养懂西学之高级军官。同治三年十二月初四日，监察御史陈廷经提出要借鉴西方取士制度，改革闽粤二省武试，增加水师一科，"有能造西洋战舰、火轮舟、造飞炮、火箭、水雷奇器者列为上等；能驶长风巨浪，能熟风云沙线，能枪炮有准的者次之"[3]。以使天下知道朝廷关注西学，促使天下人为了获取功名而学习西学，形成风尚。[4]

陈廷经之改革武举建议，试图超越匠师层面，以培养懂西学的高阶军事官员，并形成风尚，影响士习。对此，李鸿章深有同感："中国文武

---

① 〔清〕郑观应：《盛世危言》，沈阳：辽宁人民出版社 1994 年版，第 18 页。
② 〔清〕奕訢：《同治三年四月总理各国事务衙门奕訢等奏》，《筹办夷务始末（同治）》，《续修四库全书（史部·纪事本末类）》卷 25，第 394-396 页。
③ 〔清〕陈廷经：《同治三年十二月初四日巡视南城掌四川道监察御史陈廷经奏》，《洋务运动（一）》，上海：上海人民出版社 1961 年版，第 14 页。
④ 〔清〕陈廷经：《同治三年十二月初四日巡视南城掌四川道监察御史陈廷经奏》，《洋务运动（一）》，上海：上海人民出版社 1961 年版，第 14 页。

制度，事事远出西人之上，独火器万不能及。其故何由？盖由中国之制器也，儒者明其理，匠人习其事，造诣两不相谋，故功效不能相并。"① 即制器之实践与制器之理，由匠师和士人两类人掌握，两者分离，此即中国火器不如西方之原因所在。由此，他提出"欲学习外国利器，则莫如觅制器之器，师其法而不必尽用其人"，具体办法即科举另设西学专科，以"富贵功名之鹄"吸引士人学习西学，"则业可成，艺可精，而才亦可集"。② 即鼓励士人学习西方制器，从而使制器之实践与制器之理两者合一，培养道器合一人才。

就道器合一人才的培养，1861 年冯桂芬于《校邠庐抗议》提出："如以中国之伦常名教为原本，辅以诸国富强之术，不更善之善者哉？"③ 也就是说，所谓"道"，即伦常名教等儒家伦理；而所谓"器"即富强之术，主要为西学制造类知识。道器合一，即所培养人才以伦常名教为根本，精通制造等富强之术。在李鸿章看来，即由研习孔孟儒学之士人习制器之学，道器兼通。但李鸿章的建议并未被采纳。

将道器合一人才培养付诸实践者，当属洋务派首领议政王奕䜣。在办理同文馆的过程中，他发现已招收的学生学习效果不理想。一方面，由于年幼，他们汉文基础较差，学习西语情况不理想；另一方面，由于花大量时间学习汉文，算学学习情况也不理想。④ 为了解决这些问题，奕䜣于同治五年（1866 年）奏请提出招收已有中学根基之"恩、拔、岁、副、优贡"等正途人员"年在二十以外者"入馆学习，一方面加强汉文

---

① 〔清〕李鸿章：《同治三年四月二十八日总理各国事务衙门奏折附江苏巡抚李鸿章致总理各国事务衙门函》，《筹办夷务始末（同治朝）》，《续修四库全书（史部·纪事本末类）》卷 25，第 4-10 页。
② 〔清〕李鸿章：《同治三年四月二十八日总理各国事务衙门奏折附江苏巡抚李鸿章致总理各国事务衙门函》，《筹办夷务始末（同治朝）》，《续修四库全书（史部·纪事本末类）》卷 25，第 4-10 页。
③ 〔清〕冯桂芬：《校邠庐抗议》，郑州：中州古籍出版社 1998 年版，第 211 页。
④ 〔清〕奕䜣：《同治元年七月二十五日总理各国事务奕䜣等折》，《洋务运动（二）》，上海：上海人民出版社 1961 年版，第 22 页。

功底，另一方面加强"格致之理，制器、尚象之法，钩河摘洛之方"等方面的学习。①

上述举人、恩贡、拔贡、副贡、岁贡、优贡生等所谓正途人员，接受过完整的儒家经典教育，属于高阶士绅成员，已经取得为官资格，可以进一步参加会试，也可以直接为官。②他们既具儒学基础，也具汉文基础，进入同文馆学习西语和算学，中西兼通，道器合一，从操作层面看不啻为可行办法。

奕䜣此举却招来反对意见。同治五年十二月，奕䜣上奏辩护。首先，他论证了学习算学的重要性，认为"西人制器之法，无不由度数而生"；且学习西学，明制器之法，李鸿章的上海机器局、左宗棠的福建艺局等都有成例可循；③面对反对意见，他还提出西学中源说；针对有人提出"制造乃工匠之事，儒者不屑为之"，提出"今日之学，学其理也，乃儒者格物致知之事，并非强学士大夫以亲执艺事"等。④可见，面对压力，奕䜣的说法有所改变，即原来提出士人学习西学可以"道成乎上，艺成乎下"，成为道艺合一的人才，改为儒者仅习其"理"，并不"亲执艺事"，以缓解反对者的忧虑。

但是，他的辩解并未为保守士大夫所接受。同治六年正月二十九日（3月5日），监察御史张盛藻发难，同文馆之争升级。张盛藻主要有几层意思：其一，天文算学实为"机巧"之事。这是其一切观点之基本依据。所谓学习"机巧"，就是指"专明制造轮船、洋枪之理"等，即

---

① 〔清〕奕䜣：《同治元年七月二十五日总理各国事务奕䜣等折》，《洋务运动（二）》，上海：上海人民出版社1961年版，第22页。
② 王德昭：《清代科举制度研究》，北京：中华书局1984年版，第19-27页。
③ 〔清〕奕䜣：《同治五年十二月二十三日总理各国事务奕䜣等折》，《洋务运动（二）》，上海：上海人民出版社1961年版，第24页。
④ 〔清〕奕䜣：《同治五年十二月二十三日总理各国事务奕䜣等折》，《洋务运动（二）》，上海：上海人民出版社1961年版，第24页。

西学。①这一点，是保守派与奕訢都认同之基本观点。所不同者，两者对于士大夫学习西学的意义及后果有不同理解。在奕訢看来，儒者虽学习西学等技艺，但不会亲执其事，道艺并非混为一谈。但在张盛藻看来，正途人员"读孔、孟之书，学尧、舜之道"是正途，用不着学习"机巧"之事，认为那是钦天监天文生和算学生的事情。在张盛藻等保守派看来，道器之分非常明确，并非知识类型的不同，而是体制上的根本分别，是两类知识体系本身社会功能和地位的区分。"道"的内容即儒家伦常，其作用在于培育"节气"，②其地位高于"艺"；而"艺"则在于制造。两者根本不同，决定不能由士大夫同一人兼习。另外，他认为"自强"之术不在于学习西学，而是"整纪纲，明政刑，严赏罚，求贤养民，练兵筹饷诸端"；臣民最重要者恰为"培育气节"，遇有灾难可同仇敌忾，遇有敌寇则可平。他认为以利益引诱正途人员学习"机巧"之事，是"重名利而轻气节"，"无气节安望其有事功哉？"③看来，他将利诱士人学习西学上升到有关人心士气的高度予以反对。可知，张盛藻并不反对学习算学，而反对正途人员学习算学。张盛藻人微言轻，其意见很快被朝廷断然"著毋庸议"：一则，"朝廷设立同文馆，取用正途学习，原以天文算学为儒者所当知，不得目为机巧"；二则，"正途人员用心较精，则学习自易，亦于读书学道无所偏废"；三则，批驳有关"碍于人心士习"观点，认为，此举"不过借西法以印证中法，并非舍圣道而入歧途"。④

朝廷驳斥张盛藻的上谕将算学天文视为儒学内容的一部分，以消解中、西学道器迥然之分，为推动士人学习西学奠定合法性基础。但该观

①〔清〕张盛藻：《同治六年正月二十九日掌山东道监察御史张盛藻折》，《洋务运动（二）》，上海：上海人民出版社1961年版，第29页。
②〔清〕张盛藻：《同治六年正月二十九日掌山东道监察御史张盛藻折》，《洋务运动（二）》，上海：上海人民出版社1961年版，第29页。
③〔清〕张盛藻：《同治六年正月二十九日掌山东道监察御史张盛藻折》，《洋务运动（二）》，上海：上海人民出版社1961年版，第29页。
④《同治六年正月二十九日上谕》，《洋务运动（二）》，上海：上海人民出版社1961年版，第30页。

点相当于将儒家伦理仅仅视为儒学，即学术知识，而非意识形态，只能是一厢情愿。张盛藻的观点虽被否决，但士人反对之声继续发酵。据翁同龢记载，同年3月18日好事者有对联云："鬼计本多端，使小朝廷设同文之馆；军机无远略，诱佳子弟拜异类为师。"①

在这种形势下，3月20日，倭仁上折声援张盛藻。他对西学的理解大致与张盛藻相同，所不同者在于，他将天文、算学看作"技艺"。他对中、西学关系也有一个前提预设，即"立国之道，尚礼义不尚权谋；根本之图，在人心不在技艺"。②在倭仁看来，所谓"礼义"是人性之具体内容之一，"心之为物，实主于身，其体有仁义礼智之性，其用有恻隐、羞恶、恭敬、是非之情"③；具体表现则为外在伦常规范，如他提出"欲也，勿非礼则无恶矣"④，"王道之外，无坦途，举皆荆棘；仁义之外，无功利，举皆祸殃"⑤。作为儒家伦常，礼义无疑是"立国之道"。正途人员学习西学，在他看来，就是将西学置于礼义之上，无疑对"立国之道"形成严重挑战，因而坚决反对。他认为，学习西学解决不了当时的社会问题，而根本之图在于人心。他认为"三代之世，所以人心正，风俗醇"，后世"吏治坏，民心漓，廉耻道丧，而寇贼日兴者"，就是人心趋利而败坏。⑥可见，所谓风俗，其实就是社会伦常秩序；而"风俗醇"，即良好的社会伦常秩序。所谓人心的核心就在于对于良好社会伦常秩序

---

① 陈义杰整理：《翁同龢日记（一）》，北京：中华书局2006年版，第519页。

② 〔清〕倭仁：《同治六年二月十五日大学士倭仁折》，《洋务运动（二）》，上海：上海人民出版社1961年版，第30页。

③ 〔清〕倭仁：《倭文端公遗书（一）》，《近代中国史料丛刊》，台北：文海出版社，第227-228页。

④ 全文：何子永曰辛亥人日竹如先生语余曰："欲亦未即是恶"。初闻骇然。先生曰："视听言动皆气上事，即欲也，勿非礼则无恶矣。聆此爽然觉向之所以儱侗提斯而绝无真得者。"见倭仁：《倭文端公遗书（一）》，《近代中国史料丛刊》，台北：文海出版社，第284页。

⑤ 〔清〕倭仁：《倭文端公遗书（一）》，《近代中国史料丛刊》，台北：文海出版社，第147-197页。

⑥ 〔清〕倭仁：《倭文端公遗书（一）》，《近代中国史料丛刊》，台北：文海出版社，第148页。

的认同与践行。因此，他提倡"至若人情嗜利，廉耻道亏，宜杜言利之门，奖洁清之士"①。也即，要形成良好的社会伦常秩序，还是要回到儒家基本命题，即克制欲望，杜绝"嗜利"。

基于上述观点，学习西学自然就是技艺之末，无足轻重。顺此思路，他担心士人以夷为师，所成就者不过术数之士，所损则甚大。他从耶稣传教，以夷变夏为例分析。耶稣传教即文化和思想侵略，而士人由于读书明理，尚可以抵御，以维持人心。而令士人以夷为师，不但没有促进"人心"，反而"数年以后，不尽驱中国之众咸归于夷不止"，则祸及社会伦常秩序，由此触及古代社会的统治基础。②由士人学习西学，进而可能危害政治统治，因而反对士人学习西学，在当时的语境中，无疑具政治上之正当性，类似观点在当时朝野竟有很多支持者。

代表人物如通政使于凌辰。他提出，"夫天文算学本属技艺之末"，为这事而起争端，怕引起朋党之争，后果严重。③崇实虽不反对，但是他同样认为，"器数之末学，不过取效之一端"，"当由艺以至于道，……愿我皇上肃政令之出入，揽兵食之纪纲，严赏罚之大权，防轻重之积弊，厚培根本，预禁党援，自强之道，莫要于此"。④

鉴于倭仁之地位，其反对声音造成巨大影响，正如奕䜣所言："当御史张盛藻条奏此事，明奉谕旨之后，臣衙门投考者，尚不乏其人；自倭仁倡议以来，京师各省士大夫聚党私议，约法阻拦，甚且以无稽谣言煽惑人心，臣衙门遂无投考者。"⑤

① 〔清〕倭仁：《倭文端公遗书（一）》，《近代中国史料丛刊》，台北：文海出版社，第160页。
② 〔清〕倭仁：《同治六年二月十五日大学士倭仁折》，《洋务运动（二）》，上海：上海人民出版社1961年版，第30页。
③ 〔清〕于凌辰：《同治六年三月二十七日通政使司通政使于凌辰折》，《洋务运动（二）》，上海：上海人民出版社1961年版，第39-40页。
④ 〔清〕崇实：《同治六年崇实折》，《洋务运动（二）》，上海：上海人民出版社1961年版，第42页。
⑤〔清〕奕䜣：《同治六年三月十九日总理各国事务奕䜣等奏》，《洋务运动（二）》，上海：上海人民出版社1961年版，第35-36页。

一直到五月，朝野还在讨论此事。五月二十二日，遇缺即选知州杨廷熙上《请撤销同文馆以弭天变折》，甚至以"天象示警"来警告清廷，请求"收回成命"，将同文馆予以裁撤，或者是禁止科甲正途人员报考天文算学馆。[1]这次招考结果毫无悬念是"正途投考寥寥"。[2]从结果来看，尽管朝廷并不赞同保守派的观点，但是士人赞同者较多，而洋务派的做法并没有得到广大士人的认同。

二、科举增设科目有关道器之争

同治十三年（1874 年），日本兴兵构衅台湾，引起朝野警觉，激发了一场有关海防的大讨论。在大讨论中，李鸿章提出，"人才之难得、经费之难筹、畛域之难化、故习之难除，循是不改，虽日事设防，犹画饼也"，其中洋务人才尤为难得是主要限制因素，因此，"使天下有志之士无不明于洋务，庶练兵、制器、造船各事可期逐渐精强"。[3]

要推动洋务运动深入开展，洋务人才是瓶颈。尽管培养了一批匠师层面的制造人才，但科举考试，"仍舍章句弓马未由进身"，"而以章句弓马施于洋务，隔膜太甚"，在"科目即不能骤变，时文即不能遽废，而小楷试帖，太蹈虚饰，甚非作养人才之道"的情况下，广大士人的知识结构与洋务需求相差太远。[4]李鸿章看到作为"用人进取之途"的科举考试不变，士人学习西学之风尚仍难形成，其知识结构仍难改变。退而求其次，他提议科举考试稍作变通，"另开洋务进取一格，以资造就"，给

① 〔清〕杨廷熙：《同治六年五月二十二日杨廷熙条》，《洋务运动（二）》，上海：上海人民出版社 1961 年版，第 45 页。
② 〔清〕奕䜣：《同治六年六月初二日总理各国事务奕䜣等奏》，《洋务运动（二）》，上海：上海人民出版社 1961 年版，第 52 页。
③ 〔清〕李鸿章：《筹议海防折》，《洋务运动（一）》，上海：上海人民出版社 1961 年版，第 41-42 页。
④ 〔清〕李鸿章：《筹议海防折》，《洋务运动（一）》，上海：上海人民出版社 1961 年版，第 52-53 页。

西学以一席之地。①具体即先于沿海省份设立"洋学局",分为"格致、测算、舆图、火轮、机器、兵法、炮法、化学、电气学数门,此皆有切于民生日用军器制作之原",并要求对这些人才给予正途出身同等待遇。②光绪元年（1875年）,礼部也有改革科举的奏折,提出特开算学一科。③但是,此类主张仍遭到于凌辰、王家璧等人激烈反对。同年二月二十七日,通政使于凌辰在奏折中提出:"是古圣贤所谓用夏变夷者,李鸿章、丁日昌直欲不用夷变夏不止。"④于凌辰所担心者不在于洋学本身,而在于士人学习"洋学"形成风尚后,一切将以"洋学"之精否为人才之用舍依据,并置中学之"礼义廉耻大本大原"于不顾:

> 今以重洋人机器之故,不能不以是为学问、为人才,无论教必不力、学必不精,窃恐天下皆将谓国家以礼义廉耻为无用,以洋学为难能,而人心因之解体,其从而习之者必皆无耻之人,洋器虽精,谁与国家共缓急哉? ……臣愚以为防夷之务莫大于人才,人才得则凡事可理。今日之才,岂不学洋学之过哉! 吏治坏于开捐,人才坏于滥保,寡廉鲜耻之徒日以多,正人君子日以少。⑤

在他看来,让士人学习西学,此举似在鼓励"器"挑战并威胁"道"之地位。因为要重"机器",必将导致"洋学"即西学地位的提升,即所谓"不能不以是为学问、为人才",其后果就是"天下皆将谓国家以礼义廉耻为无用",即担心"礼义廉耻"在西学冲击下丧失合法性。而礼义廉

---

① 〔清〕李鸿章:《筹议海防折》,《洋务运动（一）》,上海:上海人民出版社1961年版,第53页。
② 〔清〕李鸿章:《筹议海防折》,《洋务运动（一）》,上海:上海人民出版社1961年版,第54页。
③ 《礼部奏请考试算学折》,舒新城:《中国近代教育史资料（上）》,北京:人民教育出版社1981年版,第27-28页。
④ 〔清〕于凌辰:《光绪元年二月二十七日通政使于凌辰奏折》,《洋务运动（一）》,上海:上海人民出版社1961年版,第121页。
⑤ 〔清〕于凌辰:《光绪元年二月二十七日通政使于凌辰奏折》,《洋务运动（一）》,上海:上海人民出版社1961年版,第121页。

耻是关系人心的基本道德观念，此类观念之崩溃势必导致人心之解体，由此势必"寡廉鲜耻之徒日以多，正人君子日以少"，这将危及整个社会伦常秩序。另外王家璧针对李鸿章有关科举弊端的批评进行辩驳：

再李鸿章以我朝取士，惟以章句弓马所学非所用，无以御敌，遂议变科目以洋学。……且以章句取士，正崇重尧舜禹周孔之道，欲人诵经史，明大义，以敦君臣父子之伦也。人若不明大义，虽机警多智，可以富国强兵，或恐不利社稷。操用人之柄者，苟舍德而专尚才，从古乱臣贼子，何一非当世能臣哉？今欲弃经史章句之学，而尽趋向洋学，试问电学、算学、化学、技艺学，果足以御敌乎？……今之设馆教幼童以洋学者，不过欲备他日船主、通事及匠作之用，非谓体国经野之才皆在此中，此外更无人也。①

王家璧并不否认洋学的作用，认为仅仅是培养"他日船主、通事及匠作"，非"体国经野之才"。他认为科举以章句取士并非无用，其实质就在于以科举的指挥棒促使士人"崇重尧舜禹周孔之道"。实际上，他所揭示者即科举制度对于儒家伦理观念的再生产具有不可替代之意义。因此，科举内容的改革涉及儒学意义再生产，关系其意识形态独尊地位。

于凌辰、王家璧两人的观点具代表性，同时期类似者还不少。如使英副使刘锡鸿虽有在西方生活的经历，但仍未改变其道器两分之基本观点。②这次争论的结果是设立机器局，选派人员赴各国学习制造的主张得到实施③，设立特科的建议虽得到朝廷肯定，但未付诸实施。④

也就是说，此次讨论涉及科举考试改革，清廷非常谨慎，科举考试

① 〔清〕王家璧：《光绪元年二月二十七日大理寺少卿王家璧奏折附片》，《洋务运动（一）》，上海：上海人民出版社 1961 年版，第 129-130 页。
② 〔清〕刘锡鸿：《英轺私记》，《走向世界丛书》，长沙：岳麓书社 1986 年版，第 50-51 页。
③ 〔清〕奕䜣：《光绪元年四月二十六日总理各国事务衙门奕䜣等奏折附单》，《洋务运动（一）》，上海：上海人民出版社 1961 年版，第 147 页。
④ 〔清〕奕䜣：《光绪元年四月二十六日总理各国事务衙门奕䜣等奏折附单》，《洋务运动（一）》，上海：上海人民出版社 1961 年版，第 152 页。

没有纳入艺学等西学科目，未实现中西合一、道器合一之目的。西学之"器"的重要性尽管得到肯定，但仍未能进入政教结合体制内，"道器"体制两分之格局未被改变。洋务派认识到虽"道"不可改变，但"空谈道德性命之学"也不够，学习西学，"当使人人晓然于斯世需要之学"。[①]于是在不挑战"道"之情况下，尽量于政教结合体制外拓展西学发展空间。具体思路即于体制外新增西学学堂，如李鸿章在天津设立学堂，教授驾驶、水雷、电报等。光绪六年（1880 年）上谕要求张树声、裕庆设立西学馆，专习西学。[②]光绪七年（1881 年），张树声成功建造实学馆，主要教授制造，[③]等等。

仅在科举体制外设立西学学堂培养洋务人才，其效果当然不理想。"一旦有缓急，辄曰制炮者无人，驾船者无人。"[④]于是潘衍桐于光绪十年（1884 年）提议科举增设艺学科，"凡精工制造、通知算学、熟悉舆图者，均准与考"，乡试一年一举行，会试三年一举行。[⑤]此议激起朝廷大臣的争议。相比 70 年代的激烈反对，此时反对者人数少了，理不直了，气不壮了。潘衍桐的主张得到左宗棠等官员的支持。同年，左宗棠在《艺学说帖》中言艺学之可行，开艺科"似可无庸置议"。其理由是道艺原本合一，"缘古人以道艺出于一原，未尝析而为二。周公以多才多艺自许，孔子以不试故艺自明。是艺事虽所兼长，究不能离道而言艺。本末轻重之分，固有如此"[⑥]。但监察御史陈琇莹认为强开艺科，"强人情之所不

① 〔清〕张树声：《建造实学馆工竣延派总办酌定章程片》，《洋务运动（二）》，上海：上海人民出版社 1961 年版，第 126 页。
② 〔清〕张树声：《建造实学馆工竣延派总办酌定章程片》，《洋务运动（二）》，上海：上海人民出版社 1961 年版，第 126 页。
③ 〔清〕张树声：《筹议设立西学馆事宜折》，《洋务运动（二）》，上海：上海人民出版社 1961 年版，第 125 页。
④ 〔清〕潘衍桐：《上折请开艺学科》，光绪十年五月，舒新城：《中国近代教育史资料（上）》，北京：人民教育出版社 1981 年版，第 29-30 页。
⑤ 〔清〕潘衍桐：《上折请开艺学科》，光绪十年五月，舒新城：《中国近代教育史资料（上）》，北京：人民教育出版社 1981 年版，第 31-32 页。
⑥ 〔清〕左宗棠：《艺学说帖》，《洋务运动（二）》，上海：上海人民出版社 1961 年版，第 205-206 页。

习，设科伊始不能不宽其格以招"，认为等"人才日盛"可开艺科，或设书院，学习西学。因此他建议先开算学科。^①陈琇莹的奏议引起了慈禧太后的重视，她降下谕旨，"著该衙门会同吏部、礼部妥议具奏，醇亲王奕譞著一并与议"。^②

奕譞等在陈琇莹奏议的基础上，妥议会试不予设立算学科，乡试设立算学科，每二十名于文理清通者中取中一名。^③并经慈禧太后批准实施。^④嗣后，天津水师、武备学堂教习及学生，上海广方言馆肄业生，并同文馆学生，均经先后奏准一体录送顺天乡试各在案。^⑤但参加考试者不多。戊子（1888 年）乡试，总理各国事务衙门将各省送到生监及同文馆学生试以算学题目，共录送三十二人。己丑（1889 年）恩科乡试，投考者仅十五人，人数未及二十名，不敷取中。^⑥

争论多年的科举增设艺科总算取得了胜利，但很少人报考。与同文馆之争一样，虽然政策层面有突破，但实际上仍失败。可见，当时维系儒家伦理独尊地位之保守思想仍占据主流舆论，西学引进于体制上之突破并未带来实践中之进展。

三、赴美留学有关生活方式之争

同治十年（1871 年），曾国藩、李鸿章等奏请选派幼童留美。在他

---

① 〔清〕陈琇莹：《光绪十三年三月十二五日江南道监察御史陈琇莹奏》，《洋务运动（二）》，上海：上海人民出版社 1961 年版，第 207-208 页。

② 〔清〕奕譞：《光绪十三年四月二十八日醇亲王奕譞等奏》，《洋务运动（二）》，上海：上海人民出版社 1961 年版，第 209 页。

③ 〔清〕奕譞：《光绪十三年四月二十八日醇亲王奕譞等奏》，《洋务运动（二）》，上海：上海人民出版社 1961 年版，第 211 页。

④ "奏奉懿旨：依议，钦此！"见奕劻：《光绪十五年七月二十九日总理各国事务衙门奕劻等奏》，《洋务运动（二）》，上海：上海人民出版社 1961 年版，第 212 页。

⑤ 〔清〕奕劻：《光绪十五年七月二十九日总理各国事务衙门奕劻等奏》，《洋务运动（二）》，上海：上海人民出版社 1961 年版，第 212 页。

⑥ 〔清〕奕劻：《光绪十五年七月二十九日总理各国事务衙门奕劻等奏》，《洋务运动（二）》，上海：上海人民出版社 1961 年版，第 212 页。

们眼中，与同文馆选满汉子弟延西人教习，上海广方言馆招收文童肄业等措施一样，所招收学生皆为无功名子弟，无非学习内容延伸，学习地方变动而已。①总之，其目标无非培养技艺型人才。尽管如此，曾国藩等也考虑到给学生"课以中国文义"，"俾识立身大节，可冀成有用之材"。②在同治十一年（1872 年）正月的奏折中，他们进一步将中学内容加重，要求"肄习西学仍兼讲中学，课以孝经、小学、五经及国朝律例等书"，且"每遇房、虚、昴、星等日，正副二委员传集各童宣讲《圣谕广训》"。③可见，中学内容主要是儒学经典及《圣谕广训》等儒学道德及政治教育，以不囿于异学。他们希望留学生能以儒家伦理为主导，中西兼通、道器合一。由于不像同文馆招收正途学生那样涉及对现有体制的变动，开局顺利。

但事情的发展超乎意料。在西方文化氛围中要给学生灌输儒家道德以及生活准则谈何容易，而要坚持国内儒式生活方式无疑更难。但是，留学生监督陈兰彬却坚持这样做，导致冲突无时不在。副监督容闳感受到他与陈兰彬以及继任监督吴子登之间的尖锐矛盾：

与予共事，时有龃龉。每遇极正当之事，大可著为定律，以期永久遵行者，陈辄故为反对以阻扰之。例如学生在校中或假期中之正杂各费。又如学生寄居美人寓中，随美人而同为祈祷之事，或星期日至教堂瞻礼，以及平日之游戏、运动、改装等问题。凡此琐琐细事，随时发生。每值解决此等问题时，陈与学生常生冲突。予恒居间为调停人。但遇学生为正当之请求，而陈故靳不允，则予每代学生略为辩护，以是陈疑予为偏袒学生，不无怏怏。④

① 〔清〕曾国藩等：《同治十年七月十九日大学士两江总督曾国藩等奏》，《洋务运动（二）》，上海：上海人民出版社 1961 年版，第 154 页。
② 〔清〕曾国藩等：《同治十年七月十九日大学士两江总督曾国藩等奏》，《洋务运动（二）》，上海：上海人民出版社 1961 年版，第 155 页。
③ 〔清〕曾国藩等：《同治十一年正月十九日曾国藩等奏》，《洋务运动（二）》，上海：上海人民出版社 1961 年版，第 158 页。
④ 〔清〕容闳：《西学东渐记》，《洋务运动（二）》，上海：上海人民出版社 1961 年版，第 192 页。

冲突事件多为日常生活琐节。冲突根源在于陈兰彬坚持儒式生活方式，将学生对西式生活之点滴权宜或模仿行为视为背叛。更大压力在于，在朝廷看来，于西方文化氛围中学习西学，学生难免背弃中学。这一点就连李鸿章也很不满意，他曾经提醒容闳（纯甫），也采取过措施：

> 顷容元甫来谒，言学徒抛荒中学，系属实情。由于纯甫意见偏执，不欲生徒多习中学，即夏令学馆放假后，正可温习，纯甫独不谓然。弟拟致函纯甫，属勿固执己见，尚祈执事便中劝勉，令其不必多管，应由子登太史设法整顿，以一事权，庶他日该童等学成回华，尚有可以驱遣之处，无负出洋学习初意也。①

为了加强中学的学习，实际上进一步剥夺了容闳的权力而促使吴子登加强监督，由此进一步激化冲突。实际上，尽管陈兰彬、吴子登督促学生学习中学，但在国外，这种影响难免有限。结果在陈兰彬、吴子登等人看来学生已以夷变夏，性情大变，儒家德性几为不保。光绪七年（1881 年），他们提议撤回学生。②奕䜣等当初主张选派留学生的大臣认为"若如陈兰彬所称，是外洋之长技尚未周知，彼族之浇风早经习染，已大失该局之初心"，也只好同意撤回。③

选派留学生赴美，实际上是洋务派学习西学的又一次努力。撤回学生，并非因为学生西学之造诣不深，而在于担忧学生知识结构中中学之主导地位不保，甚至被西学超越。决定撤回留学生，不仅仅是陈兰彬等监督之性格或个人恩怨使然，实际上，此举是他们发现儒家道统受威胁时，自主进行之翼教举动。基于此等考虑，朝廷大臣，包括李鸿章等不希望留学计划失败者也无可奈何。从此事件可看出，当时儒家伦理之独

① 〔清〕李鸿章：《复陈荔秋星使》，《洋务运动（二）》，上海：上海人民出版社 1961 年版，第 177 页。
② 〔清〕陈兰彬：《光绪七年二月初六日出使美日秘国大臣陈兰彬折》，《洋务运动（二）》，上海：上海人民出版社 1961 年版，第 165 页。
③ 〔清〕奕䜣：《光绪七年五月十二日总理各国事务衙门奕䜣等奏》，《洋务运动（二）》，上海：上海人民出版社 1961 年版，第 166 页。

尊地位仍根深蒂固。其独尊地位一日不去，西学一日无法进入政教合一体制，两者激烈对立，也为后来更激烈之反儒埋下伏笔。

总之，面对西方坚船利炮的冲击，洋务派试图在不危害道统，不触及儒家伦理意识形态独尊地位的前提下，吸收西学，以夷制夷。吸收西学，首要的问题在于如何将西学纳入已有儒家知识结构。其应对办法即提出"道器论"，将儒家伦理固有之道统视为"道"，而将西学视为"器"，以"道"为"本"，维系儒学意识形态地位，以"器"为"末"，在逻辑上解决中西学之间的关系，为解决两者之体制关系奠定思想基础。从另一个方面来讲，为了适应时代的变化，引进西学，儒家伦理论述进行了一些微调。从结果来看，西学引进也有一些进展，但仅限于"器"，即在匠师层面，在政教结合体制外学习和引进西学，在现有教育体制外西学学堂建起来，学习西方技术的军事制造工业也建立起来。但由于西学进入体制的改革受挫，并未能改变固有之封闭知识结构，西学在社会上的地位并未确立起来，西学引进的成效非常有限，人才匮乏的根本问题无解。这是导致洋务运动最终失败的根本原因之一。

成效有限的根源在于，儒家伦理与其意识形态独尊捆绑，与其政教结合体制捆绑。通过政教结合体制所形成之封闭知识循环体系，导致任何将西学引进体制内之努力都被视为对儒家伦理意识形态独尊地位之挑战，因而困难重重。洋务派只能转而求其次，以"器"的地位引进西学，将所有西学教育设施置于体制外，方才得以顺利推进，以致成效非常有限。两者捆绑固然有助于维系儒家伦理之地位，但也为儒家伦理因其意识形态地位变化而受到牵连埋下伏笔。

第三节　甲午战败后儒家伦理秩序的危机与应对

甲午战败后，国人开始忧虑"无以自存""无以遗种"的亡国灭种危机。面对"千年未有之大变局"，广大儒家知识分子开始思考应对之策。

这种背景下，儒学开始遭受怀疑，儒家伦理亦受到牵连，并由此引发其相应变革。

一、儒家伦理独尊地位的危机

（一）儒学认同危机

甲午战败后，严复翻译的《天演论》有关亡国危机的描述对于进化论的传播起到了关键作用。《天演论》提出，"虽然天运变矣，而有不变者行乎其中。不变惟何？是名天演。"[①]"天演"为世界的基本运行法则，万物都逃不过其影响，"小之极于跂行倒生，大之放乎日星天地；隐之则神思智识之所以圣狂，显之则政俗文章之所以沿革"。[②]其运行规则其实就是物竞天择。所谓物竞，"物争自存也，以一物以与物物争，或存或亡"；所谓天择，"物争焉而独存"，实际上是物竞之后果，"（物竞）其效则归于天择"，即适者生存。能生存者，是因为能适应物竞，因此"其存也，必有其所以存"。[③]严复通过物竞天择的描述，将其适用于人类社会，认为人类社会之竞争始于人种之争；其次，群与群争，国与国争，其结果是"弱者当为强肉，愚者当为智役焉"。[④]由此，揭示了一幅残酷的生存竞争的世界图景。

在世界生存竞争中，中国竞争失败，因此面临被淘汰的生存危机。以群为主体的生存竞争，突出了群在竞争中的主体性，使严复找到了将任天而治的天演法则转变为"顺应生存竞争、与天争胜"的变法图强观念奠定了伦理基础。作为国群，其治理之好坏成为决定竞争力的主要因

---

① [英]赫胥黎著，严复译：《天演论》，北京：商务印书馆1981年版，第2页。
② [英]赫胥黎著，严复译：《天演论》，北京：商务印书馆1981年版，第5页。
③ [英]赫胥黎著，严复译：《天演论》，北京：商务印书馆1981年版，第3页。
④ 严复：《原强》，胡伟希：《论世变之亟——严复集》，沈阳：辽宁人民出版社1994年版，第8页。

素。就中国而言，面对国家生存危机，严复认为最重要的在于寻找"自救之术"。[1]自救之术的要旨就在于实现国家富强。在担忧亡国的氛围中，追求"富强"的口号，赢得了统治精英的广泛认同，甚至成为某种集体意识。所不同者在于，各自对于富强路径有不同考虑。洋务派所倡导之"练兵""筹饷""开矿""通铁道""兴商务"等被严复视为治标之法。[2]他所谓治本即：

> ……于民智、民力、民德三者加之意而已。果使民智日开，民力日奋，民德日和，则上虽不治其标，而标将自立。何则？争自存而欲遗种者，固民所受于天，不教而同愿之者也。[3]

其中，严复尤为重视民智，认为"然则三者又以民智为最急也"[4]，"民智者，富强之原"，"欲开民智，非讲西学不可"。[5]民智之所以急，在于民智有助于实现富强。西学是开民智的必要条件。如就中国最关心的财利而言，他认为，西方富裕在于"其治生理财之多术"，而治生理财之术则归于亚丹斯密之一书。[6]此书即 1902 年严复所译之《原富》。该著翻译后风行海内，对中国人认识西方何以致富具有重要意义。[7]另外，就西方格物致知学问而言，严复认为西方各方面都有杰出人物，如"制器之备，可求其本于奈端""舟车之神，可推其原于瓦德""用电之利，

① 严复：《救亡决论》，胡伟希：《论世变之亟——严复集》，沈阳：辽宁人民出版社 1994 年版，第 61 页。
② 严复：《原强》，胡伟希：《论世变之亟——严复集》，沈阳：辽宁人民出版社 1994 年版，第 19 页。
③ 严复：《原强》，胡伟希：《论世变之亟——严复集》，沈阳：辽宁人民出版社 1994 年版，第 19 页。
④ 严复：《原强》，胡伟希：《论世变之亟——严复集》，沈阳：辽宁人民出版社 1994 年版，第 19 页。
⑤ 严复：《原强（修订）》，胡伟希：《论世变之亟——严复集》，沈阳：辽宁人民出版社 1994 年版，第 43 页。
⑥ 严复：《原强（修订）》，胡伟希：《论世变之亟——严复集》，沈阳：辽宁人民出版社 1994 年版，第 43 页。
⑦ 如梁启超认为，"英国决行自由贸易政策（Free Trade），尽免关税，以致今日商务之繁盛，斯密氏《原富》之论为之也"。参见梁启超：《论学术之势力左右世界》，《梁启超全集》，北京：北京出版社 1999 年版，第 558 页。

则法拉第之功也"，等等。^①他认为西方与中国的学问有很大不同，西学讲究学理与事功结合，学问是关于做事的学问，因此，"其为事也，一皆本诸学术"。^②因此，西方事事皆有学问指导，民智日开，社会日益发达，财富日益增加。反观中国，"中土之学，必求古训。古人之非，既不能明，即古人之是，亦不知其所以是"。^③中国学术必求古训，并不解决实际问题，其内容要么词章、训诂一套，要么经义八股一套。因此严复认为中国学术"适足以破坏人材，复何民智之开之与有耶？"^④中西学术比较，"西人所孜孜勤求，近之可以保身治生，远之可以经国利民"，而"宋学汉学，词章小道"并不能自救，因而"皆宜且束高阁也"。^⑤换言之，面对亡国危机，中学已经难以适应。

可见，严复通过将"天演"法则运用于人类社会，建立了一个新的世界观，即基于进化论的世界图景和相应的世界秩序，并指出了中国濒临亡国的不利地位。天演论在甲午战败后广泛传播，实际上创造了一个社会秩序构建的新需求，即建立一种富国强兵的政治秩序，以使国家免于灭亡。很明显，当时儒学已经被严复等知识分子判定为难以适应此等需求。因此，改变自身，抛弃儒学，引进西学，奋发图强的文化变革主题呼之欲出。这种观念对传统儒家基于天理的世界观形成强大冲击。

任何一种社会思想的兴衰固然有多方面原因，但是根本一条在于能否适应时代社会秩序构建的需要。越能建立一套话语系统以合理地解释

① 严复：《原强（修订）》，胡伟希：《论世变之亟——严复集》，沈阳：辽宁人民出版社 1994 年版，第 43 页。
② 严复：《原强（修订）》，胡伟希：《论世变之亟——严复集》，沈阳：辽宁人民出版社 1994 年版，第 43 页。
③ 严复：《原强（修订）》，胡伟希：《论世变之亟——严复集》，沈阳：辽宁人民出版社 1994 年版，第 30 页。
④ 严复：《原强（修订）》，胡伟希：《论世变之亟——严复集》，沈阳：辽宁人民出版社 1994 年版，第 30 页。
⑤ 严复：《救亡决论》，胡伟希：《论世变之亟——严复集》，沈阳：辽宁人民出版社 1994 年版，第 61 页。

与指引社会实践以解决社会问题，则生存力越强。在列强环伺、生存危机日益严重的背景下，儒学由于被视为无用，因而面临生存合法性危机。合法性是政治秩序得以延续之前提，正如哈贝马斯所言，合法性意味着某种政治秩序被认可的价值。可以说，合法性的核心就在于是否被认可，没有认可作为支撑，任何政治系统都无法保证民众的持久性忠诚和自愿遵从。①由此，儒学合法性危机的实质是儒学认同危机。由于儒学是官方正统思想，其认同危机对政治秩序的认同形成严重挑战。甲午战败后，对大清政权统治的质疑和威胁开始苏醒，革命势力开始萌芽。

由于儒学认同受到严重挑战，其主体内容儒家伦理也相应地出现认同危机。君臣关系是传统专制政治秩序之核心关系，严复发表《辟韩》一文，通过对君臣关系进行批判，瓦解君臣关系之先验基础，提出"君臣之伦，盖出于不得已也！唯其不得已，故不足以为道之原"②。此举受到保守人士之攻击。③

如果说严复是从西方视角批判儒学，触发儒学认同危机的话，康有为则从儒学内部出发，对儒学权威进行破坏。第一，《新学伪经考》挑战儒学神圣性。《新学伪经考》出版于1891年，当时反响不大，甲午战败后，该书因康有为公车上书曝得大名而受到关注。④康有为在该著中提出，所有古文经典，如《周礼》《春秋左氏传》以及《毛诗》等，皆刘歆伪作。⑤该著在清政府数次禁毁的打压之下，反而影响大增。⑥《周礼》

---

① [德]哈贝马斯著，张博树译：《交往与社会进化》，重庆：重庆出版社1989年版，第184页。
② 严复：《辟韩》，胡伟希：《论世变之亟——严复集》，沈阳：辽宁人民出版社1994年版，第61页。
③ 屠仁守：《孝感屠梅君侍御辨辟韩书》，《时务报》，第30册，北京：中华书局影印本1991年版，第2051-2055页。
④ 张勇：《也谈〈新学伪经考〉的影响——兼及戊戌时期的"学术之争"》，《近代史研究》，1999年第3期。
⑤ 康有为：《新学伪经考》，北京：中华书局1988年版，第3页。
⑥ 朱维铮：《重评〈新学伪经考〉》，《复旦学报》（社会科学版），1992年第2期。

《春秋左氏传》以及《毛诗》等皆儒家经典，被康有为视为伪经，其神圣性开始被质疑，其真理性受到严重挑战。第二，《孔子改制考》颠覆孔子形象。该著于1896年完成，1898年初版。康有为在该著中提出孔子是改制的祖师，如在首章对孔子极尽颂扬："上古茫昧无稽，夫三代文教之盛，实由孔子推托之故"，然后，他将西方资本主义先进制度都托为孔子思想，如认为"选举之制为孔子所创……选举者，孔子之制也"。①康有为把西方民主、平等、选举等都附会于孔子身上，声言为孔子所创，把孔子描绘为西方民主政治之创始者。该著的影响在于颠覆传统孔子形象，为进一步批判孔子权威奠定了观念基础。因为观点过于大胆，该著出版后抗议不断，连同情或支持戊戌变法的一些官员如陈宝箴、孙家鼐等都不得不表示不同意此书观点。②总之，康有为《新学伪经考》《孔子改制考》等著作的出版，对于颠覆传统儒家经典神圣地位、怀疑孔子权威具有重要的推动作用，对于儒学地位的转变具有重要影响。

1894年的甲午战败是近代史的一个分水岭。战败的现实让士绅知识分子意识到，儒学已不可恃，需从西学中寻找救国之术。在这种背景下，部分士绅开始抛弃儒学优异的观点，转而向外国，尤其是日本学习救国真理。由此，士风开始变化，变革儒家传统的士绅逐渐增加，变革祖宗成法的观念越来越具号召力。也就是说，富国强兵的新秩序构建开始转变为越来越多士绅知识分子的集体意识。随之，1898年发生了著名的戊戌变法运动。戊戌变法运动以传统体制不适应现实竞争为前提，以改变祖宗成法为特征，在内容上以政治改革为核心，并在经济、文教等方面都进行了改革，因而它是在不触及传统君主专制以及儒学意识形态独尊地位下的一次较为全面的政治改革。变法失败意味着传统体制仍未能适

---

① 康有为：《孔子改制考》，《中国现代学术经典·康有为卷》，石家庄：河北教育出版社1996年版，第562页。

② 萧公权著，汪荣祖译：《康有为思想研究》，北京：新星出版社2005年版，第68页。

应社会建立新秩序的需求，结果导致传统体制与新秩序构建需求之间的差距拉大，要求变革的压力日益增加。尽管在强力打压之下，并未及时表现出来，但却使部分士绅知识分子与政治体制之间的疏离越来越大。但总体而言，维护政治体制的保守势力仍占据主导地位。由于与政治体制的捆绑关系，维护儒学认同的势力仍占据主导地位，整体而言，所谓儒学认同危机的影响范围和深度仍有限。

但庚子事变以后，局面发生改变，清政府开始认为，"世有顽固不易之常经，无一成不变之治法"，并下令推行变法。①在推行变法的诏书中，洋务运动以来之西学引进措施被批评，"至近之学西法者，语言文字制造器械而已"，因而这仅仅是"西艺之皮毛"。②接着该诏书提出，西学之本在"西政"，而洋务运动失败在于"舍其根源而不学，学其皮毛而又不精"。③洋务运动时期，由于担忧西学引进会破坏儒家伦理意识形态独尊地位，进而危及儒家伦常秩序，保守派阻碍西学引进体制内。该诏书对洋务运动引进西学的批评，意味着清政府最高层对于引进西政以改革政治体制的态度开始松动。其结果就是儒家伦理意识形态独尊地位开始动摇，与政治体制之间的捆绑关系也开始松动。之后，变法步伐果然加快。改革过程中，儒学制度化的传统制度设施一步一步受到冲击直至被摧毁，儒学所受到的冲击亦随之一步一步加深，儒学认同危机进一步加剧。

（二）儒学制度危机

科举、礼俗等是儒学基本制度设施。尤其是科举制度的实施形成一个封闭知识循环系统，在很大程度上对西学引进起到了阻碍作用。甲午

①《饬内外臣工条陈变法》，《光绪政要》，沈云龙：《近代中国史料丛刊》，台北：文海出版社 1967 年版，第 1551 页。
②《饬内外臣工条陈变法》，《光绪政要》，沈云龙：《近代中国史料丛刊》，台北：文海出版社 1967 年版，第 1551 页。
③《饬内外臣工条陈变法》，《光绪政要》，沈云龙：《近代中国史料丛刊》，台北：文海出版社 1967 年版，第 1551 页。

战败后，由兵战到学战，引进西学已成为追求国家富强的必要条件，正如严复所言，"欲开民智，非讲西学不可"①。庚子事变后，清廷推行新政，实施变法。其中一些举措对儒学制度产生了极大影响。在儒家礼法方面，一些西方法律原理和思想逐渐得到贯彻，传统礼法制度逐渐趋于瓦解。②在教育方面推行改科举、改书院、兴学堂等措施，西学引进进入快车道。变法举措的推行，不可避免对儒学独尊地位产生了深远影响。

其一，科举制度改革打破封闭知识体系。

1898 年正月，严修奏请设立经济专科。③随即，总理各国事务衙门议定"先举特科，次行岁举"④，获光绪帝批准。⑤批准后的经济专科分常、特两种类型，特科考试时间、题目不同于正科，常科时间与乡会试同步。特科初场试专门题（内政、外交、理财、经武、格物、考工六方面），次场试时务题，三场仍试四书文。⑥经济特科首场试专门题。这在科举改革历程中并不是首次，⑦但较之以前，西学获体制内地位，于政教结合体制中突破儒学垄断迈出了关键一步。但设立经济特科遭到主管科举之礼部尚书许应骙等阻拦，⑧且尚未实施即随戊戌变法失败

① 严复：《原强（修订）》，胡伟希：《论世变之亟——严复集》，沈阳：辽宁人民出版社 1994 年版，第 43 页。
② 限于主题，本书主要就以科举制度为核心的传统教育制度的改革对儒学的影响进行阐述。
③ 严修：《奏请设经济专科折》，《戊戌变法（二）》，上海：上海人民出版社 2000 年版，第 329 页。
④ 《总理各国事务衙门遵议开设经济特科折》，《戊戌变法（二）》，上海：上海人民出版社 2000 年版，第 405-406 页。
⑤ 《谕内阁》，《戊戌变法（二）》，上海：上海人民出版社 2000 年版，第 35-36 页。
⑥ 《总理各国事务衙门遵议开设经济特科折》，《戊戌变法（二）》，上海：上海人民出版社 2000 年版，第 405-406 页。
⑦ 1884 年，陈琇莹奏议乡会试给予一定名额，第三场专试算学，录取算学学生。参见陈琇莹：《光绪十三年三月十二五日江南道监察御史陈琇莹奏》，《洋务运动（二）》，上海：上海人民出版社 1961 年版，第 207-208 页。
⑧ 参见梁启超《戊戌政变纪事本末》，载舒新城：《中国近代教育史资料（上）》，北京：人民教育出版社 1981 年版，第 43 页。

而夭折。后宋伯鲁奏请经济科归并正科，改试策论，直至 1901 年复开经济特科。①

科举改革的另一重要举措废八股则在引进西学上迈出了更大的一步。1898 年康有为上《请废八股折试帖楷法试士改用策论折》，另外，梁启超的《公车上书请变通科举折》、徐至靖的《请废八股疏》、宋伯鲁的《改八股为策论折》等都呼吁废八股，后光绪帝毅然下诏"著自下科为始，乡会试及生童岁科各试，向用四书文者，一律改试策论"。②废八股改策论之实施办法，将经济特科与正科合并，要求三场改试两场，首场"试四子六经"，次场"试以策问五通"。③就考试形式而言，"论则试经义，兼以掌故；策则试时务，兼以专门"，具体即"拟凡乡试会试首场命题，定为四子书论一篇，经论一篇，史论一篇"。④即首场由考八股文改为考经论，包括四书、六经、史内容；次场考策问，包括"专门题，每门一道"，"时务题四道"。⑤专门题主要是西学内容，包括内政、外交、理财、经武、格物、考工六门，共出一道题，由士子任选一道。⑥

废八股举措仍坚持儒学主导地位，三场中儒学"四子六经"占据首场，目的在于巩固士子"根柢"。⑦经济特科虽将西学纳入科举制度体系，但特科仅为正科外一科，仅仅为特例，正科仍与西学隔绝。而废八股改策论的举措，将正科与特科合并，实际上将西学纳入正科，在纳入西学

051

① 《复开经济特科》，《光绪政要》，沈云龙：《近代中国史料丛刊》，台北：文海出版社 1967 年版，第 1598 页。
② 《谕内阁》，《戊戌变法（二）》，上海：上海人民出版社 2000 年版，第 24 页。
③ 〔清〕怀塔布：《礼部尚书怀塔布折》，《戊戌变法档案史料》，沈云龙：《近代中国史料丛刊》，台北：文海出版社 1967 年版，第 226 页。
④ 〔清〕怀塔布：《礼部尚书怀塔布折》，《戊戌变法档案史料》，沈云龙：《近代中国史料丛刊》，台北：文海出版社 1967 年版，第 226 页。
⑤ 〔清〕怀塔布：《礼部尚书怀塔布折》，《戊戌变法档案史料》，沈云龙：《近代中国史料丛刊》，台北：文海出版社 1967 年版，第 226 页。
⑥ 〔清〕怀塔布：《礼部尚书怀塔布折》，《戊戌变法档案史料》，沈云龙：《近代中国史料丛刊》，台北：文海出版社 1967 年版，第 226 页。
⑦ 〔清〕怀塔布：《礼部尚书怀塔布折》，《戊戌变法档案史料》，沈云龙：《近代中国史料丛刊》，台北：文海出版社 1967 年版，第 226 页。

方面迈出了重要一步。尽管西学所占比重较小，但体制内儒学独尊地位开始丧失，政教结合体制开始瓦解。有人开始担忧，"行之日久，必至不读四书五经原文，背道忘本，此则圣教兴废、中华安危之关"①。即担忧西学纳入科举考试范围以后，对儒家伦理之意识形态地位造成冲击。为缓解其影响，张之洞等大臣建议对废八股措施进行修正，提出正名、定题、正体、征实、闲邪五项要求，对策论进行严格限制，以强化其意识形态主导地位："凡一切离经叛道之言，严加屏黜，不准阑入。则八股之格式虽变，而衡文之宗旨仍与清真雅正之圣训相符。"②1898 年废八股举措虽未实施即随戊戌变法失败而被废弃，但产生了强烈的社会反响，正如身临其事的梁启超所言：

> 诏遂下（废八股诏书），于是海内有志之士，读诏书皆酌酒相庆，以为去千年愚民之弊，为维新第一大事也。八股既废，数月以来，天下移风，数千万之士人，皆不得不舍其兔园册子帖括讲章，而争讲万国之故及各种新学，争阅地图，争讲译出之西书。③

尽管废八股失败，却为后继科举改革奠定基础。20 世纪初，庚子事变后，时局艰困，清廷加快改革科举之步伐。1901 年 5 月，张之洞、刘坤一提出改革科举奏议，试图打破科举考试程式，改变儒学四书五经为首场的惯例，且西学和中学内容都成为考试科目。④科举改革建议被朝廷采纳，同年 7 月，清廷下令："著自明年为始，嗣后乡会试头场试中国政治史事论五篇，二场试各国政治艺学策五道，三场试四书二篇、五经

---

① 〔清〕张之洞：《妥议科举新章程》，《张之洞全集（三·奏议）》，武汉：武汉出版社 2008 年版，第 491 页。

② 〔清〕张之洞：《妥议科举新章程》，《张之洞全集（三·奏议）》，武汉：武汉出版社 2008 年版，第 491 页。

③ 梁启超：《戊戌政变记》，《梁启超全集》，北京：北京出版社 1999 年版，第 193 页。

④ 《两江总督刘坤一湖广总督张之洞第一次会奏变法事宜》，《光绪政要》，沈云龙：《近代中国史料丛刊》，台北：文海出版社 1967 年版，第 1615 页。

义一篇。"①这样，西学正式成为政教结合体制内与儒学并重之知识内容，儒学之意识形态独尊局面完全破除。科举改革后所期望之学堂广兴局面并未出现，1903 年 11 月，袁世凯、张之洞等朝廷重臣奏请递减科举，表达废科举之决心："是科举一日不废，即学校一日不能大兴，将士子永远无实在之学问，国家永远无救时之人才，中国永远不能进于富强，即永远不能争衡于各国。"②他们提出，递减科举，三科减尽。1905 年，袁世凯、张之洞等六位重臣会衔上奏，立停科举，"故欲补救时艰，必自推广学校始。而欲推广学校必欲停科举始"③。后朝廷废除科举制度。至此，科举作为维护儒学地位之制度设施被瓦解。至此，尽管观念层面儒学仍受尊崇，但士绅阶层开始瓦解，儒家伦理的坚定维护力量也随之被瓦解。

其二，废书院瓦解儒学再生产机制。

1896 年 5 月，李端棻④提出，"自京师以及各省府州县，皆设学堂"⑤。至此，兴办学堂、学习西学受到朝廷重视。至 1898 年戊戌变法期间，兴办学堂受到光绪帝高度重视，他颁发了教育有关上谕共计 40 项，其中有 16 项涉及兴办学堂。⑥改书院为学堂是兴学堂的重要举措。其中，1898

---

① 《复改文科新章并停武科》，《光绪政要》，沈云龙：《近代中国史料丛刊》，台北：文海出版社 1967 年版，第 1683 页。

② 《直隶总督袁世凯、两江总督张之洞奏请递减科举》，《光绪政要》，沈云龙：《近代中国史料丛刊》，台北：文海出版社，第 1828 页。

③ 《谕立停科举以广学校》，《光绪政要》，沈云龙：《近代中国史料丛刊》，台北：文海出版社 1967 年版，第 2154 页。

④ 李端棻（1833—1907），字芯园，贵州贵筑（贵州贵阳）人。幼岁而孤，曾随叔父李朝仪赴京城求学，同治进士。历任学政、刑部侍郎等职。1889 年秋季，李端棻以内阁学士身份出任广东乡试主考。阅卷时，慧眼识拔考生梁启超，"自是颇纳启议，娓娓道东西邦制度"（《清史稿》）。他举荐康有为、梁启超，支持变法。戊戌变法期间，授礼部尚书。戊戌政变后，被充军新疆。后赦归，主讲贵州经世学堂，晚年归故里。

⑤ 〔清〕李端棻：《请推广学校折》，《皇清道咸同光奏议（一）》，沈云龙：《近代中国史料丛刊》，台北：文海出版社 1967 年版，第 386 页。

⑥ 田正平：《中国教育史研究（近代分卷）》，上海：华东师范大学出版社 2001 年版，第 119-120 页。

年 7 月发布上谕，限令两月内，改各省府州厅县现有大小书院为兼习中西学之学校，其中省会之大书院为高等学校，郡城之书院为中学，州县之书院为小学。[①]据邓洪波统计，在戊戌变法 103 天中，共计有 10 个省近 11 所书院改为各式学堂。[②]但不久，变法失败，所改革之书院旋即恢复原状。

1901 年 9 月，清廷发布《兴学诏》："著各省所有书院，于省城均改设大学堂，各府及直隶州均改设中学堂，各州县均改设小学堂，并多设蒙学堂。"[③]《兴学诏》要求全国所有书院改为新式学堂。之后，1904 年清廷正式颁布实施《癸卯学制》，学堂成为新教育体制的基本教育机构，书院只有改制为学堂方能生存。由此，书院改学堂得以顺利推行。据邓洪波的研究，清末民初全国至少有 1606 所书院改为各级各类学堂，其中 89% 的书院在《兴学诏》颁布以后改制为学堂，66.9% 的书院于《癸卯学制》颁布实施以后改制为学堂，到 1905 年，1606 所书院中的 58.59% 已经改制为学堂。[④]这 1606 所书院仅仅是改制为学堂的部分，清末书院的总数远超过此数。据邓洪波统计，清代共计 4365 所书院，有 3157 所是历朝官绅士民新创建的，608 所是兴复重建的，仅同治、光绪两朝共计新建有 1062 所书院。[⑤]全国 70% 以上的书院在 1901 年到 1906 年五年时间里迅速改制，这意味着专门传承儒学的传统教育机构[⑥]已苟延残喘。民国初年，书院基本灭绝，意味着传承儒学的传统教育机构基本

---

① 邓洪波：《中国书院史》，上海：东方出版中心 2004 年版，第 328 页。
② 邓洪波：《中国书院史》，上海：东方出版中心 2004 年版，第 329 页。
③ 朱寿朋：《光绪朝东华录》，北京：中华书局 1958 年版，第 4719 页。
④ 邓洪波：《晚清书院改制的新观察》，《湖南大学学报》（社会科学版），2011 年第 6 期。
⑤ 邓洪波：《晚清书院改制的新观察》，《湖南大学学报》（社会科学版），2011 年第 6 期。
⑥ 清末，书院虽然改制为学堂，但是私塾等传统教育组织形式仍大量保留。但是，本书认为私塾无论是规模还是专门程度都不能算是传承传统文化的专门教育机构。1907 年，张之洞等主张设立存古学堂以存国学，但这类教育机构不属于传统教育机构。

退出历史舞台。

改书院为学堂，意在兴学。但迅速改制的代价就是儒学再生产机制的快速瓦解。[①]随着科举、书院的废除，依托于这些教育设施的其他儒学再生产机制，如私塾等也随之逐渐瓦解。虽然在新学堂当中，儒学传承仍受到重视，但无论空间范围，还是内容一致性，儒学再生产都受到毁灭性打击。依附于儒学再生产活动之儒家伦理教化随之受到严重打击。

概而言之，甲午战败后儒家伦理意识形态危机主要表现在儒学认同危机及儒学再生产机制的瓦解。其后果是儒家伦理意识形态独尊地位被瓦解，儒学不再像之前那样被信仰，儒学也不再具有指导现实社会生活的不可争辩的真理性。在这种背景下，依附于意识形态地位的儒家伦理相应失去了意识形态支撑，只能依靠自身与社会的适应性继续生存。但是，由于意识形态地位的瓦解，儒家伦理不再被普遍视为无可争议的真理，其对于社会生活无可置疑的影响力开始受到削弱。

二、儒家伦理的适应性转换

洋务派的道器论在维系儒家伦理道统地位的同时，却无法将西学纳入体系，顾此而失彼。甲午战败后，学习西学已经不容置疑，各种纳入西学的改革也陆续付诸实施。那么，如何建立一种新的论述，将西学纳入，而不动摇儒家伦理之道统地位呢？中体西用论是一种新的尝试。

① 主流观点认为这是历史发展的趋势，是教育近代化发展的必然。代表如李国钧先生主编有千余页的《中国书院史》。该书认为书院改为学堂"对于中国教育以及学术文化思想，乃至整个社会的发展，都是一件大幸事"。（参见李国钧《中国书院史》，长沙：湖南教育出版社1994年版，第947-950页。）近代就有观点对改书院为学堂进行反思，如胡适认为，"书院之废，实在是吾中国一大不幸事"。胡适之所以认为不幸，是因为书院"一千年的学者自动的研究精神，将不复现于今日了"。（参见胡适：《东方杂志》，1924年第2期。）

（一）体用论之来由

对于谁最早提出"体用"的概念模式，目前学界无确切答案。"体用"作为一对基本范畴，最早见于魏晋。[①]北宋胡瑗有所谓"明体达用之学"：

君臣、父子、仁义、礼乐，历世不可变者，其体也；诗、书、史、传、子、集，垂法后世者，其文也；举而措之天下，能润泽斯民，归于皇极者，其用也。[②]

可见，胡瑗所谓"体"指的是历世不可变的伦常关系及其价值，"用"指的是体之运用。从哲学上看，"体"是逻辑上先于经验之事物，即所谓"先验"事物，属本体。而"用"是"体"在一定时空中之运用，属经验范畴。"明体"即在逻辑上认识"体"，然后才能运用。"体"是"用"之"体"，"用"是"体"之"用"，两者合一，这与儒学之知行合一思想有密切关系。后来，朱熹之体用关系论述对后世影响犹大，其体用关系论述主要有以下方面。

1. 儒学基本范畴之体用关系

（1）心之体用关系。

① 已发未发与体用关系。

《朱子语类·性理二》有言道："心有体用，未发之前是心之体，已发之际乃心之用。"[③]"未发"是心之体，即"性"之本真状态，而"已发"就是"心"之发动。《近思录·卷二·为学》说："其未发也五性具焉，曰仁义礼智信"，其已发，"形既生矣，外物触其形而动其中矣。其中动而七情出焉，曰喜怒哀乐爱恶欲"。[④]可见，心"已发"所指为喜怒

---

① 陈赟：《从"贵体贱用"到"相与为体"——中国体用哲学的范式转换》，《许昌学院学报》，2003 年第 1 期，第 1-6 页。

② 〔清〕黄宗羲：《宋元学案》，北京：中华书局 1986 年版，第 41 页。

③ 〔南宋〕朱熹：《朱子语类·性理二·卷五》，《朱子全集》（卷 14），上海：上海古籍出版社 2002 年版，第 225 页。

④ 〔南宋〕朱熹：《近思录·为学·卷二》，《朱子全集》（卷 13），上海：上海古籍出版社 2002 年版，第 176 页。

哀乐爱恶欲七情具，七情对"性"造成干扰，于是需进行涵养，养其本性，以达天理。而人性即人秉受之天理，无不善。朱熹说："性者，即天理也，万物禀而受之，无一理之不具。"[①]因此，朱熹所谓"心"之"体"，乃是天理，是本体，而"心"之"用"乃克服七情之干扰的涵养活动，即儒家的修身涵养功夫。

② 性情与体用关系。

《朱子语类·张子之书》中论及"性情"与"体用"关系，其中"性"是"体"，"情"是"用"：

问"心统性情"。曰："性者，理也。性是体，情是用。性情皆出于心，故心能统之。统，如统兵之'统'，言有以主之也。且如仁义礼智是性也，孟子曰：'仁义礼智根于心'。恻隐、羞恶、辞逊、是非，本是情也，孟子曰：'恻隐之心，羞恶之心，辞逊之心，是非之心。'以此言之，则见得心可以统性情。"[②]

心统性情，性体现天理，故为体；以心之能动性克制情欲以实现人性之天理澄明，故为用。所谓体，其内容为即仁义礼智。

③ 动静与体用关系。

《朱子语类·章句》中谈及心之动静与体用关系，认为心"寂然不动"是体，而"感而遂通"是用：

心一也，有指体而言者，寂然不动是也；有指用而言者，感而遂通是也，惟观其所见如何。……性是静，情是动。心则兼动静而言，或指体，或指用，随人所看。方其静时，动之理只在。[③]

心之"寂然不动"状态即为心之本体澄明状态，即为"体"，也即心

① 〔南宋〕朱熹：《朱子语类·性理二·卷五》，《朱子全集》（卷 14），上海：上海古籍出版社 2002 年版，第 232 页。
② 〔南宋〕朱熹：《朱子语类·张子之书·卷九十八》，《朱子全集》（卷 17），上海：上海古籍出版社 2002 年版，第 3304 页。
③ 〔南宋〕朱熹：《朱子语类·章句·卷六十二》，《朱子全集》（卷 16），上海：上海古籍出版社 2002 年版，第 2043 页。

之未发；而心之动，相应则为其已发，因而是用，即所谓"心则兼动静"。

（2）道之体用关系。

① 道本体之体用关系。

《朱子语类·理气上·太极天地上》中说道："问道之体用。曰：'假如耳便是体，听便是用；目是体，见是用。'"①也即"道"之本体状态即为"体"，"道"之运用即为用。

② 道与性之体用关系。

关于道与性之体用关系，朱熹认为：

万物禀受，莫非至善者，性；率性而行，各得其分者，道。

"天命之谓性，率性之谓道。"性与道相对，则性是体，道是用。又曰："道，便是在里面做出底道。"②

按照朱熹的观点，天命即天理之命令，而性即人所具之"理"，人循"理"而行即为"道"，由是"性"即为体，而"道"即为"用"。

③ 道与义之体用关系。

在《朱子语类·孟子二·公孙丑上之上》中提出，道是体，义是用：

毕竟道义是本，道义是形而上者，气是形而下者。若道义别而言，则道是体，义是用。体是举他体统而言，义是就此一事所处而言。如父当慈，子当孝，君当仁，臣当敬，此义也。所以慈孝，所以仁敬，则道也。③

关于"道"与诸概念之体用关系，他认为，"道"有"体""用"，就"道"与"义"而言，"道"是本体，义是其运用；就"道"与"性"而言，"性"是体，而"道"是用，道是人"性"之运用。此"运用"是主

① 〔南宋〕朱熹：《朱子语类·理气上·卷一》，《朱子全集》（卷 14），上海：上海古籍出版社 2002 年版，第 116 页。
② 〔南宋〕朱熹：《朱子语类·章句·卷六十二》，《朱子全集》（卷 16），上海：上海古籍出版社 2002 年版，第 2019 页。
③ 〔南宋〕朱熹：《朱子语类·孟子二·卷五十二》，《朱子全集》（卷 15），上海：上海古籍出版社 2002 年版，第 1725 页。

体努力克服干扰并达成结果的过程，相当于"已发"，因此，并非纯粹的自然论意义上的体现，而包括主体意志努力的因素。

（3）中和之体用关系。

《中庸》之"中"，本是无过无不及之中，大旨在时中上。若推其中，则自喜怒哀乐未发之中，而为"时中"之"中"。未发之中是体，"时中"之"中"是用，"中"字兼中和言之。①

可见，"中"之未发状态，是本体，即"体"，而"中"之已发状态是"用"。"中"与"和"而言，"中"是未发，是"体"，而"和"是已发，是"用"。

（4）常易、动静与体用关系。

履之问：常非一定之谓，一定则不能恒矣。曰：物理之始终变易，所以为恒而不穷。然所谓不易者，亦须有以变通，乃能不穷。如君尊臣卑，分固不易，然上下不交也不得。父子固是亲亲，然所谓"命士以上，父子皆异官"，则又有变焉。惟其如此，所以为恒。论其体则终是恒。然体之常，所以为用之变；用之变，乃所以为体之恒。②

就常易关系而言，常是永恒不变的东西，也即静，是本体，而易变动不居，也即动，是用。以此分析，"太极"本身没有"体用"，只是含有"理"，但其"理"之发动即为"用"。这一段与前面有关"心""道"等体用关系的论述稍有不同。前者本体是体，而用是其"已发"，注重主体的能动性作用，而这里则注重自然规律意义上的"体现"或"运用"。这里体用关系是原理与体现的关系。

---

① 〔南宋〕朱熹：《朱子语类·中庸一·卷六十二》，《朱子全集》（卷 16），上海：上海古籍出版社 2002 年版，第 2005 页。

② 〔南宋〕朱熹：《朱子语类·易八·卷七十二》，《朱子全集》（卷 16），上海：上海古籍出版社 2002 年版，第 2429 页。

2. 儒家基本伦理范畴之体用关系

（1）仁与智之体用关系。

涉及仁与智体用关系的论述如下：

先生曰：爱人、知人，是仁、知之用。圣人何故但以仁、知之用告樊迟，却不告之以仁、知之体？文振云：圣人说用，则体在其中。曰：固是。盖寻这用，便可以知其体，盖用即是体中流出也。

或问：爱人者，仁之用；知人者，知之用。孔子何故不以仁知之体告之？乃独举其用以为说。莫是仁知之体难言，而樊迟未足以当之，姑举其用，使自思其体？曰：体与用虽是二字，本未尝相离，用即体之所以流行。①

由上述可知，仁、智都有体用，仁、智之理为体，而爱人、知人则是体之用。这里，朱熹还特意强调体用之不可分离性。就仁、智两者关系而言，仁是体，智是用。这里体用关系指的是依据与运用的关系。

（2）仁孝之体用关系。

论性，则仁是孝弟之本。惟其有这仁，所以能孝弟。仁是根，孝弟是发出来底；仁是体，孝弟是用；仁是性，孝弟是仁里面事。②

就仁孝两者关系而言，仁是体，孝是用。这里体用关系指的是依据与运用的关系。

（3）仁义之体用关系。

直卿云：如仁义二字，若兼义，则仁是体，义是用；若独说仁，则义、礼、智皆在其中，自兼体用言之。③

就仁义两者的关系而言，仁是体，孝是用。这里体用关系指的是依据与运用的关系。

---

① 〔南宋〕朱熹：《朱子语类·樊迟问仁章·卷四十二》，《朱子全集》（卷15），上海：上海古籍出版社2002年版，第1512-1513页。

② 〔南宋〕朱熹：《朱子语类·朱子十六·卷一百一十九》，《朱子全集》（卷18），上海：上海古籍出版社2002年版，第3751页。

③ 〔南宋〕朱熹：《朱子语类·中庸一·卷六十二》，《朱子全集》（卷16），上海：上海古籍出版社2002年版，第2005页。

总之，在朱熹看来，一切事物都有其"体"，有其"用"，体用彼此相对对方而存在，体是本，是依据，而用则是运用、发用或体现。朱熹之体用概念在近代仍有运用者。晚清同治中兴理学名臣倭仁所使用的体用概念，主要为"依据和运用"的关系。他在《翰林院条规》中说道："翰院为储才之地。夫所谓才者，谓能学大人之学，明体达用，足以济民物而利国家，非第精词章、工翰墨，遂为克称厥职也。"①倭仁所谓"明体"就是"明天理"。针对士人"精词章、工翰墨"的问题，他强调要"明体"，还要实用，即达用，即"道只在乎伦常日用，学不外乎明善诚身"，也就说，"诚身"就是"达用"。②在《答吴竹如》中，他提出，判断讲学是否有效就在于"明体必须达用"。③所谓达用即践履儒家伦理，步步踏实，而不要空谈心性。④实际上，这是理学中功夫论意义上的致用，与洋务派之致用多为解决国计民生问题的现实功用不同。如冯桂芬在《校邠庐抗议》中提出西学之用在于"有益于国计民生者"⑤。

总之，自胡瑗至朱熹以至倭仁，经过历史演变，所使用之体用概念皆为用来分析理论依据及其运用、体现关系的一套概念，体用两项事物是依据与具体运用的逻辑关系，其中依据是本体，而运用是生发；在价值上，本体更为重要；两者在逻辑上具有同一性关系，即体是用之体，而用是体之用。

（二）近代之中体西用论

甲午战后，体用概念之含义发生变化，体和用不再指事物本身依据

① 〔清〕倭仁：《倭文端公遗书》，沈云龙：《近代中国史料丛刊》，台北：文海出版社 1967 年版，第 661 页。
② 〔清〕倭仁：《倭文端公遗书》，沈云龙：《近代中国史料丛刊》，台北：文海出版社 1967 年版，第 661 页。
③ 〔清〕倭仁：《倭文端公遗书》，沈云龙：《近代中国史料丛刊》，台北：文海出版社 1967 年版，第 668 页。
④ 〔清〕倭仁：《倭文端公遗书》，沈云龙：《近代中国史料丛刊》，台北：文海出版社 1967 年版，第 668 页。
⑤ 〔清〕冯桂芬：《采西学议》，《校邠庐抗议》，郑州：中州古籍出版社 1998 年版，第 210 页。

与运用之逻辑关系，而变为不同事物之体用关系，即中学和西学对于人来说各具"体"和"用"之功能，此为近代意义之体用概念。目前资料显示，孙家鼐是较早使用近代意义之"体用"概念者。1897年，他针对洋务学堂人才培养之中西学分离所导致"皆囿于一材一艺"的问题，明确提出中体西用概念，试图确立以中统西的人才培养目标，即以中学为体，西学为用，并认为中学可以包罗西学，但西学地位不能凌驾于中学之上。[①]可见，中体西用的目标不同于"道器合一"之处就在于，士人既学中学，又学西学，以中学为主，西学为辅，在一个人身上，中西结合，中体西用。实际上，洋务运动时期之道器论并没有将西学纳入固有之政教结合体制，而中体西用则试图将西学引进改革后之教育体制。所谓中体，是"中学"在教育体制中之"体"。

将中体西用论发扬光大者，当属张之洞。他在《劝学篇·自序》中对新学、旧学以往由不同人掌握的现象进行批评："图救时者言新学，虑害道者守旧学，莫衷于一。"[②]在《会通篇》中他又提道："今日新学旧学，互相訾謷，若不通其意，则旧学恶新学，姑以为不得已而用之，新学轻旧学，姑以为猝不能尽废而存之。"[③]其结果导致"旧者不知通；新者不知本"，前者无法应对时代变化的新冲击，而后者则多有菲薄儒家伦理之心，新旧两者冲突日深。[④]

解决问题的办法，即要新旧兼学，旧学为体，新学为用。与孙家鼐不同的是，张之洞对于新学和旧学的具体内容进行详细列举："四书、五经、中国史事、政书、地图为旧学，西政、西艺、西史为新学。旧学为体，新学为用，不使偏废。"[⑤]

① 〔清〕孙家鼐：《议复开办京师大学堂疏》，《皇清道咸同光奏议（一）》，沈云龙：《近代中国史料丛刊》，台北：文海出版社1967年版，第401页。
② 〔清〕张之洞：《自序》，《劝学篇》，大连：大连出版社1990年版，第2页。
③ 〔清〕张之洞：《自序》，《劝学篇》，大连：大连出版社1990年版，第156页。
④ 〔清〕张之洞：《自序》，《劝学篇》，大连：大连出版社1990年版，第2页。
⑤ 〔清〕张之洞：《外篇·设学》，《劝学篇》，大连：大连出版社1990年版，第105页。

可见，所谓旧学，即传统儒家经典以及传统中国历史、地理等内容，其核心即儒家伦理；而西学不仅仅包括洋务运动时期倡导之西艺，还包括西政内容。士人新旧兼学的意义就在于打破以往新旧学由不同人掌握所导致的新旧两大阵营对峙状况，由同一人既学中学，又学西学。说到底，即回到洋务派当初所倡导，但却被保守派所阻挠的"道器合一"主张上来。当时，保守派坚决反对"道器合一"，其担忧就在于让士人学习西学会威胁儒家伦理之道统地位。而中体西用论将西学引进教育体制内，让士人中西兼通，但中学为"体"，西学为"用"。如果说洋务运动时期保守派试图将西学隔离于科举制度外，以维护儒家伦理之道统地位的话，那么，中体西用论则试图通过确立中西学各自不同地位与功能来确保儒家伦理之道统地位。

在中体西用框架中，中学的意义在于"德"育，其领域在于人"心"，所以为内学；西学的意义在于培养人"应世事"的能力，其领域在于人的行动。[①]在儒家思想中，"心"是唯一具有能动性之身体官能，儒家伦理之道统通过对"心"的控制从而实现对整个人的掌控。从这个意义上说，中体西用说并不担忧学习西学会冲击儒家伦理之道统地位。故此，张之洞认为，只要"如其心圣人之心，行圣人之行"，不管做什么事，都"无害为圣人之徒也"。可以说，中体西用论是在士人学习西学已成为政治正确的时代里，在试图不危害道统地位的前提下，儒家伦理进行自我话语变革以适应时代发展新需要的新尝试。当然，与道器论之独尊地位相比，由于西学已经进入知识再生产机制，儒家伦理已不得不失去其独尊地位。当然，中体西用论将不同事物各自之体和用的功能拼装，本身也有逻辑上的矛盾，严复曾经指出，"体用者，即一物而言之也"，牛有牛之体，牛有牛之用，马有马之体，亦有马之用，"未闻以牛为体，以马为用者"；同样，中学有中学之体用，西学有西学之体用，"分之则并立，

①〔清〕张之洞：《会通》，《劝学篇》，大连：大连出版社1990年版，第159页。

合之则两亡"。^①

可以说张之洞有关强化中学学习的设想实际上体现了朝野对于儒学认同危机加深之后,新学堂中强化儒家伦理教育的关注。张之洞撰成《劝学篇》后,由门生、翰林院侍读学士黄绍箕进呈光绪帝。光绪帝对《劝学篇》详加披阅,称赞此书"持论平正通达,于学术人心大有裨益",并谕令军机处印发各省总督、巡抚、学政各一部,并广为刊布。^②《劝学篇》风行海内,为后来《癸卯学制》学校儒学教育制度的设计提供了重要思想指导。

(三) 中体西用之实施^③

在中体西用论指导下,清政府颁布了《癸卯学制》。在《癸卯学制》所确立的现代学制中,有一整套儒家经典以及儒家伦理相关教育体系,以确保中学之"体"。其实质就是在科举制度之外,按照现代学制重建了一套儒家伦理再生产机制。

其一,中体地位之表述。

清末《癸卯学制》颁布施行之时,科举制度仍在实施,但废科举呼声日益高涨。科举制度的存废关系体制内儒家经典教育的存废。在古代社会,儒家经典不是一般意义之书籍,而是儒家"道统"的载体。张之洞等主张废科举的大臣认为,《癸卯学制》对科举废除之后的儒家经典教育已有考虑,"无论何等学堂,均以忠孝为本,以中国经史之学为基础","俾学生心术壹归于纯正",之后,"以西学瀹其知识,练其艺能,务期他日成材,各适实用,以仰副国家造就通才,慎防流弊之意"。^④也就是说,

---

① 严复:《严复集》(第三册),北京:中华书局1986年,第558页。
② 李忠兴:《张之洞与〈劝学篇〉》,《劝学篇》,郑州:中州古籍出版社1998年版,第37页。
③ 部分内容参考《近代国学教育思想》第40—45页。
④ 《重订学堂章程折》,舒新城:《中国近代教育史资料(上)》,北京:人民教育出版社1981年版,第195页。

《癸卯学制》之儒家经典教育的根本目的在于确保"中体"之维系，即养成儒家伦理，确保学生"心术"纯正，其载体就是经学、史学、理学及词章之学，"且讲读研求之法，皆有定程"。①也就是说，《癸卯学制》同样进行儒家经典教育，因此不必担忧科举废除后，儒家经典教育也随之废除的问题。他们认为科举之儒家经典教育效果远不如学堂"有序而又有恒"，而学堂之西学教育则为科举所未备，由此，他们认为学堂之人才培养"必远胜于科举之所得无疑矣"。②可见，张之洞等大臣认为《癸卯学制》之儒家经典教育效果并不逊色于甚至将优于科举时代。正是基于这种信心，1904年，张之洞、张百熙对保守派担忧废科举后"士人竞谈西学，中学将无人肯讲"进行反驳。③他们认为，《癸卯学制》"于中学尤为注重"，具体来说，中国经学、史学、文学、理学都囊括其中，而"学堂所兼通者，科举皆所未备"。④总之，张之洞等《癸卯学制》设计者认为，新学制中儒家经典教育得到足够重视，儒家道统能够得到维系，因而科举存废不足担忧。

其二，中体之课程载体。

《癸卯学制》主要设置读经和修身两门课程，进行儒家伦理教育。"经"主要指儒家经典，是中国经史之学的重要内容。《学务纲要》提出，中国经书承载着"尧舜禹汤文武周公孔子之道"，因而被提升到外国宗教的地位，被认为是"中国之宗教"。⑤如果学堂不读经，则孔子之道、三纲五

① 《学务纲要》，舒新城：《中国近代教育史资料（上）》，北京：人民教育出版社1981年版，第201页。

② 《学务纲要》，舒新城：《中国近代教育史资料（上）》，北京：人民教育出版社1981年版，第201页。

③ 《命定学堂新章并递减科举事宜》，《光绪政要》，沈云龙：《近代中国史料丛刊》，台北：文海出版社1967年版，第1895页。

④ 《命定学堂新章并递减科举事宜》，《光绪政要》，沈云龙：《近代中国史料丛刊》，台北：文海出版社1967年版，第1899页。

⑤ 《学务纲要》，陈学恂：《中国近代教育史教学参考资料（上）》，北京：人民教育出版社1986年版，第535页。

常，可能"尽行废绝"。①尧舜禹汤文武周公孔子之道，也即儒家道统。儒家道统的内容主要为儒家三纲五常伦理思想。而儒家三纲五常伦理是社会道德秩序得以形成的基本规范，是立国之本。

读经讲经科是《癸卯学制》中读经教学的课程载体。《学务纲要》对读经讲经科设置提出了详细要求。《学务纲要》规定学堂读经数量以科举时代通行水平为参照。参照一，即为乾隆以前科举分经取士时士人习经数量。《学务纲要》指出，乾隆以前，即使经学大师，亦少有兼精群经者，一般士人能通读《十三经》者较少，仅读五经四书者较多，而《礼记》《左传》一般也只读节本，读全文者也较少。参照二，即为近几十年来一般士人习经数量。《学务纲要》指出，当时能读并讲解《九经》之士子不过十分之二三。②参照这两种读经数量标准，《学务纲要》设定了小学到中学须读《孝经》《四书五经》及《礼记》《周礼》《仪礼》节本并通大义。③

要维系中体地位，仅靠读经讲经科还不够，还需将道德规范内化为个体品德。这个过程依靠儒家道德教学完成。《癸卯学制》主要通过修身科和品行考核制度进行。《学务纲要》规定修身科教学内容"处处皆以理学为本"，因为"理学为中国儒家最精之言，惟宗旨仍归于躬行实践"，因而"足为名教干城"，能为道德修炼提供心性修炼方法。④如高小修身课程内容即主要为《四书》之要义，⑤高等学堂及优级师范学堂设人伦

---

① 《学务纲要》，陈学恂：《中国近代教育史教学参考资料（上）》，北京：人民教育出版社1986年版，第535页。

② 《学务纲要》，舒新城：《中国近代教育史资料（上）》，北京：人民教育出版社1981年版，第201页。

③ 《学务纲要》，舒新城：《中国近代教育史资料（上）》，北京：人民教育出版社1981年版，第201页。

④ 《学务纲要》，舒新城：《中国近代教育史资料（上）》，北京：人民教育出版社1981年版，第210页。

⑤ 《奏定高等小学堂章程》，舒新城：《中国近代教育史资料（中）》，北京：人民教育出版社1981年版，第430-434页。

道德一科，讲授儒家伦理思想。①再次，修身科以切近日用为特点。如《癸卯学制》要求，高小阶段讲授《四书》时要避免空谈，尤其是要"就身心切近及日用实事讲之，令其实力奉行，不可所行与所讲相违"。②

其三，中体之课程要求。

读经讲经科设置的根本目的在于维系中体地位，进而维系儒家道统，那么它如何实现这个目的呢？一则，《学务纲要》强调培养儒家道统信仰。"经"尽管不是伦理规范本身，但它是儒家伦理思想的物化载体。读经讲经科通过传承"尧舜禹汤文武周公孔子之道"，不断输出"圣教"信仰，如小学阶段通过读经教学，"养成国民忠国家、尊圣教之心"，③从而维持个体对于"圣教"的认同。二则，《学务纲要》强化各级读经类课程课时及学习要求。《学务纲要》对各级学堂读经课时都有明确规定，如初等小学每日 2 点钟，计每周治经 12 点钟，读经时间占总课时的 40%。④高小每周 12 点钟，占总课时 36 点钟的 33.3%；另温经每天半点钟，一周共计 6 点钟，不计入课表。中学读经课时为 9 点钟，约占总课时的 25%；⑤另与小学同，每日有半点钟温经，在自习时督课，不在表内。《学务纲要》对各级学堂读经学习程度也有规定，小学堂读经每日学习都需要能挑背浅解，并花 1 点钟进行考核。所谓挑背，即随意选择一些资质较钝的学生，以背诵的方式考验学习程度；所谓浅解，即学生能浅显讲解经典大义。中学每周以 3 点钟考验学生挑背讲解。三则，《学

① 《学务纲要》，舒新城：《中国近代教育史资料（上）》，北京：人民教育出版社 1981 年版，第 210 页。
② 《奏定高等小学堂章程》，舒新城：《中国近代教育史资料（中）》，北京：人民教育出版社 1981 年版，第 430-434 页。
③ 《学务纲要》，舒新城：《中国近代教育史资料（上）》，北京：人民教育出版社 1981 年版，第 200 页。
④ 《学务纲要》，舒新城：《中国近代教育史资料（上）》，北京：人民教育出版社 1981 年版，第 201 页。
⑤ 李成军：《近代国学教育思想研究》，上海：复旦大学出版社 2014 年版，第 41-42 页。

务纲要》强化读经字数要求。从初小到中学毕业读经共计 46 万余字。[1]
按照这样的读经要求，《学务纲要》认为，"学堂中决无一荒经之人，不
惟圣经不至废坠，且经学从此更可昌明矣"[2]。

修身科也规定了课时要求。一则，《癸卯学制》对修身科课时也做出
了硬性规定，如初小、高小规定修身科每周 2 点钟。二则，《癸卯学制》
设立了品行考核制度。品行考核是科目考核外的考核，采用积分法，与
各科目一体同记分数。其考核内容包括言语、容止、行礼、作事、交际、
出游六项，随处稽察，第其等差。考核等次在讲堂由教员定之，在斋舍
由监学及检察官定之。[3]考核结果作为确定出身的基本前提条件，"俟内
外场考毕，合计内外场分数，暨平日品行分数合格者，照另订专章，分
别奏请赐予各项出身，分别录用"[4]。另外学生品行考核分数也是选派
教员学职之依据。[5]

（四）中体西用之实施效果

官方原期望《癸卯学制》通过读经讲经和修身等课程的设置可以维
持儒家伦理的教育，"俾学生心术壹归于纯正"，但实际情况并非如此。
按照《癸卯学制》的要求，儒家伦理以忠孝为基本原则，忠孝伦理以服
从皇权和父权为基本内容，因而忠孝伦理教育素以培养顺民为基本特点。
为培养学生服从的政治习惯，《学务纲要》规定学生不准妄干国政，暨抗

---

① 李成军:《近代国学教育思想研究》，上海：复旦大学出版社 2014 年版，第
41-42 页。
② 《学务纲要》，舒新城:《中国近代教育史资料（上）》，北京：人民教育出版
社 1981 年版，第 201 页。
③ 李成军:《近代国学教育思想研究》，上海：复旦大学出版社 2014 年版，第
41-42 页。
④ 《学务纲要》，舒新城:《中国近代教育史资料（上）》，北京：人民教育出版
社 1981 年版，第 212 页。
⑤ 《学务纲要》，舒新城:《中国近代教育史资料（上）》，北京：人民教育出版
社 1981 年版，第 200 页。

改本堂条规^①，禁止学生在报刊及著述发表离经叛道、狂言怪论，不得有犯礼教之事等。^②但实际上，随着新学制的实施，学堂学生反抗现政治秩序的行为屡见不鲜。1907 年，清廷发布谕令，对此现象提出严厉批评：

> 乃比年以来，士习颇见浇漓，每每不能专心力学，勉造通儒，动思逾越范围，干预外事。或侮辱官师，或抗违教令，悖弃圣教，擅改课程，变易衣冠，武断乡里，甚至本省大吏拒而不纳，国家要政任意要求，动则捏写学堂全体空名，电达枢部。不考事理，肆口诋諆，以致无知愚民随声附和，奸徒游匪藉端煽惑，大为世道人心之害。^③

这则谕令认为，"比年以来，士习颇见浇漓"。"浇漓"原指社会风气浮薄，这里指士风浮薄。士风"浇漓"具体表现为以下方面：第一，蔑视权威，即所谓"侮辱官师""抗违教令""悖弃圣教""擅改课程""变易衣冠"等不服从甚至反抗清廷政治和道德秩序的行为。其中，"抗违教令""悖弃圣教""变易衣冠"都是对儒家伦理最严重的反抗行为。第二，干预政事，主要如"武断乡里"，对大吏"拒而不纳"，对政府政令"动则捏写学堂全体空名，电达枢部"，"不考事理，肆口诋諆"，等等。这些行为以鼓动民众反抗政治秩序为特点，在清政府看来，"不独中国前史、本朝法制无此学风，即各国学堂亦无此等恶习。士为四民之首。士风如此，则民俗之弊随之，治理将不可问"^④。可见，《癸卯学制》之儒家伦理教育并未能达到形成良好社会伦常秩序的社会效果，其影响力大大下降。

---

① 《学务纲要》，陈学恂：《中国近代教育史教学参考资料（上）》，北京：人民教育出版社 1986 年版，第 541 页。
② 《学堂禁令章》，《奏定学堂章程》，沈云龙：《近代中国史料丛刊》，台北：文海出版社 1967 年版，第 89-90 页。
③ 《整顿学务谕》，光绪三十三年十一月二十一日，《清末筹备立宪档案资料》，沈云龙：《近代中国史料丛刊》，台北：文海出版社 1967 年版，第 1000-1001 页。
④ 《整顿学务谕》，光绪三十三年十一月二十一日，《清末筹备立宪档案资料》，沈云龙：《近代中国史料丛刊》，台北：文海出版社 1967 年版，第 1000-1001 页。

总之,《癸卯学制》试图通过加强儒家经典教育时间以及字数要求以强化儒家伦理教育,从而维系"中学"之体,其实质就是维系儒家伦理之意识形态地位。但《癸卯学制》的设计者忽略了一个根本性问题,即科举时代儒家伦理之意识形态地位维护的前提在于科举制度排斥了一切非儒家知识学习的可能性,而《癸卯学制》引入西学。西学具有实用价值,更具有竞争力,以至于社会普遍对中小学读经课程的大量课时并不认可,认为还不如学习算学等实用科目。总之,在儒学认同衰微的背景下,儒家伦理已经走下神坛,虽然通过强制手段推行意识形态教育,但认同度并不如预期,反而被认为是累赘,是浪费。

第四节　儒家礼教的近代转换

近代,随着西学的传播,儒家伦理思想受到一定冲击。一些学者试图借鉴西方思想以促进儒家伦理进行近代转换。

一、康有为儒家礼教近代转换思想[①]

19 世纪 80 年代,在东岸沿海一带,西学已对士人产生很大影响。如光绪八年（1882 年）,康有为道经上海,购西书,大讲西学,始尽释故见;光绪九年（1883 年）,他购《万国公报》、研读西学书,研究声光化电、电重学及各国史志等。[②]康有为试图以西方近代科学思想重建儒家礼教之思想基础。

---

① 本部分内容参考笔者文章《康有为礼教思想之近代转换》,《孝感学院学报》,
　　2011 年第 3 期,第 55-59 页。
② 康有为:《康南海自编年谱》,北京:中华书局 1992 年版,第 12-15 页。

（一）康有为之儒家礼教观

近代，随着西方科学思想的传入，儒家天理世界观受到冲击。其中，最核心的概念"天理"的含义深受科学思想的影响。所谓天理，康有为认为是"天固与之具"，是万物"所以然之理"，天理"自为调护，自为扶持"。①天理到底是什么呢？康有为提出：

天地之理，阴阳而已。其发于气，阳为湿热，阴为干冷。湿热则生发，干冷则枯槁，二者循环相乘，无有终极也。②

又说：

凡物皆始于气，既有气，然后有理。生人生物者，气也；所以能生人生物者，理也。人日在气中而不知，犹鱼日在水中而不知也。③

可见，康有为之"天理"非理学之先验规则，而为事物之运行规律。与先验之理在逻辑上先于事物存在不同，康有为之理在逻辑上后于事物，即先有事物，才有事物运行之理，即所谓"既有气，然后有理"。康有为认为天理既"有定"也"无定"。他曾经将几何公理视为天理之"有定"。④所谓有定，即类似于几何公理，是那些不须证明而可以作为证明根据的命题。"先王制为君臣、父子、兄弟、夫妇、朋友，吾生于其中，则循其故常，君者吾君之，臣者吾臣之，父者吾父之，子者吾子之，兄弟、夫妇、朋友犹是也"等儒家礼制伦常在康有为看来主要为"有定"，则行之而已。⑤

---

① 康有为：《理学篇》，《康子内外篇》，《康有为全集》（第一册），上海：上海古籍出版社 1987 年版，第 172-175 页。
② 康有为：《湿热篇》，《康子内外篇》，《康有为全集》（第一册），上海：上海古籍出版社 1987 年版，第 183 页。
③ 康有为：《万木草堂口说》，《康有为全集》（第二册），上海：上海古籍出版社 1987 年版，第 253 页。
④ 康有为：《实理公法全书》，《康有为全集》（第一册），上海：上海古籍出版社 1987 年版，第 275-291 页。
⑤ 康有为：《理学篇》，《康子内外篇》，《康有为全集》（第一册），上海：上海古籍出版社 1987 年版，第 172 页。

总之，依据康有为的观点，儒家伦常观念的合法性就在于它是天理之运行规律。这些规律已为历史发展所证明，不须证明而自明。因而，康有为的重要理论贡献之一，就在于他试图通过对天理观的重构，重建礼教秩序之合法性，为社会秩序的变革奠定思想依据。

天理观的实质在于天理为秩序立法，而先验天理的瓦解，在很大程度上瓦解了其秩序立法者角色。随之，自然无法依靠先验法则进行儒家礼教伦常观念之合法性论证。康有为试图以天理之"有定"阐述儒家礼教秩序之合法性来源。但是，如果进一步深究，此"有定"何以能有定呢？即何以能为礼教观念提供合法性论证呢？康有为认为，一切观念符合人类几何公理方能成为公法，方能以之确立制度。而人道之自然则是几何公理的出发点。①顺应人道自然之规律，这是儒家礼教获得合法性之具体路径，这与理学天理中蕴含儒家礼教之基本规则有很大不同。

顺应人道之自然，成为礼教秩序之来源，是儒家礼教的出发点。顺应人道之自然，其实质即顺应人生来之资质。康有为认为，"人禀阴阳之气而生也"，"气"生人，而后人有"质"，"能食味、别声、被色，质为之也"②。这里，人的"质"主要指人身体之官能，尤其视觉、味觉、声觉等感官。此官能并非人性，其作用在于为外界刺激是"宜"还是"不宜"提供参照，"于其质宜者则爱之，其质不宜者则恶之"③。宜者则"爱"，不宜者则"恶"，"心"则据此做出相应判断。可见，爱和恶是心对外界感官刺激之心理反应。他又说爱和恶之"存"者即谓"性"，其"发"者谓之"情"。此即意味着人性即爱或恶之心理能力。而所谓"存"和"发"

---

① 康有为：《实理公法全书》，《康有为全集》（第一册），上海：上海古籍出版社 1987 年版，第 275-291 页。

② 康有为：《爱恶篇》，《康子内外篇》，《康有为全集》（第一册），上海：上海古籍出版社 1987 年版，第 173-176 页。

③ 康有为：《爱恶篇》，《康子内外篇》，《康有为全集》（第一册），上海：上海古籍出版社 1987 年版，第 173-176 页。

实为借鉴朱熹之人性"未发"之观点。①依据朱熹理学观念，性为天理在人之体现，天理为本体，寂然不动，人性为天理于人之体现，亦即未发，而"动"则因受外物之"情"所发。康有为之人性论也循此进路展开。但康有为实际上将"未发"理解为人性之爱和恶心理能力未发作之状态。这正是康有为"逆人情、节爱恶"的早期教化思想之基本理路。

康有为之人性论思想可以概括为资质人性论，其近代意义就在于通过人性之资质对人性之本质的代替而现实了对人伦本质之消解。在理学中，人性为将天理转换为人间礼教秩序的关键中介角色。人性具有天理之同一性，而心则具有实现人性之主动性，这是秩序内在化的积极动因。人性之具体内容为"仁义礼智信"，此为三纲五常于人之内在基础。因此，人性于天理秩序中的作用就在于天理伦理本质之实现。康有为瓦解了天理之先验属性，人性作为天理之中介的作用也就随之瓦解。伦理本质的消解，意味着人性爱和恶之心理能力实际上失去了自我约束之内在基础，②所以与儒家强调率性而为不同，认为"率性而为"，则人与草木、禽兽没有分别。③人性之伦理本质的消解还意味着天理失去了人性内在的据点，天理成为外在于人的规律，并需在经验层面予以论证。因而，一切原本基于天理的善恶源头问题就成了后天经验层面的问题。所以，康有为认为，"善者，非天理也，人事之宜也"④。从这个理路进行分析，康有为的人性论只能提供感官的欲望和情绪。欲望和情绪的释放不是康有为的本意，而如何约束和控制被释放的欲望和情绪则成为近代社会伦理秩序构建与维系不得不面对的问题。

① 〔南宋〕黎靖德编，王星贤点校：《朱子语类·性理二·卷五》，上海：中华书局1981年版，第33页。
② 本部分内容参见笔者文章《康有为礼教思想之近代转换》，《孝感学院学报》，2011年第3期，第55-59页。
③ 康有为：《长兴学记》，《康有为全集》（第一册），上海：上海古籍出版社1987年版，第547-549页。
④ 康有为：《原教第一》，《教学通义》，《康有为全集》（第一册），上海：上海古籍出版社1987年版，第83-85页。

面对情欲解放难题，康有为安排了"智"这种能力，来解决礼教秩序如何求诸外界并对爱和恶的能力予以约束的问题。他认为人与草木、禽兽的区别在于人有智，故能学：

虽然，爱恶仁义，非惟人心有之，虽禽兽之心亦有焉。然则人与禽兽何异乎？曰：异于其智而已。其智愈推而愈广，则其爱恶愈大而愈有节，于是政教、礼义、文章生焉。①

智是人控制情欲的基本心理能力。而智即通过"学"予以实现，由此"学"的重要内容就是学会控制人之爱恶等情欲，实现对人性之有限控制。他认为"有性无学，则人与禽兽相等"。但人之智使人与禽兽拉开差距，他说："顺而率者愚，逆而强学者智。"②所谓逆而学者，就是指逆人情、节爱恶，以其解决人性论之爱恶缺乏内在限制的局限。③

（二）礼教视域下的自由、平等观

康有为资质人性论注重控制情欲的观点对其以后自由、平等等思想的转变具有一定影响。可以说，自由、平等思想与他控制情欲的观念相悖。康有为早期思想中，他并不抵制自由、平等观念，相反，他试图以这些观念重建礼教秩序之合法性基础。他认为自由、平等观念为人类之公理，自然具有普遍适应性。④但后来其思想却发生极大转折，以至被认为复古、保守甚至反动。他无法推翻公理世界观，只能论证自由、平等公理观念并不适应中国现实。在 1902 年发表的《答南北美洲诸华商论

① 康有为：《爱恶篇》，《康子内外篇》，《康有为全集》（第一册），上海：上海古籍出版社 1987 年版，第 173-176 页。
② 康有为：《长兴学记》，《康有为全集》（第一册），上海：上海古籍出版社 1987年版，第 547-549 页。
③ 康有为：《性学篇》，《康子内外篇》，《康有为全集》（第一册），上海：上海古籍出版社 1987 年版，第 176-179 页。
④ 本部分观点参见笔者文章《康有为礼教思想之近代转换》，《孝感学院学报》，2011 年第 3 期，第 55-59 页。

中国只可行立宪不可行革命书》中，他依据三世进化史观，即孔子作《春秋》，分据乱、升平、太平三世，三世各有不同政治制度、不同价值取向，"据乱则内共国，君主专制世也；升平则立宪法，定君民之权之世也；太平则民主，平等大同之世也"①。而当时则被他视为据乱之世，"内其国则不能一超直至世界之大同也；为君主专制之旧风，亦不能一超至民主之世也"②。他并不否认自由、平等为世之公理，但认为公理并不具有超越时间之合法性，当时的中国并不适合应用公理。③因为现实仍处于过渡时期，不能蹴等而行，即不能由小康而大同，由君主而至民主。④

主张自由在他看来实际上释放欲望，冲击社会秩序。而后，1905年，他试图从事实层面阐述中国自古以来自由、平等已付诸实施："不知中国者，以为专制之国，乃入其境则其民最自由，卖买自由，营业自由，筑室自由，婚嫁自由，学业自由，言论自由，信教自由，一切皆官不干涉，无律限禁，绝无压制之事。"⑤他论述中国已有自由、平等，并非论证这些观念在中国之存在合法性，相反，这恰恰是他反对接受西方自由、平等观念的依据。他以用药做比喻："或者不知人己，误以为欧、美之强，其所服药，必极补益，而妄用之，则无病服药，必将因药受毒而生大病。"⑥他反对西方自由、平等观念，因为这些观念不但不利于构筑社会秩序，相反，这些观念将反秩序之冲动予以释放，造成社会秩序之莫大困扰，"故今日中国自由之教，亦令人发狂妄行，子弟背其父兄，学

075

----

① 康有为：《答南北美洲诸华商论中国只可行立宪不可行革命书》，《康有为政论集》，北京：中华书局1981年版，第476页。
② 康有为：《答南北美洲诸华商论中国只可行立宪不可行革命书》，《康有为政论集》，北京：中华书局1981年版，第476页。
③ 康有为：《答南北美洲诸华商论中国只可行立宪不可行革命书》，《康有为政论集》，北京：中华书局1981年版，第476页。
④ 康有为：《答南北美洲诸华商论中国只可行立宪不可行革命书》，《康有为政论集》，北京：中华书局1981年版，第476页。
⑤ 康有为：《物质救国论》，《康有为政论集》，北京：中华书局1981年版，第570页。
⑥ 康有为：《物质救国论》，《康有为政论集》，北京：中华书局1981年版，第570页。

者犯其师长而已"①。其结论是散漫之中国需要的是德国的纪律,而不是自由。②西方自由、平等观念难以承担构建社会秩序之重担。

(三)孔教思想

随着公理逐渐代替天理行使世界解释功能,礼教秩序之合法性也逐渐遭受破坏。其结果就是礼教权威之逐渐失坠。在这种背景下,康有为试图通过政治权力对于乡村精神空间之干预,排斥其他精神力量,为礼教秩序构筑一个非竞争性的精神场域,通过宣示礼教秩序的客观存在以推行乡村教化。19 世纪 80 年代,他发现传统儒家教化体系虽涵盖整个社会,但是在空间上有极大局限性,即存在"学不教士而下皆无学"的问题,这给各种民间信仰以存在空间,使之成为礼教秩序之强有力竞争者。儒家教化体系之空间局限性无疑为康有为在广大的乡村建立孔教机构以构筑和强化儒家礼教之客观存在,并维系礼教秩序提供了现实依据。

康有为提出"教官教士而不及民,文庙在城而不在乡,有一庙而无二庙"③。一则,民众祀孔有诸多限制,"许教官诸生岁时祀谒外,其余诸色人等,及妇女皆不许祀谒。民心无所归,则必有施敬之所";二则,民众之精神世界为民间宗教所抢占,引起西人嘲笑,"淫祠遍地,余波普荡,妖庙繁立于海外,重为欧、美所怪笑,以为无教之国民,岂不耻哉?"④问题的提出具有强烈的现实意义。礼教秩序难以触及乡村百姓,儒家纲常难以有效地予以控制,使得乡村有成为各类思想竞技场之可能。在清末面临西方宗教势力冲击的背景下,康有为认为这种状况具

---

① 康有为:《物质救国论》,《康有为政论集》,北京:中华书局 1981 年版,第 570 页。
② 康有为:《物质救国论》,《康有为政论集》,北京:中华书局 1981 年版,第 573-574 页。
③ 康有为:《请商定教案法律,厘正科举文体,听天下乡邑增设文庙,谨写孔子改制考进呈御览,以尊圣师而保大教绝萌过折》,《康有为全集》(四),北京:中国人民大学出版社 2007 年版,第 93 页。
④ 康有为:《请尊孔圣为国教立教部教会以孔子纪年而废淫祀折》,《康有为政论集》,北京:中华书局 1981 年版,第 280 页。

有很大的危险性。1888 年，他向光绪帝上《上清帝第一书》，提出警告："今遍滇、粤间，皆从天主教者，其地百里，无一蒙学。识字者寡，决事以巫，有司既不教民，法人因而诱之。"①

康有为的解决办法，即一方面主张广兴学，"故欲富强之自立，教学之见效，不当仅及于士，而当下逮于民，不当仅立于国，而当遍及于乡"②；另一方面仿西方教会之组织化特点，于各地广泛设立孔教会，广敷教化，应对西方思想威胁。为什么采用西式教会模式推广儒家伦理呢？1898 年6 月 19 日，康有为在上奏中提出：

今若定律，必先去其国力，乃可免其要挟，莫若直与其教会交，吾亦设一教会以当之，与为交涉，与定和约，与定教律……亦在于变法也……若皇上通变酌时，令衍圣公开孔教会，自王公士庶，有志负荷者，皆听入会，而以衍圣公为总理，听会中士庶公举学行最高（者）为赞办，稍次者多人为会办，各省府县，皆听其推举学行之士为分办，籍其名于衍圣公。……伏乞皇上举行临雍之礼，令礼官议尊崇之典，特下明诏，令天下淫祠皆改为孔庙，令士庶男女咸许膜拜祭祀，令孔教会中选生员为各乡县孔子庙祀生，专司讲学，日夜宣演孔子忠爱、仁恕之道。③

可见，对于孔教会之创设，康有为形成了较为完整的观点。首先，其目的在于方便与西方教会对等交涉，避免官方在交涉过程中为其要挟。当然这是托词，其实质还在于通过孔教会的建立，强化儒家伦理的客观存在，建立起强大的儒家势力集团，以维系儒家礼教之权威。其次，遵奉孔子为教主，将孔子神化，予以膜拜，"夫大地教主，未有不托神道以

---

① 康有为：《上清帝第一书》，《康有为政论集》，北京：中华书局 1981 年版，第 54-55 页。
② 康有为：《请改直省书院为中学堂乡邑淫祠为小学堂令小民六岁皆入学折》，《康有为全集》（四），北京：中国人民大学出版社 2007 年版，第 317 页。
③ 康有为：《请商定教案法律，厘正科举文体，听天下乡邑增设文庙，谨写孔子改制考进呈御览，以尊圣师而保大教绝萌过折》，《康有为全集》（四），北京：中国人民大学出版社 2007 年版，第 94 页。

令人尊信者；时地为之，若不假神道而能为教主者，惟有孔子，真文明世之教主，大地所无也"，"首宜定制，令举国罢弃淫祀，自京师城野省府县乡，皆独立孔子庙，以孔子配天，听人民男女，皆祀谒之，释菜奉花，必默诵圣经"。[1]为尊崇并纪念教主之权威，仿耶稣纪年，以孔子诞辰纪年。[2]最后，将全国各类祠庙改为孔庙，设立遍及全国之各级孔教组织；以各地生员为祀生，形成庞大的孔教教化之组织体系。1898年，他进一步提出，"所在乡市，皆立孔教会，……乡千百人必一庙"[3]。就祀生的组织，康有为提出，每庙一生，可以多设，并由地方选举讲师，以县为单位从讲师中选举大讲师若干，"以经明行修者充之，并掌其县司之祀，以教人士"[4]。再逐级选举上一级，"府位曰宗师，省曰大宗师……合各省大宗师公举祭酒老师，耆硕明德，为全国教会之长，朝命即以为教部尚书，或曰大长可也"[5]。各级祀生的职责在于儒家伦理教化，"领学校，教经学之席"[6]。

康有为之建立各级孔教组织的设想，如果得以实施的话，一个强大的孔教势力将形成，甚至成为可以抗衡皇权的力量，势必威胁清廷之政治权力。因此康有为之倡议未获清廷回应。尽管如此，康有为还是将设想付诸实施，1897年，他在广西桂林与唐薇卿、岑云阶议开圣学会。[7]

---

① 康有为：《请尊孔圣为国教立教部教会以孔子纪年而废淫祀折》，《康有为政论集》，北京：中华书局1981年版，第282页。
② 康有为：《请尊孔圣为国教立教部教会以孔子纪年而废淫祀折》，《康有为政论集》，北京：中华书局1981年版，第282页。
③ 康有为：《请尊孔圣为国教立教部教会以孔子纪年而废淫祀折》，《康有为政论集》，北京：中华书局1981年版，第283页。
④ 康有为：《请尊孔圣为国教立教部教会以孔子纪年而废淫祀折》，《康有为政论集》，北京：中华书局1981年版，第283页。
⑤ 康有为：《请尊孔圣为国教立教部教会以孔子纪年而废淫祀折》，《康有为政论集》，北京：中华书局1981年版，第283页。
⑥ 康有为：《请尊孔圣为国教立教部教会以孔子纪年而废淫祀折》，《康有为政论集》，北京：中华书局1981年版，第283页。
⑦ 康有为：《两粤广仁善堂圣学会缘起》，《康有为政论集》，北京：中华书局1981年版，第187页。

1899 年，康有为的弟子陈焕章在高要砚洲倡立昌教会；[1]1907 年 9 月，于美国纽约发起昌教会，旨欲"昌明孔教"。[2]但这些努力影响都不大。康有为建立孔教思想的实质是通过强化孔教的客观存在以及思想专制来强化礼教秩序之运行，其解决办法终至难以获取信仰自由等观念的支持，因而难以获取必要正当性，终归于失败。

二、梁启超儒家伦理近代转换思想

梁启超有关儒家伦理的思想经历了一个变化过程。一直到 1903 年前，梁启超一直认为，"欲救今日之中国，莫急于以新学说变其思想"。[3]这一段时间，他主要着眼于引进西方思想，以推进国内政治和社会改革。与其师主张不同，他反对孔教思想。他认为，就当时中国社会而言，要摆脱落后挨打局面，实现国富民强，则不得不言"利"。但汉宋以后，儒家学者讳言利。其思想根源在于，中国人认为"人人谋私利，而群治将混乱而不成立也"。[4]梁启超从边沁功利主义思想当中为"利"的合法化找到了理论依据。

1903 年，梁启超赴美一行，在加拿大、美国游历期间，他考察了美国政治运作以及社会道德现状；[5]另一方面，他又充分看到了革命派内部争权夺利导致腐败和混乱；[6]此时社会破坏说大兴，梁启超对此深感不安，认为破坏一切，则无以建设等。[7]这次赴美旅行后，梁启超思想

① 张颂之：《孔教会始末汇考》，《文史哲》，2008 年第 1 期，第 54-72 页。
② 陈学恂：《中国近代教育大事记》，上海：上海教育出版社 1981 年版，第 178 页。
③ 丁文江等：《梁启超年谱长编》，上海：上海人民出版社 1983 年版，第 277 页。
④ 梁启超：《乐利主义泰斗边沁之学说》，《梁启超全集》，北京：北京出版社 1999 年版，第 1045 页。
⑤ 邓杰：《1903 年前后梁启超政治思想转变原因探析》，《四川师范大学学报》（社会科学版），2003 年第 2 期，第 134-139 页。
⑥ 正如他致蒋观云的信中所言，"然弟近数月来，怨新党梼乱腐败之状，乃益不敢复倡革义矣"。（光绪二十九年六月二十七日）参见丁文江等：《梁启超年谱长编》，上海：上海人民出版社 1983 年版，第 328 页。
⑦ 梁启超：《论私德》，《梁启超全集》，北京：北京出版社 1999 年版，第 719 页。

大变，对功利主义思想开始怀疑甚至批判，对儒家伦理由批判转向开始拥护，这一转变在 1904 年 7 月 4 日黄遵宪给梁启超的信中得到充分体现。①梁启超开始认为功利主义思想不利于社会秩序建设，足以"误国"，"然则今日所恃以维持吾社会于一线者何在乎？亦曰：吾祖宗遗传固有之旧道德而已"。②他重新回到传统儒家思想，尤其是王阳明心学，试图重振心学，以救国家。但他必须面对一个现实理论问题，即随着近代科学思想的传播，天理世界观开始动摇，无法为伦常秩序立法，那么谁能承担此重任呢？梁启超的答案无疑是人。由此，他回到王阳明心学，试图从"心"的主体性出发探寻构建伦常秩序的基础。

（一）以功利筑伦常秩序之基

近代功利主义思想肇始于伊壁鸠鲁学派，经边沁、密尔等人系统阐发形成。此后，功利主义思想通过发展演变，形成行为功利主义和准则功利主义两个分支。③功利主义反对自然法原理，将道德立法依据收诸人自身，认为决定一切事物的价值依据就是人自身的快乐与痛苦两种心理感受。④据此，他认为功利原理即为一切制度的基础，所谓功利原理即以增加或减少利益相关者之幸福作为赞成或反对的评判依据。⑤据此，梁启超认为，边沁功利主义思想可以作为一切道德规范正当性之最后依据：

使人增长其幸福者，谓之善；使人减障其幸福者，谓之恶。此主义放诸四海而皆准，俟诸百世而不惑。无论为专属于各人之行谊，与关系

① 丁文江等：《梁启超年谱长编》，上海：上海人民出版社 1983 年版，第 340 页。
② 梁启超：《论私德》，《梁启超全集》，北京：北京出版社 1999 年版，第 720 页。
③ 宁立标：《功利主义权利理论及其困境》，《南方职业教育学刊》，2011 年第 2 期，第 91-94 页。
④ [英]边沁著，时殷弘译：《道德与立法原理导论》，北京：商务印书馆 2000 年版，第 57 页。
⑤ [英]边沁著，时殷弘译：《道德与立法原理导论》，北京：商务印书馆 2000 年版，第 57 页。

于政府之行谊，皆当以此鉴定之。故道德云者，专以产出乐利，豫防苦害为目的。其乐利关于一群之总员者，谓之公德；关于群内各员之本身者，谓之私德。①

可见，善的依据就在于是否符合个人的快乐或曰幸福。边沁此种快乐或曰幸福论将个人感官满足视为道德规范合理与否之最终依据，其实质就是承认个体利己需求之道德正当性，并将之作为一切道德合理性依据。这种观点对于梁启超而言，其理论意义就在于将"利己"合法化，从而摆脱儒家长久以来重义轻利，不重视发展实业的思想束缚。除此之外，在梁启超看来，利己还利于个体形成更强的竞争能力，因为天演论的原理就是在物竞天择过程中，"其能利己者必优而胜，其不能利己者必劣而败"②。

当然，个体强并不意味着国家和民族强。在梁启超看来，只有国家和民族强，才能免于灭国，才能真正使个体免于被淘汰。1901年6月，梁启超提出：

以物竞天择之公理衡之，则其合群之力愈坚而大者，愈能占优胜权于世界上，此稍学哲理者所能知也。吾中国谓之为无群乎？彼固庞然四百兆人，经数千年聚族而居者也。不宁惟是，其地方自治之发达颇早，各省中所含小群无数也；同业联盟之组织颇密，四民中所含小群无数也。然终不免一盘散沙之诮者，则以无合群之德故也。③

可见，在这种亡国灭种的危机中，为了"群"的生存，个体应该承担起相应的道德责任和义务，即公德。1902年，他提出中国道德发达虽早，但"偏于私德，而公德殆阙如"④。梁启超认为，任何社会的伦理

---

① 梁启超：《乐利主义泰斗边沁之学说》，《梁启超全集》，北京：北京出版社1999年版，第1046页。
② 梁启超：《十种德性相反相成义》，《梁启超全集》，北京：北京出版社1999年版，第171页。
③ 梁启超：《十种德性相反相成义》，《梁启超全集》，北京：北京出版社1999年版，第122页。
④ 梁启超：《论公德》，《梁启超全集》，北京：北京出版社1999年版，第660页。

不出家族伦理、国家伦理和社会伦理三伦，而中国传统儒家五伦当中，父子、兄弟、夫妇为家族伦理；朋友为社会伦理，但不足以尽社会伦理；君臣一伦，不足以尽国家伦理。总体而言，梁启超认为，中国之五伦，"惟于家族伦理稍为完整，至社会、国家伦理，不备滋多。此缺憾之必当补者也，皆由重私德轻公德所生之结果也"①。公德之阙如，后果非常严重，梁启超认为，这导致中国民心涣散、组织不发达，进而导致"群"的竞争失败，落后挨打。因此，梁启超认为，从"固吾群、善吾群、进吾群"出发，需要引进公德，"知有公德，而新道德出焉矣，而新民出焉矣！"②

梁启超所谓公德，即"人群之所以为群，国家之所以为国，赖此德焉以成立者也"，"是故公德者，诸国之源也，有益于群者为善，无益于群者为恶"。③在梁启超看来，公德的思想基础就是功利主义："故道德云者，专以产出乐利豫防苦害为目的。其乐利关于一群之总员者，谓之公德。关于群内各员之本身者，谓之私德。"④即公德之核心价值观就是"利群"。但是功利主义的实质是主张个人的感官快乐与否是道德价值的判断依据，也就是说，利己如何能够成为"利群"的依据呢？换句话说，人人求利己，能否导致"利群"之后果？梁启超认为，按照边沁功利主义思想，人人以自己是否快乐和幸福为标准衡量一切。这可以作为私德之依据，但并不能很好地解决公德何以成立的问题，因为利己和利他往往存在冲突，"公益与私益，非惟不相和合而已，而往往相冲突者，十而八九也。果尔，则人人求乐求利之主义，遂不可以为道德之标准，是实对于边沁学说全体之死活问题也"⑤。由利己达成利他，梁启超试图以日

① 梁启超：《论公德》，《梁启超全集》，北京：北京出版社1999年版，第661页。
② 梁启超：《论公德》，《梁启超全集》，北京：北京出版社1999年版，第662页。
③ 梁启超：《论公德》，《梁启超全集》，北京：北京出版社1999年版，第660—662页。
④ 梁启超：《乐利主义泰斗边沁之学说》，《梁启超全集》，北京：北京出版社1999年版，第1047页。
⑤ 梁启超：《乐利主义泰斗边沁之学说》，《梁启超全集》，北京：北京出版社1999年版，第1049页。

本加藤弘之之变相的爱己心观解决此问题。他提出，爱己心包括"纯乎的爱己心"和"变相的爱己心"，后者即"爱他心"。而爱他心又分为"感情的"和"智略的"两类。所谓"感情的"，即自己所亲爱之人，因为"其所受之苦乐，几与己身受者为同一之关系"而生发之"不觉以其自爱者爱之"心理；所谓智略的，即"或爱他以避害，或爱他以求利也。臣之于君也，奴隶之于主人也，其爱之也，畏之也，是避害之说也"。①可见，梁启超认定，利他心可由利己心而发，理智之利己可达至利他。利他无非利己之理智扩充。由此，梁启超从理论上解决了公德何以产生的问题："盖因人人求自乐，不得不生出感情的爱他心。因人人求自利，则不得不生出智略的爱他心。而有此两种爱他心，遂足以链结公利私利两者而不至相离。"②

由个人的快乐和幸福进至公众的快乐和幸福，是为一切道德善恶之最终依据。但是个人之快乐和幸福以个人之感官为依据，相对容易判断，而公众的快乐和幸福何以判断呢？边沁提出最大幸福原则，具体内容即"而一群之公益不进，则群内之人，其所苦必多于所乐"③。由此，幸福原则由质的问题转为量的问题。而对幸福的衡量则由感官转移到负责计算之数理能力。数理能力的高低转而成为私德进至公德的关键因素。这种能力的提高取决于教育，由此梁启超对中国之能否实施功利主义甚为担忧，他认为边沁之善以苦乐之量为计算，但"浅夫""昏子"之人"算学不明，以苦为乐，以害为利也"，由此"教育不普及，则乐利主义，万不可昌言"，"故边氏之学说，必非能适用于今日中国之普通学界者也"。④

---

① 梁启超：《乐利主义泰斗边沁之学说》，《梁启超全集》，北京：北京出版社1999 年版，第 1049 页。

② 梁启超：《乐利主义泰斗边沁之学说》，《梁启超全集》，北京：北京出版社1999 年版，第 1049 页。

③ 梁启超：《乐利主义泰斗边沁之学说》，《梁启超全集》，北京：北京出版社1999 年版，第 1049 页。

④ 梁启超：《乐利主义泰斗边沁之学说》，《梁启超全集》，北京：北京出版社1999 年版，第 1050 页。

除算计之外，梁启超还注意到外在强制力量对于行善之作用。他认为边沁的天然的制裁（Physical sanction）、政治的制裁（Political sanction）、道德的制裁（Moral sanction）、宗教的制裁（Religious sanction）四大制裁可以使人去恶为善。[1]这四种制裁中，第一种为基于自然破坏力量的制裁，第二种为基于行政、司法等政治权力的制裁力量，第三种为基于道德舆论的制裁力量，第四种为基于信仰的制裁力量。这四种制裁力量，除自然破坏力量外，政治权力、道德舆论和信仰，都需要强大的外在权威作为基础。而近代中国，政治权力、道德舆论和信仰都不具备强大权威，因而并不具备强大制裁力量。且按照传统儒家伦理思想，这三种制裁力量中只有道德舆论和政治权力曾发挥过作用，且政治权力之依据还在于儒家伦理，因此，在中国古代社会中，对于民众而言，道德制裁力量属于最具权威之制裁力量。但随着儒家的式微，这种制裁力量也开始瓦解。

这种状况下，要依靠计算能力和外在制裁力量无疑并不现实。由此，从逻辑上来说，梁启超所倡导之公德在当时并无实现之可能，这一点梁启超非常清楚，正如他自己所说，"乃近年以来，举国嚣嚣靡靡，所谓利国进群之事业一二未睹，而末流所趋，反贻顽钝者以口实，而曰新理想之贼人子而毒天下"[2]。

这种逻辑上和现实中的困境，可以说，其根源不在于功利主义思想本身，而在于梁启超试图以之作为道德合法性之依据。从局部来看，功利主义思想无论对于近代西方还是中国，无疑都具有重要现实意义，但作为道德秩序合法性依据，功利主义思想无法解决一个根本性理论问题，即如何约束个体欲望从而建立起符合"群"利益之道德秩序？

这个问题，在传统儒家伦理思想当中根本就不存在。因为儒家伦理

① 梁启超：《乐利主义泰斗边沁之学说》，《梁启超全集》，北京：北京出版社1999年版，第1048页。
② 梁启超：《论私德》，《梁启超全集》，北京：北京出版社1999年版，第714页。

思想以天理世界观为最终依据，伦理秩序是对天理秩序的贯彻和体现。也就是说，一切伦理价值是预设存在的先验价值，只要个体通过道德修炼即可实现。而基于功利主义的伦理思想当中，则不存在先验伦理价值，一切以个体喜乐为依归。说到底，功利主义伦理秩序需要依靠对个体利益的满足来实现。当个体利益与集体利益相冲突的时候，如何处理两者关系？以个体还是集体利益为先？按照功利主义伦理思想，当然应以个体利益为先，只是在满足个体利益之后，才有可能去满足集体利益。在近代中国社会，伦理建设面临的首要问题是建立强大国家能力，也即梁启超所谓"群治"，需将集体利益优先于个体利益，而功利主义思想优先考虑个体利益的取向，无疑不合适。可能也正是因为这种现实原因，梁启超在 1904 年前后，对功利主义思想的态度发生变化。①他在《节本明儒学案》（1905 年）、《德育鉴》（1905 年）等著作中对满足"私欲"出于"利己心"的"功利主义"思想采取批判立场。他借用王阳明的话予以批判："盖至于今，功利之毒，沦浃于人之心髓，而习以成性也几千年矣！"②

在反对私欲的基础上，梁启超的伦理思想发生了重大改变，他认为功利主义之利己"不足为道德之极则也"，"即以功利主义论，而其所谓利者，必利于大我而后为真利。苟知有小我而不知有大我，则所谓利者，非利而恒为害也"。③

（二）向儒家伦理的转向

不以利己作为道德合法性之依据，标志梁启超伦理思想之根本转变。那么，梁启超为何转向了王阳明心学？其中，梁启超所谓"破坏思想"

① ［日］川尻文彦：《"自由"与"功利"——以梁启超的"功利主义"为中心》，《中山大学学报》（社会科学版），2009 年第 5 期，第 73-86 页。
② 梁启超：《德育鉴》，《梁启超全集》，北京：北京出版社 1999 年版，第 1490 页。
③ 梁启超：《德育鉴》，《梁启超全集》，北京：北京出版社 1999 年版，第 1508 页。

泛滥是一个重要社会背景；另外，康德的道德哲学是促使这种转向的关键。[1]

其一，社会破坏之说大兴。1903 年，梁启超发现，社会氛围发生了很大改变，社会破坏之说甚嚣尘上：

今之言破坏者，动曰一切破坏。此讏言也。吾辈曷为言破坏？曰：去其病吾社会者云尔。如曰一切破坏也，是将并社会而亦破坏之也。譬诸身然，沈疴在躬，固不得不施药石，若无论其受病不受病之部位，而一切针灸之、攻泄之，刚直自杀而已。吾亦深知夫仁人志士之言破坏者，其目的非在破坏社会，而不知"一切破坏"之言，既习于口而印于脑，则道德之制裁，已无可复施，而社会必至于灭亡。[2]

可见，当时之破坏思想，在梁启超看来，其特点在于摧毁一切。梁启超担忧，如果"习于口而印于脑，则道德之制裁，已无可复施"，即将摧毁施加于人之道德约束力，这对于重病之身，无异于自杀。对于这种破坏，梁启超认为，其意图在于"必欲翻根柢而改造"病态的社会。这种破坏，梁启超认为"流弊千百，而收效卒不得一也"，因为社会问题有须破坏者，有无须破坏者。这种不顾一切之破坏其后果，梁启超担忧，可能是"则不惟将来宜成立者不能成立，即目前宜破坏者亦卒不得破坏"[3]。可以说，梁启超的这一论断，具有较强的前瞻性。民国以后，国家建设无从谈起，历史的发展，似乎在一定程度上验证了梁启超的这一观点。在破坏一切的思想氛围中，道德秩序也随之被破坏，有人倡导以新道德代替传统儒家道德。梁启超认为，道德学有新旧，但道德无新旧，因为道德在"行"，而非"言"，靠怎么去做，而不是怎么去说。[4]而道德之

---

① 李成军：《近代国学教育思想研究》，上海：复旦大学出版社 2014 年版，第 200-201 页。
② 梁启超：《论私德》，《梁启超全集》，北京：北京出版社 1999 年版，第 719 页。
③ 梁启超：《论私德》，《梁启超全集》，北京：北京出版社 1999 年版，第 719 页。
④ 梁启超：《论私德》，《梁启超全集》，北京：北京出版社 1999 年版，第 720 页。

行，则受社会性质不同和道德传统所影响。在这种背景下，中国道德建设应该如何呢？梁启超认为，输入西方新道德固然重要，但是，新道德输入需要等到国民教育大兴之后方有可能，而这非一朝一夕能够实现。因此，目前要维持社会秩序，还需传统旧道德发挥作用，"然则今日所恃以维持吾社会于一线者何在乎？亦曰：吾祖宗遗传固有之旧道德而已"，[①]即传统之儒家伦理仍具重要现实指导意义。所谓旧道德，在梁启超看来，即王阳明心学，而日本明治维新之前，所倚靠之精神教育，主要也即王学，"我辈今日求精神教育，舍此更有何物？抛却自家无尽藏，沿门托钵效贫儿，哀哉！"[②]

其二，梁启超从康德道德哲学中重新发现了王阳明心学之价值。1903年，他专门写了《近世第一大哲康德之学说》一文阐述康德道德哲学。在梁启超看来，康德在民族涣散、国民政治能力最销沉的德国，用其哲学思想"进国民之道德，牖国民之智慧，使国民憬然自觉我族之能力精神至伟且大，其以间接力影响于全国者，实不可思议"。[③]可以说，康德道德哲学对梁启超非常有吸引力。在梁启超看来，康德道德哲学有所谓"真我"，此为道德"之本原所由出，一切道心由真我自造也"，真我具有自有属性，他认为即为康德哲学之道德良知。[④]梁启超所谓康德的"真我"，或谓"道德良知"，属于康德道德哲学之实践理性。实践理性具有先天意志自由的特点，正是这种意志自由性，决定了理性的责任，即按照道德规律行事的必然性。[⑤]在康德道德哲学中，实践理性本身并非道德命令，其唯一使命即通过意志自由履行责任，即服从道德命令。可以

---

① 梁启超：《论私德》，《梁启超全集》，北京：北京出版社 1999 年版，第 720 页。
② 梁启超：《德育鉴》，《梁启超全集》，北京：北京出版社 1999 年版，第 1508 页。
③ 梁启超：《近世第一大哲康德之学说》，《梁启超全集》，北京：北京出版社 1999 年版，第 1055 页。
④ 梁启超：《近世第一大哲康德之学说》，《梁启超全集》，北京：北京出版社 1999 年版，第 1061 页。
⑤ [德]康德著，苗力田译：《道德形而上学原理》，上海：上海人民出版社 1988 年版，第 109 页。

说，理性的责任决定了其履行道德命令的必然性。意志之自由属性是康德道德哲学中人类实践理性主观能动性的集中体现。基于此，梁启超认为"一切道心由真我自造之所在"。

在康德的道德命令中，绝对命令属于绝对善的客观道德原则，①是先天范畴，即在逻辑上先于一切道德经验的存在。绝对命令由于具有毋庸置疑之真理性，对于实践理性而言，其服从具有绝对性，因而是一切"善"之基本依据。梁启超对康德道德哲学所做的阐释具有典型的儒家特色。梁启超将康德道德哲学中实践理性对绝对命令的服从理解为"躯体之我"对于"真我"或曰道德良心之绝对服从。从这个意义上，梁启超发现王阳明心学之良知即康德道德哲学所谓道德良心或曰真我。他引用王阳明的话说："一点良知是汝自家的准则。汝意念著处，他是便知是，非便知非，更瞒他些子不得。汝只要实实落落依着他做，善便存，恶便去。"②意思是说，良知是一切道德是非观念的来源，也即康德之道德绝对命令。据此，梁启超认为，"吾人自由之权理所以能成立者，恃良心故，恃真我故，故不可不服从良心，服从真我"③。在梁启超看来，康德以一切道德价值源于真我，与王阳明以一切道德来源于良知一样。由此，梁启超认为两者"学说之基础全同"④。康德的道德良心是一切道德的起源，王阳明的良知亦如此。可以说，梁启超通过康德重新认识了王阳明心学之理论价值，开始服膺王阳明心学，"故窃以为惟王学为今日学界独一无二之良药"⑤。

① [德]康德著，苗力田译：《道德形而上学原理》，上海：上海人民出版社 1988年版，第 65 页。
② 梁启超：《近世第一大哲康德之学说》，《梁启超全集》，北京：北京出版社 1999年版，第 1062 页。
③ 梁启超：《近世第一大哲康德之学说》，《梁启超全集》，北京：北京出版社 1999年版，第 1062 页。
④ 梁启超：《近世第一大哲康德之学说》，《梁启超全集》，北京：北京出版社 1999年版，第 1062 页。
⑤ 梁启超：《德育鉴》，《梁启超全集》，北京：北京出版社 1999年版，第 1508 页。

毋庸置疑,康德道德哲学与王阳明心学从理论构建来讲有很大差异,主要包括以下方面:一是道德价值的终极依据不同。康德道德哲学中,绝对命令是一切道德价值的终极依据,绝对命令本身仅为先验道德规则,其他道德规则在该规则基础上逻辑演绎而来;而心学中,心即理,为道德价值之终极依据。不同在于心本身蕴含天理,而天理本身即蕴含普遍道德原则。二是人的能动性实施主体不同。康德认为实践理性是人之能动性主体,具有意志的自由性;在心学中,"心"本身就是人之能动性主体,也就是说,心学中"心"即理,既是道德之本源,也是能动机关。三是人的道德能动方式不同。康德道德哲学中,实践理性的能动性就在于意识到责任的自由,即主体认识到遵循道德规律的必然性;在心学中,心的能动性就在于克制情欲,让天理澄明,则人之行为自然符合道德规则。尽管存在很大差异,但并不妨碍梁启超由康德道德哲学认识到心学之重要意义。当时,梁启超已意识到基于利己的功利主义思想注重外在制裁,无法为建立公德秩序奠定理论基础,需寻找新的理论资源。通过康德道德哲学的映照,梁启超重新看到了王阳明在建立伦常秩序方面的时代意义,由此,由批评儒家伦理缺乏公德转而认为心学主张利己有助于公德之培育。

其三,服膺心学而非理学。

梁启超转向儒家伦理,为什么不是程朱理学,而是王阳明心学?为了深入阐述这个问题,需先从各自理论进行分析。王阳明心学在继承理学的基础上有所发展。天理仍具终极依据之地位,但心学抛开了天地,抛开人性之中介,将理直接安置于"心"中,提出"心即理"的思想。按照心学思想,"心"不能决定外在天"理"存在与否,但具有照验功能。即一切外在之"理"须经"心"之照验,方才具有意义。"心"何以有此功能?心学之"心"具有较之理学更高阶之位置。理学之"心"仅为天理之执行者,需要不断向外格物致知,验证是否符合外在天理;而心学之"心"具有双重意义，一则本身即经验层面之执行者，二则含先验层面之天理，无须外在格物致知，只需通过内省，即可判断是否符合天理。因此，心学之"心"，是人先验意义之道德自觉能动力。

理论路径之不同导致两者道德修炼路径径庭。在理学中，心据天理而观照万物，但需验证所观照之"理"是否即万物之理。何以验证？依据为何？即格物致知。格物致知即理学解决外在天理何以为个体所意识到之路径问题。格尽万物之理，内外贯通，方能认识到万物之理"一"。但问题在于现实中无法格尽万物之理，因而天理之一致性始终存疑。由此，理学遇到了一个棘手之理论困境，此即王阳明格竹子所顿悟之难题。而心学嫌理学格物致知太"支离"，直接将理之依据置于人心，"心"之先验道德评判能力将外在天理与人内在之"理"统一，主客观两者之矛盾得以圆满解决。由此，心学不再需要人性之中介，也不再需要对万物之格物致知。梁启超服膺阳明心学，而不用理学，在于认为理学太支离，是智育而非德育。①

梁启超认为朱子为学以格物为门径，所谓"格"者，致也，也就是"穷物"。因此，从方法本身来讲，朱子之格物法类似英国培根之归纳法，穷尽万物方格至一理，适合于研究和学习自然科学，即所谓智育，而不便于进行道德修炼，即所谓德育。他认为两者区别在于，"夫为学当日益，为道当日损，是则德育智育两者发脚点所攸判也"②。按照梁启超的解释，即"为学即属智育范围，日益者以艺术增进为贵也。为道即属德育范围，日损者以结习销除为贵也"③。也就是说，智育在于增加知识，而德育在于掌控人心，消除恶习。他认为朱子之学，自认为是德育，而实即智育，进言之，他认为"朱子之大失，则误以智育之方法，为德育

---

① 梁启超：《德育鉴》，《梁启超全集》，北京：北京出版社 1999 年版，第 1499 页。
② 梁启超：《德育鉴》，《梁启超全集》，北京：北京出版社 1999 年版，第 1499 页。
③ 梁启超：《德育鉴》，《梁启超全集》，北京：北京出版社 1999 年版，第 1499 页。

之方法，而不知两者之界说，适成反比例，而丝毫不容混也"①。以这种支离的理学格物致知路径修炼道德，太费事，效益太低，"今朱子以此教始学，其所谓一旦豁然者，虽未必无期，而所谓用力之久者，不知久至何时"②。

（三）心学之再阐释

梁启超对心学的服膺明显具有强烈的现实指向。总体而言，他试图通过对心学的倡导回应三方面现实伦理困境。

其一，儒家伦理是否利他的问题。梁启超言明，功利主义以利己为依据难以构筑公德秩序。也就是说，公德秩序必须建筑于利他之上。心学是否有利他思想呢？梁启超先抛出问题："今如子王子言，欲使天下之人皆自致其良知，去其自私自利，以跻于大同。其意固甚美，然我如是而人未必如是，我退而人进，恐其遂为人弱也。"③

在梁启超看来，心学所倡导之"去其自私自利"能否使天下之心易，这是关键所在。但他相信心学能完成，其核心在于王阳明之"大我"观念。在梁启超看来，天演争存的实质是团体即"大我"之生存。所谓"大我"，即"以一家对一身，则一家为大我；以一地方对一家，则一地方为大我；以一民族一国家对一地方，则民族国家为大我"④。这种"大我"观念是公德之观念基础。王学提倡"牺牲小我以顾全大我之一念，即所以去其自私自利之蔽，而跻于大同之券也。质而言之，则曰公利而已，曰公德而已"⑤。

所谓大我观念，梁启超认为，主要体现为儒家的渡己及人的观念，

---

① 梁启超：《德育鉴》，《梁启超全集》，北京：北京出版社1999年版，第1499页。
② 梁启超：《德育鉴》，《梁启超全集》，北京：北京出版社1999年版，第1499页。
③ 梁启超：《德育鉴》，《梁启超全集》，北京：北京出版社1999年版，第1510页。
④ 梁启超：《德育鉴》，《梁启超全集》，北京：北京出版社1999年版，第1509页。
⑤ 梁启超：《德育鉴》，《梁启超全集》，北京：北京出版社1999年版，第1508页。

即所谓"为己者，欲度人而先自度也"①。针对有人认为儒家强调独善其身的观点，梁启超辩驳道："孔子所谓为己，与杨朱所谓为我者全异。为己者，欲度人而先自度也。苟无度人之心，则其所以自度者，正其私也。"②梁启超认为，杨朱之所谓"为我"，只是纯粹利己；佛教之所谓修炼无非成就"私己"；而儒家之"独善其身"其真正意蕴在于度己而后度人，其实质就是利他，只是在利他行动之前，先做一个完善的自己，成就"度人"之资格而已。

客观而言，儒家伦理思想中，一切道德行为，包括利他之道德行为，皆为遵循天理之自然结果。这种天理在人或曰良心，即如王阳明心学；或曰人性，即如程朱理学。而无所谓利己和利他之分，无论是敬老爱幼或是敬爱父母兄长，都不是基于对他人之爱，或曰利他，而是遵循仁爱之天理的结果。一切伦理规范体现天理，则个体对天理的遵从即对伦理规范的践行。儿子孝顺父亲不应以父亲爱儿子为前提，与父亲是否善良无关；臣下忠于皇上与皇上是否重用臣下无关；弟弟尊敬兄长与兄长如何对待弟弟无关。从形式上来看，个体处理的是君臣、父子、夫妇、兄弟、朋友关系，实际上，个体处理的是"我"与"天理"的关系，而非个人与他人之关系。此处，梁启超认为独善其身的实质为利他思想，当然是对儒家伦理之误读。但是，不能否认这种误读的实质就是对儒家伦理思想适应当时社会秩序需要的一种积极转换，这种转换满足了当时建构"群治"，即建立强大团体的伦理需要。

其二，伦常秩序的终极依据问题。随着近代科学的发展，上帝等超验的道德主体受到冲击，"天理"等先验主体也受到冲击。社会道德秩序之终极依据由此何以成立？中国近代，儒家天理秩序瓦解之后，谁能代替"天"，担任道德秩序最终来源之承担者的角色？在西方社会中，上帝

---

① 梁启超：《德育鉴》，《梁启超全集》，北京：北京出版社1999年版，第1494页。
② 梁启超：《德育鉴》，《梁启超全集》，北京：北京出版社1999年版，第1494页。

退隐后，人之理性开始担任起社会秩序之立法者角色，康德所谓实践理性为道德立法是也。超验或先验主体被消解之后，要么重建一个超验或先验主体，要么让人起来承担。在近代中国，梁启超起先试图以功利主义思想重建道德秩序和合法性依据，其实质就是以人之感官作为衡量一切道德合法性之最终依据。而人的感官的实质就是欲望，以欲望为一切道德合法性依据，无疑将给道德秩序带来灾难。梁启超也正是看到这一点，转而回到儒家心学，试图从心学思想中寻找到社会伦常秩序之稳定根基所在，以在一切道德制裁影响力消解背景下建立起稳定之社会秩序。

王阳明之良知是天理在人心之体现，可以视为伦常本体，即承担一切伦常合法性依据之角色。随着天理世界观的瓦解，良知在梁启超的伦理思想中，当然无法承担合法性依据之角色。梁启超试图以人性作为道德秩序之合法性依据。他以佛教观念解释儒家人性，"孔子言性相近习相远，以佛语解释之，则人性本有真如与无明之二原子。自无始以来，即便相缘，真如可以熏习无明，无明亦可以熏习真如"，儒教经典的人性善恶论，在他看来，"孟子专认其真如者为性，故曰善；荀子专认其无明者为性，故曰恶。荀子不知有真如，固云陋矣；而孟子于人之有不善者，则曰非天之降才尔殊。其所以陷溺其心者然，以恶因专属后天所自造，而非先天所含有"[1]。也就是说，真如为一切善之来源，则真如何来？他试图从达尔文生物学角度出发予以解释：

以达尔文派生物学之所发明，则一切众生，于承受其全社会公共之遗传性外，又各各承受其父若祖之特别遗传性。凡此皆受之于住胎时，而非出胎后所能与也。是皆习也，而几于性矣。故器世间之习一也，民族全体之习二也，血统遗传之习三也，皆习也。然习之于受生以前，几于性矣。[2]

梁启超将人性理解为遗传性，即人得之于自然及祖宗之禀赋。当然他

---

① 梁启超：《德育鉴》，《梁启超全集》，北京：北京出版社 1999 年版，第 1525 页。
② 梁启超：《德育鉴》，《梁启超全集》，北京：北京出版社 1999 年版，第 1525 页。

所谓遗传性，并非仅仅生理遗传特性（血统遗传），还包括社会文化特性（全社会公共之遗传性、民族地理影响之新特性）。遗传性由于具有历史延续性，可以在一定程度上为道德秩序奠定其稳定性和客观性的基础。

其三，道德秩序实现路径问题。梁启超非常赞赏王阳明之致良知思想，认为"子王子提出致良知为唯一之头脑，是千古学脉，超凡入圣不二法门"①。梁启超之所以高度认同王阳明心学思想，在于心学点出了当时道德秩序形成之关键问题，即固有之道德规范由于道德权威的失坠而并没有得到遵从的问题。就当时最基本的道德规范而言，梁启超认为，"而今世之坐视国难，败坏公德者，其良知未尝不知爱国合群之可贵。知其可贵而犹尔尔者，则亦不肯从事于致之之功而已。有良知而不肯从事于致之之功，是欺其良知也"②。在梁启超看来，当时社会道德秩序问题不在于"知"，更需要"行"。因此，致良知，关键就是一个"致"字，"言良知而必加一致字者，所以实其工夫"③。在梁启超看来，"知"而不行之关键在于"知"被蒙蔽，即此"知"非良知。梁启超将"知"和对"知"的蒙蔽视为明镜与尘埃的关系，"如明镜然，时时勤拂拭，勿使惹尘埃"，"夫良知固尽人所生而有者也，然能受良知之用者，万不得一，何也？则本体不莹故也"。④

明镜与尘埃之关系并非均衡关系，而是非对称关系，它暗示"知"需要不断擦拭，方能解放于遮蔽。也就是遮蔽是不合理的，是需要被消除的状态。那么遮蔽来自何处呢？正是来自口耳之欲望，因而是需要克服的。"富贵利禄，不过供吾耳目口体短期之快乐。耳目口体，物而非我。"⑤他结合当时社会对此予以分析：

① 梁启超：《德育鉴》，《梁启超全集》，北京：北京出版社1999年版，第1501页。
② 梁启超：《德育鉴》，《梁启超全集》，北京：北京出版社1999年版，第1506页。
③ 梁启超：《德育鉴》，《梁启超全集》，北京：北京出版社1999年版，第1501页。
④ 梁启超：《德育鉴》，《梁启超全集》，北京：北京出版社1999年版，第1513页。
⑤ 梁启超：《德育鉴》，《梁启超全集》，北京：北京出版社1999年版，第1513页。

吾侪试默数数年来，所见朋辈中，有昔者共指为志士，谓前途最有希望者，而今已一落千丈，比比皆是。……彼其受外界之刺激，不知不觉而为之奴隶。其堕落也，其纯不能自由者也。①

对外物的克制，即所谓"吾人终其身皆立于物我剧战之地位"②。梁启超服膺王学，其真正意图还在于通过对利己、小我之克制，达至大我，以为公德秩序之形成奠定基础。梁启超将物我之对抗关系视为秩序维系之矛盾关系，以内在"耳目—心灵"物我模式复制外在的"人—我"物我模式，将外在秩序之维系引入自我内部之斗争，以内部"耳目—心灵"之对抗关系构筑起秩序维系之内在防火墙，在物我对抗中构筑起秩序的内在权威，实现伦常秩序之内在化，这是经典的儒家伦理范式。

梁启超试图建立秩序形成之内在机制，从人心内部强化良知的秩序批判，以反抗现实秩序之败坏。但是随着天理秩序观之崩溃，缺乏天理支持之良知似乎无从安置，社会秩序之批评无从建立。

（四）自由观之儒式转换

在西方自由思想传入已成必然趋势的背景下，如何将之转换，使其适应中国社会道德秩序建构的需要，而不是破坏，成为重要的时代课题。对此，梁启超结合儒家伦理思想，在对自由思想进行儒式转换方面进行了重要探索。梁启超自由思想的起点是一个基本观念，即认为团体自由是个体自由之逻辑前提：

自由云者，团体之自由，非个人之自由也。野蛮时代，个人之自由胜，而团体之自由亡；文明时代，团体之自由强，而个人之自由减。斯二者盖有一定之比例，而分毫不容忒者焉。③

---

① 梁启超：《德育鉴》，《梁启超全集》，北京：北京出版社 1999 年版，第 1515 页。
② 梁启超：《德育鉴》，《梁启超全集》，北京：北京出版社 1999 年版，第 1515 页。
③ 梁启超：《论自由》，《梁启超全集》，北京：北京出版社 1999 年版，第 678 页。

在梁启超看来，团体自由与个体自显然不是相互促进关系，要想团体自由，则须减个体自由；反之，个体自由强，则必然损害团体自由。那么，团体自由和个体自由相冲突时哪一个优先呢？梁启超认为，文明时代团体自由强这个事实，无疑给出了答案，也就是说，在当时的中国，应优先考虑团体自由：

团体自由者，个人自由之积也。人不能离团体而自生存，团体不保其自由，则将有他团体自外而侵之、压之、夺之，则个人之自由更何有也？[①]

也就是说，只有先保其团体自由，才能有个体之自由，否则个体之自由可能会被其他团体侵夺，如落后国家最终灭国，丧失国家之自由。滥用个体自由者，其结果必然是，"侵他人之自由焉，而侵团体之自由焉，则其群固已不克自立，而将为他群之奴隶"[②]。由此，梁启超的结论是：

夫泰西之所谓自由者，在前此之诸大问题，无一役非为团体公益计，而决非一私人之放恣桀骜者所可托以藏身也。……今世之言自由者，不务所以进其群、其国于自由之道，而惟于薄物细故、日用饮食，断断然主张一己之自由，是何异箪豆见色，而曰我通功利派之哲学；饮博无赖，而曰我循快乐派之伦理也。[③]

可见，在梁启超看来，自由之要义在于为"团体公益计"，以"进其群""进其国"，而非一己之个体自由。由此，牺牲个体自由，以促进团体自由，是为实现自由之关键所在。具体而言，如何实现团体之自由呢？梁启超的观点是：

故真自由者必能服从。服从者何？服法律也。法律者，我所制定之，以保护我自由，而亦以钳制我自由者也。彼英人是已。天下民族中，最富于服从性质者莫如英人，其最享自由幸福者亦莫如英人。夫安知乎服从之即为自由之母也。[④]

① 梁启超：《论自由》，《梁启超全集》，北京：北京出版社1999年版，第678页。
② 梁启超：《论自由》，《梁启超全集》，北京：北京出版社1999年版，第678页。
③ 梁启超：《论自由》，《梁启超全集》，北京：北京出版社1999年版，第678页。
④ 梁启超：《论自由》，《梁启超全集》，北京：北京出版社1999年版，第678页。

为何自由之要义在于服从法律呢？1903 年，梁启超在《近世第一大哲康德之学说》中借用康德道德哲学思想，对此进行了阐述。如前所述，康德认为，自由是实践理性之意志属性，决定了理性的责任，即按照道德规律行事的必然性。①换句话说，意志自由的表现就是服从道德规律，听命于道德命令。梁启超将实践理性视为"真我"②。梁启超认为，真我，或曰良心，与国家主权类似，为绝对的、无上的、命令的，"吾人自由之权理所以能成立者，恃良心故，恃真我故，故不可不服从良心，服从真我"③。可以说，"则自由必与服从为缘"④。

按照梁启超的观点，个体对团体之服从，为团体实现自由之逻辑前提。那么，个体如何实现对团体的服从呢？梁启超借用了儒家伦理思想，从"肉体—心灵"两者的对抗关系出发，实现个体之自由。个体自由在梁启超看来即"我"之存在状态。他认为"我"包括两方面：其一，"与众生对待之我，昂昂七尺立人间者是也"；其二，"则与七尺对待之我，莹莹一点存于灵台者是也"⑤。"七尺"即人自身耳目之官，即感官之"我"；"灵台"者，即心之我。他认为，"我"是与物相对待者，"众生"为物，"七尺"亦为物，"我者何？心之官是已"⑥。换句话说，"我"之存在主要即为"心"。由此，个体之自由，即"我心"之自由。自由的反面即为被奴隶，由此，"我心"之自由，即为心对受奴役状态之摆脱，"若有欲求真自由者乎，其必自除心中之奴隶始"⑦。要破除心中之奴役，最重

① [德]康德著，苗力田译：《道德形而上学原理》，上海：上海人民出版社 1988 年版，第 109 页。
② 梁启超：《近世第一大哲康德之学说》，《梁启超全集》，北京：北京出版社 1999 年，第 1060 页。
③ 梁启超：《近世第一大哲康德之学说》，《梁启超全集》，北京：北京出版社 1999 年，第 1062 页。
④ 梁启超：《近世第一大哲康德之学说》，《梁启超全集》，北京：北京出版社 1999 年，第 1062 页。
⑤ 梁启超：《论自由》，《梁启超全集》，北京：北京出版社 1999 年版，第 679 页。
⑥ 梁启超：《论自由》，《梁启超全集》，北京：北京出版社 1999 年版，第 679 页。
⑦ 梁启超：《论自由》，《梁启超全集》，北京：北京出版社 1999 年版，第 679 页。

要在于"克己"：

己者，对于众生称为己，亦即对于本心而称为物者也。所克者己，而克之者又一己，以己克己，谓之自胜，自胜之谓强。自胜焉，强焉，其自由何如也！①

自由之要义在于服从，稳定社会伦常秩序从而得以建立。梁启超认为，当时国内诸多年轻人对此误解甚大，以至于自己害怕听到青年人讨论自由。"吾甚俱乎"自由"二字，不徒为专制党之口实，而实为中国前途之公敌也！"②甚者，自由等思想成为"暴戾恣睢，不服公律，不顾公益"的借口，"则自由之祸，将烈于洪水猛兽矣"。③

---

① 梁启超：《论自由》，《梁启超全集》，北京：北京出版社1999年版，第681页。
② 梁启超：《论自由》，《梁启超全集》，北京：北京出版社1999年版，第678页。
③ 梁启超：《十种德性相反相成义》，《梁启超全集》，北京：北京出版社 1999 年版，第430页。

第二章
民国初年儒家伦理制度的崩坏与重建

随着帝制废除，儒家伦理的意识形态制度亦被废弃。失去制度凭借，其意识形态地位趋于瓦解。同时，民初民主制度建立后，自由、民主思想未能很好地适应社会秩序构建需要。可以说，原有意识形态已遭到破坏，而民主、自由思想并未相应取得意识形态地位，旧新两者都处于缺位状态。与社会意识形态的缺位相应，社会政治和道德秩序趋于崩坏。在这种背景下，基于各自的政治意图，官方和民间共同参与，掀起了一波恢复儒家伦理意识形态地位的热潮。

第一节 新旧意识形态的转换

一、儒家伦理意识形态地位的废弃

中华民国南京临时政府成立后，它并不承认自己为受天命而产生之政权。2月12日，清帝下退位诏书，标志着两千多年的帝制正式结束。之后，标志皇权的一系列祭祀和仪式都被废除，中华民国临时政府明确表态不再祭天、祭祀社稷和日月及百神。①在古代中国社会，祭天、祭祀社稷和日月及百神等仪式构成皇权之象征系统。这些仪式的废除意味着皇权完全瓦解。这些象征系统承载着特定的含义，即将皇权视为对天命之承接，顺应天命是皇权之合法性来源。而皇权象征系统背后的理论支撑则是儒学思想。皇权象征系统的瓦解，意味着其所承载之儒学政治权力合法性论证走向终结，意味着儒家伦理意识形态政治使命的结束。

政治使命结束之后，儒家伦理的意识形态地位急剧下降，其中祀孔典礼也被废除。祀孔典礼与一般民间祭祀仪式不同，自唐以来即为"国之大祭"，深受历朝历代统治者之重视。其中京师文庙祀孔主要在春秋丁日举行，因此称为丁祭，特别是秋丁之祭更为隆重，皇帝往往亲临主持祀孔仪式。②作为"国之大祭"，祀孔典礼具有浓厚的政治意蕴，为宣示儒学地位之象征。民初以后，丁祭停止，文庙祀孔仍延续下来。1912年3月，南京临时政府内务部、教育部宣布"文庙应暂时照旧致祭"③。国家层面祀孔典礼之废除，意味着其意识形态官方地位的结束。

与政治上清除意识形态地位相适应，儒学之制度载体——各级学校之读经科也被南京临时政府废除。1912年1月19日，教育部公布《普遍教育暂行办法》，规定"小学读经科一律废止"④。同年2月11日，教育总长蔡元培发表《对于新教育之意见》一文，提出"忠君与共和政体不合，尊孔与信教自由相违"⑤。1912年，蔡元培提出，"普通教育废止

① 李申：《中国儒教史》（下卷），上海：上海人民出版社2000年版，第1054页。
② 常贵想：《清代前期祀孔研究》，山东师范大学硕士学位论文，2009年，第42页。
③ 佚名：《丁祭除去跪拜》，《申报》，1912年3月5日。
④ 教育部：《教育部电各省颁发普遍教育暂行办法》，陈学恂：《中国近代教育史教学参考资料》（中册），北京：人民教育出版社1987年版，第167页。
⑤ 蔡元培：《对于新教育之意见》，陈学恂：《中国近代教育史教学参考资料》（中册），北京：人民教育出版社1987年版，第138页。

读经，大学校废经科，而以经科分入文科之哲学、史学、文学三门"①。同年9月，教育部先后颁发命令取消了大学以下各级各类学校的读经讲经课程②。自科举制度废除以后，学校读经科是儒学最核心的制度载体，是儒家伦理教育的核心的制度设施，也是其地位的象征，其被废是儒家伦理意识形态政治地位瓦解的象征。

文庙是另一再生产机制。文庙一方面通过祀孔仪式宣示意识形态地位，推行儒学教化，另一方面开展讲学活动，是中国古代社会重要的意识形态制度设施及象征物。到清朝灭亡前夕，全国共有文庙1560多座。③清代，全国共有1520个州县。④平均下来，每个州县都有一座文庙。随着帝制被废，民初以来各地文庙也遭废弃。如任福黎1914年到任湖南内务司长时发现，"各处文庙，兵队杂居，学生寄宿，甚或改作新剧团，演唱戏剧。……其余各省州县之类此者，想亦不少"⑤。民初文庙的废弃破坏了仅存的官方意识形态再生产设施，瓦解了其空间存在。

由于帝制的废除，儒家伦理丧失了维持其意识形态地位的政治保障；其再生产机制的瓦解，使其无法维持再生产活动，其存续只能依靠民间习俗和相关教育设施进行。至此，儒家伦理的存在近乎余英时所谓"游魂"。⑥由此，儒家伦理丧失意识形态地位，由无所不包之天理变为教育领域之学术思想和道德领域之伦常观念等，其影响范围大幅度收缩，从政治领域退却至教育文化领域和日常道德生活领域。即使在道德领域中，

---

① 蔡元培：《全国临时教育会议开会词》，陈学恂：《中国近代教育史教学参考资料》（中册），北京：人民教育出版社1987年版，第142页。
② 教育部：《教育部呈报并咨行普遍教育暂行办法及课程标准》，陈学恂：《中国近代教育史教学参考资料》（中册），北京：人民教育出版社1987年版，第168页。
③ 张晓旭：《中国孔庙研究专辑》，《南方文物》，2002年第4期。
④ 郑秦：《清代县制研究》，《清史研究》，1996年第4期，第11-19页。
⑤ 任福黎：《尊崇文庙案》，《孔教会杂志》，第1卷第11号。
⑥ 余英时认为，儒学的游魂状态反映了儒学发展的现代困境。参见余英时：《现代儒学的困境》，《现代儒学论》，上海：上海人民出版社1998年版，第229-234页。

其道德观念也失去指导社会现实的强制力，直接表现正如梁启超所言，"数千年公共之信条，将次第破弃"①，即造成社会道德内在信仰的断裂，其结果是"社会泯棼之象立见"②，固有社会道德秩序的危机由此进一步加剧。

在生活领域中，礼仪是以身体为载体的儒家伦理观念再生产机制。民国以来，随着政治革命的推进，传统儒家礼俗变革亦随之推进。其中影响较大的一项就是去除跪拜礼。跪拜礼是中国古代社会以父权制为中心的身体礼仪，它所蕴含的身份与权力确认始终是此项礼仪的真正用意，是个人身份与权力关系确立以及国家上下秩序建立的标志性礼仪；自汉唐至明清，皇权呈现日益收紧与上升的态势，君临天下的威严与日俱增，臣对君的跪拜礼仪规格亦渐趋升级，由再拜到三拜，再到五拜三叩、三跪九叩的演变。③民国建立后，如何对待跪拜礼被摆上日程。1912 年 3 月，南京临时政府内务部、教育部在答复各地有关祀孔礼仪的问题时宣布："……惟除去拜跪之礼，改行三鞠躬，祭服则用便服，其余前清祭典所载凡涉于迷信者应行废止。"④南京临时政府试图通过废除拜跪礼仪，消除传统跪拜礼所标志之不平等思想，并明令以鞠躬礼代替之前风行的叩拜、相揖、请安、拱手等旧相见礼，宣示平等思想。之后，南京临时参议院于 1912 年 8 月正式公布民国《礼制》。以平等思想为指导，制定社交礼仪新规范，如要求"男子礼为脱帽鞠躬""庆典、祀典、婚礼、丧礼、聘问，使用脱帽三鞠躬"⑤。

① 梁启超：《中国立国大方针》，张品兴：《梁启超全集》，北京：北京出版社 1999 年版，第 2493 页。
② 梁启超：《中国道德之大原》，张品兴：《梁启超全集》，北京：北京出版社 1999 年版，第 2475 页。
③ 李为香：《中国古代跪拜礼仪的基本形式与内涵演变》，《中南大学学报》(社会科学版)，2014 年第 5 期，第 237-242 页。
④ 佚名：《丁祭除去跪拜》，《申报》，1912 年 3 月 5 日。
⑤《中国大事记》，《东方杂志》1912 年第 9 卷第 4 号。

称谓改革是生活领域中另一项重要触及儒家伦理观念的措施。在古代社会，称呼是儒家纲常伦理在生活层面的微观制度，称呼在实现指代功能的同时还贯彻儒家人伦秩序。①"大人"或"老爷"的称呼，其背后预设了对尊卑秩序的认同和服从。民国建立后，人们意识到这些称呼与平等观念不符。1912年3月，南京临时政府发布命令，"查前清官厅，视官等之高下，有大人、老爷等名称，受之者增惭，施之者失体，义无取焉。光复以后，闻中央地方各官厅，漫不加察，仍沿旧称，殊为共和政治之玷"②。该命令要求"嗣后各官厅人员相称，咸以官职，民间普通称呼则曰先生、曰君，不得再沿前清官厅恶称"③。该命令试图以新称谓代替旧称谓，以新的平等秩序代替儒家尊卑秩序。

总之，随着民国的建立，在政治领域中，体现皇权合法性的官方意识形态被废弃；在教育领域中，读经科等意识形态再生产机制也被废弃；在生活领域中，体现儒家伦理尊卑思想的礼俗也被废弃。经过这些改革，儒家伦理失去其普遍性真理地位，被认为仅对某些领域的某些伦常关系具有指导意义。这些改革，无疑顺应了当时新时代需要，对于形成平等、民主的社会秩序具有重要意义。但对于保守者而言，这些改革对传统儒家伦理秩序的维系造成极大冲击，其后果正如康有为所言，"举国四万万之人，傍徨无所从，行持无所措，怅怅惘惘，不知所之，若惊风骇浪，泛舟于大雾中，迷罔惶惑，不知所往也"④。

礼俗革命表面上破坏的是仪式和程序，而实际上破坏的是社会教化的物化载体，其直接后果就是儒家社会教化体系的最终崩溃。这可能是

---

① 朱苏力：《纲常、礼仪、称呼与秩序建构——追求对儒家的制度性理解》，《中国法学》，2007年第5期。
② 孙中山：《令内务部通知革除前清官厅称呼文》，中国第二历史档案馆：《中华民国档案资料汇编·第2辑》，南京：江苏古籍出版社1991年版，第31页。
③ 孙中山：《令内务部通知革除前清官厅称呼文》，中国第二历史档案馆：《中华民国档案资料汇编·第2辑》，南京：江苏古籍出版社1991年版，第31页。
④ 康有为：《复教育部书》，汤志均：《康有为政论集》，北京：中华书局1981年版，第864页。

科举废除之后，对礼教秩序的又一次重大打击。社会教化物化载体的覆灭意味着礼教秩序事实性存在的毁灭，形成礼教秩序之客观化危机，最终结果是社会秩序的危机：

> 民无所从，教无所依，上无所畏于天神，中无所尊夫教主，下无所敬夫长上，纪纲扫地，礼教土苴。夫云上无道揆，下无法守，犹有礼俗存焉；今乃至无以为教俗，则惟有暴戾肆睢，荡廉扫耻，穷凶极恶，夺攘矫虔，以肆其争欲而已。[①]

二、民主与自由思想水土不服

西方的自由、民主思想来源于资产阶级与封建统治者或者说国家权力之间的斗争。按照 19 世纪英国思想家约翰·密尔的观点，自由并非意志的自由，而是对于统治者施用于群体之权力所进行之限制。一是通过对某些自由权利的承认进行限制，如统治者侵犯，抗拒具有正当性；二是通过宪法进行制约，使统治者的管治权力必须得到群体或其代表之同意。[②]如卢梭认为，在自然状态下，人生而自由；放弃自己的自由，就是放弃自己做人的资格，就是放弃作为人类的权利，就是放弃自己的义务。但自然状态下，人类生存的种种障碍力量大于个体自存能力，其生存不可持续。由此，人们联合起来，建立社会契约，放弃个体部分天然自由，将权利转让给集体，以真正保障个体之自由，而且，社会契约一旦遭到破坏，个体立刻恢复他原有之天然自由。[③]洛克认为，自然状态也是平等状态。在该状态中，没有任何人所享有之权力多于他人，自然

---

① 康有为：《中华救国论》，《康有为政论集》，北京：中华书局 1981 年版，第713 页。

② [英]约翰·密尔著，许宝骙译：《论自由》，北京：商务印书馆 2007 年版，第2 页。

③ [法]卢梭著，何兆武译：《社会契约论》，北京：商务印书馆 2005 年版，第4-21 页。

法为支配法则，其内容要求任何人不得侵害他人生命、健康、自由或财产。为使大家都遵守该自然法，洛克认为，人人皆为执法者，人人皆可惩罚违法者，以制止违反自然法为度。个体之所以放弃自然自由，在于建立国家这个共同体，以获取更好、更安全的生活，并防止外来侵犯。[①]通过选举代表组成议会和政府，使之代表人民行使立法和行政权力，此即为民主制度。

说到底，在西方自由、民主话语系统中，个体之绝对自由是民主制度之前提，而民主制度则是实现自由之途径。由于人民是一切权力之来源，人民之自由不得被随意侵犯和剥夺，否则有权收回授权。可见，在西方语境中，自由观念为人民抗衡政府压制提供观念依据，其根本意义在于将个体对国家权力压制的反抗正当化，以制约和惩罚国家权力的滥用。当然，其逻辑前提在于有一个强大的国家权力，有随时干预和侵犯个体自由之可能，其运行也需要一个强大的工商业阶层予以支持。

清末以来，西方自由、民主等观念传入中国。但这些观念背后的社会条件和逻辑前提都不存在，可以说，自由、民主观念在民初中国存在时代错位：[②]一是当时的中国是一个农业社会，并没有独立的强大的工商业阶层；二是当时中国皇权已失坠，政治权威已丧失。且在古代中国社会，县级以下并无正式政府的存在。中国古代之政府，与其说是强大的政府，不如说是不强，但政府权力向上集中，中央政府控制所有地方官员的任免，控制着地方财政、死刑判决等。实际上，由于缺乏现代化的科层制度和税收能力，政府权力基础非常薄弱，其影响范围非常有限。[③]这种有限的能力在清末以来遭到破坏，民初国家治理能力非

---

① [英]洛克著，叶启芳等译：《政府论》(下篇)，北京：商务印书馆1996年版，第5-60页。
② 李成军：《近代国学教育思想研究》，上海：复旦大学出版社2014年版，第83页。
③ 瞿同祖：《清代地方政府》，北京：法律出版社2003年版，第5-10页。

常薄弱。一是赋税收不上来："自前清之末叶，久岁入之不敷，一年以来，原有赋税，地方节节截留，中央征解无几。"①二是议会决策缓慢，政府受制严重："而国会纷争，议案从脞，累日不能决一条，经月不能颁一律。律文既缺，何所遵依？而国家作用，一日不能滞停，政府措施，触处动成违法。"② 这种情况当然不利于形成能够拯救民族灭亡的强有力的国家力量，不符合时代需要。在当时严峻的国际政治生态环境之中，推行现代化以富国强兵已成普遍共识，成为时代社会秩序构建的基本需求。推行现代化需要稳定的政治秩序。这种社会政治秩序的核心就是加强政府尤其是中央政府的控制能力，加强国家权力对社会的控制能力。建立强有力的政府，是社会各派势力的共识。如保守派代表人物康有为认为："故窃谓今者保救中国之亟图，在整纪纲，行法令，复秩序，守边疆，万事之本乎，莫先于弭暴乱以安生业也。……举是大政，不能不望之强力之政府矣。"③可以说，民国初年，西方自由、民主思想并不能满足当时建立强大国家的时代需要，因而水土不服也就是顺理成章。加之，随着儒家伦理意识形态地位的崩溃，普通百姓无所适从，思想无所依托。正如梁启超所说：

> 若新信条涵养未熟、广被未周，而旧信条先已破弃，则社会泯棼之象立见。夫信条千百而摇动其一二，或未甚为病也。若一切信条所从出之总根本亦牵率而摇动，则社会之纽殆溃矣。何也？积久相传之教义，既不足以范围乎人心，于是是非无标准，善恶无定名，社会全失其制裁力，分子游离而不相摄，现状之险，胡可思议？④

可见，从当时社会现实来看，民主、自由观念往往被认为有助于鼓

---

① 白蕉：《袁世凯与中华民国》，台北：文海出版社1971年版，第68页。
② 白蕉：《袁世凯与中华民国》，台北：文海出版社1971年版，第68页。
③ 康有为：《中华救国论》，《康有为政论集》，北京：中华书局1981年版，第705-720页。
④ 梁启超：《中国道德之大原》，《梁启超全集》，北京：北京出版社1999年版，第2475页。

励对社会秩序的反抗，甚至成为放任的借口。1912 年，袁世凯政府颁布《通令国民尊崇伦常文》，将自由等观念视为社会纲纪隳坏之原因："年少轻躁之士，误认共和真理，以放恣为自由，以蔑常伦为幸福，纲纪隳丧，流弊无穷。"[①]1913 年，袁世凯发表《通令尊崇孔圣文》。在该文中，袁世凯指出普通百姓"以无忌惮为自由，民德如斯，国何以立"[②]。同年，袁世凯发布《通令整饬学风文》，对学生"大都敷衍荒嬉，日趋放任，甚至托于自由平等之说，侮慢师长，蔑弃学规"的现象进行批评。[③]康有为亦支持类似观点，1913 年，他认为"且既曰自由，则学校可不必师范矣，学生肆恣，连群而相呼，随事而强请，稍违其意，非詈其师长，则闹堂而散学矣"[④]。这种观点在教育界也不乏支持者。如 1913 年《教育杂志》发表《教育大政方针私议》一文，提出"民国成立以来，各学校学生误解平等、自由之义，自北京大学以及各省学校，殆无往而不起风潮，学风败坏，至斯已极"[⑤]。此外，1913 年《教育杂志》连续刊登了江苏、浙江、广东、湖北等省教育部门以及部分学校整顿学风的举措。[⑥]可见，教育部对于学生借自由之名开展各类罢课等行为并不支持，而支持整顿学风。

可见，在民初，民主制度初步形成，自由、民主等观念具有思想上之合法性，因而被广泛倡导及践行，但在当时特定历史条件下，民主制度本身并没有得到足够尊重和遵从，自由、民主观念在当时舆论氛围中

---

① 袁世凯：《通令国民尊崇伦常文》，《袁大总统书牍汇编》，沈云龙：《近代中国史料丛刊》，台北：文海出版社 1967 年版，第 10-11 页。

② 袁世凯：《通令尊崇孔圣文》，《袁大总统书牍汇编》，沈云龙：《近代中国史料丛刊》，台北：文海出版社 1967 年版，第 129 页。

③ 袁世凯：《通令整饬学风文》，《袁大总统书牍汇编》，沈云龙：《近代中国史料丛刊》，台北：文海出版社 1967 年版，第 125 页。

④ 康有为：《中国颠危误在全法欧美而尽弃国粹说》，汤志均：《康有为政论集》，北京：中华书局 1981 年版，第 903 页。

⑤ 无始：《教育大政方针私议》，《教育杂志》，1913 年第 8 号。

⑥ 参见《教育杂志》1913 年第 4 号至第 8 号相关报道。

并未得到广泛支持。①可以说，自由、民主观念，在当时中国并未能有效代替儒家伦理，成为社会意识形态。在这种背景下，袁世凯采取措施，解散国民党，解散国会，破坏民主制度，并未得到有效阻止。

总之，儒家伦理意识形态客观上已被废弃，并由此对固有社会秩序形成极大冲击，一种新的社会秩序构建的需求随之形成，即需要新的意识形态去填补空缺。当时最具潜力之自由、民主等观念却水土不服，并不能代替儒家伦理指导民初社会建立起稳固的社会秩序。意识形态虽破旧却难以立新，一种主张开新不弃旧的社会舆论开始产生。②这种社会舆论主张调和论，即在民主共和政治下，自由、民主等新道德观念具有合法性，但儒家伦理仍需要在社会生活领域发挥规范作用。在这种社会舆论的支持下，对儒家道德之社会现实价值仍给予肯定或同情。这种舆论虽不等同于支持恢复尊孔读经，但无疑为袁世凯及孔教会倡导恢复尊孔读经奠定了舆论基础。③

第二节　袁世凯恢复儒家伦理设施的尝试

1912 年 2 月 13 日，孙中山请辞中华民国临时大总统；2 月 15 日，南京参议院选举袁世凯为临时大总统；3 月 10 日，袁世凯在北京就任中

---

① 李成军：《近代国学教育思想研究》，上海：复旦大学出版社 2014 年版，第 83 页。

② 这种社会舆论在 1913 年商务印书馆发表的有关教育宗旨的讨论中得到充分体现。商务印书馆同人认为，国体既变，万事革新，为了适应共和国体需要，"平等也、自由也、独立也、合群也、尚武精神也、实利主义也，皆共和国民所宜有事，不可不加以提倡"。同时，他们认为，"旧道德仍不可尽废，以保存固有之国粹"。因此，在教育宗旨的制定过程中，他们主张"调和新旧"。参见商务印书馆同人：《编辑小学教科书商榷书》，《教育杂志》，1913 年第 5 卷第 5 号。

③ 李成军：《近代国学教育思想研究》，上海：复旦大学出版社 2014 年版，第 84 页。

华民国临时大总统。面对内外交困的局面，袁世凯试图强化中央权威。他于同日正式发布《布告内外文武官员文》：

> 诸君皆具爱国之热诚，为斯民所倚讬。当此疮痍未复，责望正殷，苟有可以破除成见，保持公安，谋秩序之挽回，筹政事之统一者，本大总统当与诸君竭力图之。并当相见以诚，相规以善，以期互维大局，奠我邦基。①

袁世凯首要应对之策即强化儒家道德的灌输。1912 年 9 月，袁世凯提出"政体虽更，民彝无改"②。他强调政治制度虽变为共和，但社会道德风尚应保持延续。在他看来，"人伦道德之原初，无歧异"③。袁世凯认为"孝弟忠信礼义廉耻"这些传统道德规范在民国仍具有现实价值，应予以维护。他认为"此八德者，乃人群秩序之常，非帝王专制之规也"④。很明显，袁世凯试图将这些道德规范与专制政治剥离，重新赋予其正当性，为营造服从现存秩序的社会心理奠定思想基础。1913 年 9 月，熊希龄内阁成立，就教育问题提出：

> 我国二千年来之社会，以孔子教义为结合之中心，论者或疑国体既变而共和，即孔子遂亦无庸尊尚，是非惟不知孔子，抑亦不知共和也。故政府所主张，一面既尊重人民信教之自由，一面仍当以孔教为风化之本。⑤

以儒家伦理为道德之基础，得到一些教育界人士的支持。如"无始"

---

① 《布告内外文武官员文》，《袁大总统书牍汇编卷二》，《袁世凯史料汇刊续集》，沈云龙：《近代中国史料丛刊》，台北：文海出版社 1974 年版，第 79 页。
② 袁世凯：《通令国民尊崇伦常文》，《袁大总统书牍汇编》，沈云龙：《近代中国史料丛刊》，台北：文海出版社 1967 年版，第 95 页。
③ 袁世凯：《通令国民尊崇伦常文》，《袁大总统书牍汇编》，沈云龙：《近代中国史料丛刊》，台北：文海出版社 1967 年版，第 95 页。
④ 袁世凯：《通令国民尊崇伦常文》，《袁大总统书牍汇编》，沈云龙：《近代中国史料丛刊》，台北：文海出版社 1967 年版，第 96 页。
⑤ 梁启超：《政府大政方针宣言书》，《梁启超全集》，北京：北京出版社 1999 年版，第 2575 页。

在《教育杂志》撰文提出："尊崇孔学为道德教育之根本。我国自汉武表彰孔子罢黜百家，数千年来，以孔学范围一世之人心，根柢深固，揭橥此义为道德教育之本，夫孰不谓然？"[1]

镇压二次革命以后，袁世凯进一步采取措施强化集权。[2]为了将集权政治秩序合理化，袁世凯进一步强调儒家道德观念之正当性。1913年10月，他在大总统就职演说中强调"立宪国重法律，共和国重道德"，并说"道德为体，法律为用"。[3]在他看来，道德之本就是儒家之名教。袁世凯认为，名教"经四千年之胚胎变化，自有不可磨灭者存"[4]。在他看来，名教具有"不可磨灭"之价值，即它是一切秩序构建之"本"，而一旦弃之，"本之不存，叶将焉附？"[5]

因此，这些道德规范受到他的鼓吹："余之所以告国民者，此其大略也。而又重言以申明者，仍不外道德二字。道德范围广大，圣贤千万语而不能尽其词。余所能领会者，约言之，则忠信笃敬而已。"[6]一是"忠"。袁世凯根据国家秩序构建需要对其进行重新解释，如认为"忠之本义，忠于一国非忠于一人也，人人以国为本位，勿以一身一家为本位，乃能屈小己利大群"[7]。这种服从不是一种权利与义务对等的服从，而是"轻权利重义务"的服从，即所谓"不以一己之权利妨碍国家之大局，而义

---

① 无始：《教育大政方针私议》，《教育杂志》，1913年5卷第8号。
② 如1913年10月，袁世凯向国会宪法起草委员会提出加强总统权力的意见，遭到拒绝，双方矛盾激化。参见杨幼炯：《近代中国立法史》，上海：上海书店1989年版，第168页。
③ 《莅任正式大总统宣言》，《袁大总统书牍汇编卷二》，《袁世凯史料汇刊续集》，沈云龙：《近代中国史料丛刊》，台北：文海出版社1974年版，第17页。
④ 袁世凯：《通令国民尊崇伦常文》，《袁大总统书牍汇编》，沈云龙：《近代中国史料丛刊》，台北：文海出版社1967年版，第95页。
⑤ 袁世凯：《通令国民尊崇伦常文》，《袁大总统书牍汇编》，沈云龙：《近代中国史料丛刊》，台北：文海出版社1967年版，第95页。
⑥ 《莅任正式大总统宣言》，《袁大总统书牍汇编卷二》，《袁世凯史料汇刊续集》，沈云龙：《近代中国史料丛刊》，台北：文海出版社1974年版，第17页。
⑦ 《莅任正式大总统宣言》，《袁大总统书牍汇编卷二》，《袁世凯史料汇刊续集》，沈云龙：《近代中国史料丛刊》，台北：文海出版社1974年版，第17页。

务心出焉，是谓忠"①。也就是说，袁世凯强调的"忠"是对国家的无条件服从。二是"信"。所谓"信"，袁世凯认为，"吾国向重信义，近来人心不古，习为诪张，立身且难，何况立国？……故无论对内对外，必当以信。"②三是"笃"。"笃"在他看来主要是挽救蔑弃国粹之风气："乃或偏于理想，毁弃一切，不做实事，专说大话，未得外国之一长，先抛本国之所有，天性浇薄，传染成风，本之不存，叶将焉附？故救之以笃。"因此，所谓"笃"即"保存国粹"，具体来说，即"吾国向以名教为大防，经四千年之胚胎变化，自有不可磨灭者存"③。四是"敬"。"敬"所针对的是那种"人而无恒，则有事时犯一乱字，无事时犯一偷字"的散乱、懒惰现象。④"敬"主要在于做好分内事，袁世凯认为，"万事败坏于悠忽之中，而无人负责，徒为旁观嘲讽之语，而己之分内事，转漠然不察……故去傲去惰，必以敬"⑤。可见，袁世凯以"敬"倡导认真工作的品质。

1913 年 11 月，江西宣抚副使赵维熙上呈大总统袁世凯，提出"正式政府成立，亟宜敦崇本计。谨呈重道德崇廉耻明礼教尚节俭四端，请鉴核颁示"。袁世凯批示："据呈已悉。方今士习浮嚣，非培养根本不足以挽颓风而振末俗。批阅各节，所见甚是。应由主管各部酌拟详切办法，由国务院通令各省切实遵行。是为至要。"⑥同年 11 月 23 日，教育部做出答复，认为"（赵维熙）原呈所举，虽有四纲，而总挈大要，实以道德为归宿"，而且"查道德之范围，至为广博，廉耻节俭，不过一端，条教

① 《莅任正式大总统宣言》，《袁大总统书牍汇编卷二》，《袁世凯史料汇刊续集》，沈云龙：《近代中国史料丛刊》，台北：文海出版社 1974 年版，第 17 页。
② 《莅任正式大总统宣言》，《袁大总统书牍汇编卷二》，《袁世凯史料汇刊续集》，沈云龙：《近代中国史料丛刊》，台北：文海出版社 1974 年版，第 17 页。
③ 《莅任正式大总统宣言》，《袁大总统书牍汇编卷二》，《袁世凯史料汇刊续集》，沈云龙：《近代中国史料丛刊》，台北：文海出版社 1974 年版，第 17 页。
④ 《莅任正式大总统宣言》，《袁大总统书牍汇编卷二》，《袁世凯史料汇刊续集》，沈云龙：《近代中国史料丛刊》，台北：文海出版社 1974 年版，第 17 页。
⑤ 《莅任正式大总统宣言》，《袁大总统书牍汇编卷二》，《袁世凯史料汇刊续集》，沈云龙：《近代中国史料丛刊》，台北：文海出版社 1974 年版，第 17 页。
⑥ 《记事》，《教育杂志》，1913 年第 5 卷第 9 号。

礼文，特其表式"。①教育部认为，这些意见的核心在道德教育，且在现有制度框架下，为其一贯所注重，"兹准前因，与本部夙定之宗旨实相符合"，因而"惟有查照上述各节，依次推行"而已。②

概言之，袁世凯试图以儒家伦理为思想资源，以服从为出发点，重建政治秩序。因此，对于儒家道德教育，袁世凯政府的基本定位即"以道德教育为经"，"以实利教育、尚武教育为纬"，"以道德实利尚武教育为体，以实用主义为用"。③袁世凯认为，道德为立国之本，一切道德，无论国家政治、家庭伦理、社会风俗"无一非先圣学说，发皇流衍"，即都源于孔子之道。④这意味着袁世凯政府试图以儒家伦理价值为一切道德价值之圭臬。1915年1月颁布的《颁定教育要旨》认为，孔孟思想之精髓在于仁义。仁义不仅仅是道德修养之基础，"盖自修齐以至治平，悉为此二者之所贯注。今之言群学者，以爱为合群之大力。而凡国家之所谓治法，社会之所谓秩序，一切上下兴革，乃至处世程轨，皆须视时势所需要而为之，是有其宜与不宜又可知也。仁义二字，大言之则其量无穷，其用无极；小言之则一匹夫之存心，一日用之处事，皆足自尽"⑤。即把仁义提到一切社会秩序之内在基础的高度，是一切社会道德、政治规范之判断依据，实际上即其合法性基础。⑥就"仁义"两者而言，"义"更为重要。《特定教育纲要》提出，"孟子开端即言义利之辨，因战国时人人竞利，乃反复言义以药之，正与今日人心知有权利不知有义务责任，后先一辙"⑦。可见，"义"的观念有助于改变重权利轻义务的思想，因

---

① 《记事》，《教育杂志》，1913年第5卷第9号。
② 《记事》，《教育杂志》，1913年第5卷第9号。
③ 《特定教育纲要》，《教育杂志》，1915年第7卷第9号。
④ 袁世凯：《大总统发布亲临祀孔典礼令》，中国第二历史档案馆：《中华民国档案史料汇编（第三辑·文化）》，南京：凤凰出版社1991年版，第11页。
⑤ 璩鑫圭、唐良炎：《中国近代教育史料汇编·学制演变》，上海：上海教育出版社1991年版，第763页。
⑥ 璩鑫圭、唐良炎：《中国近代教育史料汇编·学制演变》，上海：上海教育出版社1991年版，第763页。
⑦ 《特定教育纲要》，《教育杂志》，1915年第7卷第9号。

而具有重要指导意义。相应，孔孟之书对于学生而言，"实不啻为学生现身说法"①。也正基于这种考虑，《特定教育纲要》将"法孔孟"作为教育宗旨的核心内容之一。

总之，儒家仁义等伦理观念在袁世凯看来，并不仅仅是普通意义上之道德观念，而是为一切道德价值观念提供价值论证的意识形态。当然，儒家伦理是否意识形态，首先是一个观念事实问题，同时还是一个制度事实问题。从观念视角来说，只有获得国民的广泛认同，儒家伦理才能被视为意识形态；从制度视角看，只有构建其系列意识形态制度，它才能真正被视为社会意识形态。换句话说，袁世凯要将儒家伦理视为意识形态，需要在观念层面获取广大国民的认同，还需要建立起系列意识形态制度。具体而言，袁世凯试图通过恢复读经科、祀孔仪式和文庙等制度设置以恢复儒家伦理之意识形态。

一、恢复读经科

将儒家伦理作为道德教育或是意识形态，当然有不同对待措施。如果仅仅作为道德教育内容的话，那么，德育相关课程内容将其纳入即可。但由于享受到意识形态地位，儒家伦理待遇显然不同。由于儒家经典是儒家伦理意识形态的物化载体，因此"为道德教育计，为保存民族立国精神计，经书亦有宜读之理由"②。因此，最重要的举措即推行中小学读经，以重建儒家伦理再生产机制。

袁世凯政府关于读经措施的提出及实施经历了一个发展演变过程。在威权政治秩序构建之前，仅仅尊孔，并未提出读经。1913年10月，袁世凯正式当选大总统；1913年11月解散国民党，瘫痪国会；1914年2月正式解散各级国会之后，威权政治秩序形成。之后，读经进入落实阶段，起

---

① 《特定教育纲要》，《教育杂志》，1915年第7卷第9号。
② 《特定教育纲要》，《教育杂志》，1915年第7卷第9号。

先是读经训。1914 年 5 月，汤化龙出任教育总长，开始于中小学修身或国文课程中采经训。他于 1914 年 5 月递交《上大总统言教育书》，提出：

比年以来，吾国教育界所最滋物议者，靡不曰：道德堕落，少年徒逞意气，无以为之准绳。……兹拟宣明宗旨于中、小学校修身或国文课程中采取经训，一以孔子之言为旨归，其有不足者，兼采与孔子同源之说以为之辅。①

汤化龙认为，经训内容记载"圣贤微言大义"，"经数千年之硕学名儒讨论"，可作为道德教育之重要资源。②汤化龙的方案获袁世凯批示："卓识伟论，由部即本斯旨，详慎修订。"③

之后，汤化龙出任教育总长，其建议真正落实。1914 年 6 月，教育部通饬京内外各学校各书坊等，在中小学修身或国文课程中采取经训，以孔子之言为旨归，以促使学生养成服从之道德习惯。④教育部之采经训为道德教育素材，则何种道德规范为必需？他们从国民性论出发重新诠释某些儒家伦理规范之合法性。他们认为任何国家之所以能够长久延续，就在于国民必有其独特风俗历史地理所形成之特性，即一国必有其国民特性；此国民性之发挥，有待国民模范人物"被之为道德，施之于庠序，保存光大此特性，并不庚乎世界人类之公性者，是谓国民教育"；可以说，国民教育以国民道德为本根，其根源为国民特性。⑤而"我国教育上之模范人物莫大于孔子"⑥，因此孔子之价值在于担当国民道德

---

① 汤化龙：《上大总统言教育书》，《教育杂志》，1913 年 7 月第 5 卷，第 4 号。
② 陈学恂：《中国近代教育史教学参考资料》(中)，北京：人民教育出版社 1987 年版，第 210 页。
③ 蔡儒楷：《蔡儒楷致倪嗣冲电》，中国第二历史档案馆：《中华民国档案史料汇编 (第三辑·文化)》，南京：凤凰出版社 1991 年版，第 25 页。
④《大事记，教育部通饬京内外各学校各书坊等，中小学校修身及国文教科书采取经训，以孔子之言为旨归文》，《教育杂志》，1914 年第 6 卷第 5 号。
⑤《大事记，教育部通饬京内外各学校各书坊等，中小学校修身及国文教科书采取经训，以孔子之言为旨归文》，《教育杂志》，1914 年第 6 卷第 5 号。
⑥《大事记，教育部通饬京内外各学校各书坊等，中小学校修身及国文教科书采取经训，以孔子之言为旨归文》，《教育杂志》，1914 年第 6 卷第 5 号。

模范，而其尊崇意义恰在于其道德表征。

　　教育部此举引起很大争议。教育界表示支持者有之，如江苏省立第二师范学校校长贾丰臻"赞同教育部宣示尊孔要义"，但又有所忧虑，"斯言深切著明，足与仆前所言相表里。惟恐言者谆谆，听者藐藐"。①所谓"前所言"，贾丰臻于1913年在《教育杂志》发表《教育上之根本改革》一文，提出孔子为"吾向来之信仰"，而至民国以来，"人民失其信仰，强者暴戾恣睢，无恶不作，弱者因循苟且，一事无成"。②这种孔子信仰，他认为不宜破坏，且正是培育教育信仰心的重要内容，"孔子与阳明、陆克、康德、毛塔耶尼、裴斯泰洛齐等诸教育家是吾信仰之人也"。③尽管民众信仰孔子的舆论有助于推动孔教为国教论的兴起，但他并不赞同尊孔教为国教。④显然，从道德教育出发，采用经训，以孔子之言为旨归，能满足贾丰臻等以尊孔培育信仰心之需要，因而获取其支持。可以说教育部此举在教育界有一定民意基础。1913 年，《教育杂志》编辑部就编辑小学教科书宗旨提出："区区之见，新道德必宜提倡，以刷新国民之耳目。旧道德仍不可尽废，以保存固有之国粹。"具体来说，如忠、俭等道德仍有现实价值：

　　　　即如忠之一事，或以国体变更应归淘汰，实则所谓忠者，不专指忠君也，对于职业，对于国家，亦至重要。又如俭朴清廉，或以易启自足之心，致防生计之发达，然奢侈妄费，亦足以伤民财，耗国力，则又不得不以俭德相勖。……究之教育宗旨，必何如调和新旧而后能由过渡时代，而入于刷新时代。此不可不研究者一也。⑤

　　教育部与教育界的共识就是反对彻底否定儒学，而接受部分儒家伦

---

① 贾丰臻：《吾国教育上之疑问》，《教育杂志》，1914 年第 6 卷第 6 号。
② 贾丰臻：《教育上之根本改革》，《教育杂志》，1913 年第 5 卷第 10 号。
③ 贾丰臻：《教育上之根本改革》，《教育杂志》，1913 年第 5 卷第 10 号。
④ 贾丰臻：《教育上之根本改革》，《教育杂志》，1913 年第 5 卷第 10 号。
⑤ 商务印书馆编辑所同人：《编辑小学教科书商榷书》，《教育杂志》，1913 年第 5 卷第 5 号。

理规范。他们认为孔孟思想之价值在于道德，尊孔只要充分挖掘孔学之道德意义即可。因而他们认为并不需要读经，也不需要尊孔教为国教，"以立教为尊孔，于史无征，无征不信。不信，民弗从也"①。教育部此思路获大总统袁世凯批示："卓识伟论，由部即本斯旨，详慎修订。"②

　　教育部与尊孔团体的分歧从 1913 年孔社本部关于小学读经问题上的不同立场可体现出来。当时，孔社本部就小学读经问题上呈教育部，遭到反驳。③孔教会对教育部采经训之举甚为反对。反对理由有二：其一，采用经训，势必需对经典进行采择，以决定何种内容进入教科书。此决定者即为教育部。孔教会认为这意味着教育部"之智识高出于孔子万万，教育部所编之教科书，高出于六经万万，然后可也"。其二，采用经训，势必割裂经典，"果如所论，则孔子不得为圣人，六经不得为圣经"④。赞同孔教会读经主张，反对教育部之拟采经训入教科者，地方实力派也不乏支持者，其中以倪嗣冲为代表。其理由大致与孔教会接近，认为"二三部员，乃欲操制作之柄，取前圣之经籍，以供其抉择去取，是其圣直出于孔子之上也"；"若夫删节经文，割裂章句，上侮圣言，下误后学，昔儒有拟经补传者，论者尚诋为非圣，无法况可，取圣言而断截之，如采生折割者之所为耶"。⑤

　　可见，尊孔团体及拥护读经之军阀反对儒经之采择，认为此举实际上割裂儒学，反对儒学碎片化。在他们看来，今人作为经训之发掘者，具有判断何者具有价值的决断权，其实暗示今人高于古人，高于作为古

---

① 《大事记，教育部通饬京内外各学校各书坊等，中小学校修身及国文教科书采取经训，以孔子之言为旨归文》，《教育杂志》，1914 年第 6 卷第 5 号。
② 《蔡儒楷致倪嗣冲电》，《中华民国档案史料汇编（第三辑·文化）》，南京：凤凰出版社 1991 年版，第 25 页。
③ 《教育部对于小学读经之批辞》，《教育杂志》，1913 年第 5 卷第 7 号。
④ 《孔教会致倪嗣冲函》，《中华民国档案史料汇编（第三辑·文化）》，南京：凤凰出版社 1991 年版，第 23 页。
⑤ 《倪嗣冲致蔡儒楷函》，《中华民国档案史料汇编（第三辑·文化）》，南京：凤凰出版社 1991 年版，第 21 页。

人的圣人。圣人权威在今人的决断中灰飞烟灭。另一方面，儒学作为整体也在今人的决断中崩溃，支离破碎。碎片化儒学观表面尊崇儒学，但其实儒学就如一台破车，零件被拆下来另装，其存在合法性已经被瓦解，更遑论外在威权政治秩序论证。采经训入教科办法与袁世凯以之为威权政治秩序进行论证的需求有一定差距，此为后来袁世凯对教育部采经训入教科不满，[①]而全面恢复读经之诱因。

　　1914 年 11 月 3 日，参政院提出以"忠孝节义"为立国精神的提案。该提案认为，"宜以忠孝节义"四者为中华民族之特性，为立国之精神，并针对"忠孝节义"拟定六条实施办法。[②]对于参政院的提案，袁世凯"著内务、教育两部按照六条办法，分别施行"[③]。其中，教育部实施方案无非将中外史书传记所记忠孝节义之事、名人言行选择进入教科书，突出忠孝节义道德教育；通过通俗歌曲、戏剧、图书、演唱、观览等方式加强忠孝节义之宣传等。[④]其实质无非将忠孝节义故事当作道德教育素材，以加强儒家伦理教育。但袁世凯对教育部的实施办法并不满意，他提出设置读经课程的要求，"惟初等小学应将《孟子》列为科目，高等小学应将《论语》列为科目，俾资诵习，用端趣向"[⑤]。袁世凯此批示认为应读儒家经典原文。很显然，袁世凯此批示的意图在于在一定程度上恢复儒家伦理之意识形态地位。在袁世凯要求下，1915 年 2 月颁布的

117

---

① 《教育部之两难题》，《教育杂志》，1915 年第 7 卷 2 号。

② 1915 年 1 月 1 日，参政院根据大总统令，提出"使中华民族为大仁大智大勇之国民，则必于忠孝节义植其基"。参见《四年一月一日大总统申令注重国民教育》，《教育杂志》，1915 第 7 卷第 1 号。

③ 《参政院为导扬中华民国立国精神拟定教育办法致大总统咨》，中国第二历史档案馆：《中华民国档案史料汇编（第三辑·文化）》，南京：凤凰出版社 1991 年版，第 37 页。

④ 《一月六日教育部呈拟提倡忠孝节义实施方法》，《教育杂志》，1915 年第 7 卷 2 号。

⑤ 《一月六日教育部呈拟提倡忠孝节义实施方法》，《教育杂志》，1915 年第 7 卷 2 号。

《特定教育纲要》中正式列入读经要求，①1916 年颁布的《国民学校实施细则》对修身、国文两科如何读经予以明确。②

二、尊孔制度化

担任临时大总统期间，袁世凯不断收缩政治控制，强化总统权力。与之相应，儒家伦理意识形态地位的恢复也开始加紧落实。孔子是儒家思想之代表，儒家伦理意识形态地位提升，孔子地位也相应被提升。1913 年 6 月，袁世凯发布《通令尊崇孔圣文》，重新提出孔子为"万世师表"，将孔子誉为共和、民主思想的先行者，③并着手恢复尊孔仪式。在此命令中，袁世凯试探性地发出推行祀孔仪式之信号，"查照民国体制，根据古义，将祀孔子典礼折衷至当，详细规定，以表尊崇，而垂永久"④。

但是该命令的发布遭到众议院部分议员质问。其中议员罗永绍、郑人康等 22 人问的依据就是"夫信教自由，载在临时约法，断不能以总统命令稍加裁制"⑤。祀孔事宜确实关乎民国前途，则应由国会讨论，"若云事关民国前途，不厌详征民意，则代表民意机关之国会，理应正式交议"⑥。临时大总统不应该未经国会讨论擅自发布此种命令，这样做在他们看来，"是名为征集各省官厅之意见，而实欲妄逞政府独断之威权也。蔑视约法、蔑视民意机关，莫此为甚"⑦。另有陈燮枢、胡翔青等 11 人

① 《教育纲要》，《教育杂志》，1915 年第 10 号。
② 《国民学校实施细则》，《教育杂志》，1916 年第 3 号。
③ 袁世凯：《通令尊崇孔圣文》，《袁大总统书牍汇编》，沈云龙：《近代中国史料丛刊》，台北：文海出版社 1967 年版，第 129 页。
④ 袁世凯：《通令国民尊崇伦常文》，《袁大总统书牍汇编》，沈云龙：《近代中国史料丛刊》，台北：文海出版社 1967 年版，第 95 页。
⑤ 《众议院议员罗永绍、郑人康等质同书》，《袁大总统书牍汇编》，沈云龙：《近代中国史料丛刊》，台北：文海出版社 1967 年版，第 3-4 页。
⑥ 《众议院议员罗永绍、郑人康等质同书》，《袁大总统书牍汇编》，沈云龙：《近代中国史料丛刊》，台北：文海出版社 1967 年版，第 3-4 页。
⑦ 《众议院议员罗永绍、郑人康等质同书》，《袁大总统书牍汇编》，沈云龙：《近代中国史料丛刊》，台北：文海出版社 1967 年版，第 3-4 页。

提出质问，他们不反对孔子思想，但是反对全盘接受儒经，认为"惟孔经注疏，多与民主国体背驰，必须搜集古训，证以世界大义，重加笺释，方是焕发共和精神。若先儒故注，未经订正，依旧推行，而共和时代复讲专制学说，恐于国家行政阻碍丛生"①。袁世凯尊孔的真正意图在于为其威权的政治秩序进行合法性空间宣示，而这正是国会所不能容忍。对尊孔命令之质问意味着国会对袁世凯试图建立威权政治秩序的反抗。但国会对于袁世凯尊孔命令之干预，好像并没有让他有所顾忌。

此后袁世凯政府仍继续采取措施，实施尊孔行动。1913 年 9 月 3 日，孔教会在北京国子监举行中秋丁祭祀孔时，与会者千余人，其中有严复、梁启超等学界名流，政府高层、国会高层也均有参与，袁世凯派代表梁士诒参加，另有众议院议长汤化龙及广东省民政长陈绍常等人参加。②1913 年 9 月 17 日教育部通电各省都督，提出"旧历八月二十七日为孔子生日，应定是日为圣节，令各学校放假一日，并在该校行礼，以维世道，以正人心，以固邦基，而立民极"，并要求"请即转饬所属，一体遵照"③。

二次革命失败后，国会中的国民党势力被袁世凯乘机清除。1913 年 10 月，袁世凯当选中华民国大总统，其政治地位得到巩固，其建立威权政治秩序的步伐加快。同年 11 月解散国民党，导致国会因无法达到法定人数而陷入瘫痪。1914 年 1 月至 2 月，国会及各省议会陆续被非法解散，威权政治秩序开始形成。与之相应，尊孔步伐被加快。1913 年 11 月，袁世凯颁布《尊孔典礼令》，再一次宣示孔子之尊崇地位。④

---

① 《众议院议员陈燮枢、胡翔青等质问书》，《袁大总统书牍汇编》，沈云龙：《近代中国史料丛刊》，台北：文海出版社 1967 年版，第 4-5 页。
② 《孔教会杂志》，第 1 卷第 8 号，1913 年 9 月。
③ 《教育部关于定孔子诞辰为圣节致各省都督等电》，《中华民国档案史料汇编（第三辑·文化）》，南京：凤凰出版社 1991 年版，第 2-3 页。
④ 袁世凯：《大总统发布尊孔典礼令》，中国第二历史档案馆：《中华民国档案史料汇编（第三辑·文化）》，南京：凤凰出版社 1991 年版，第 5 页。

1914 年 2 月 7 日，袁世凯正式颁布《祀孔令》。根据《祀孔令》要求，祀孔典礼规格为大祀。①历史上大祀为祀孔最高规格，袁世凯将祀孔典礼规格定为大祀，可见其对祀孔典礼之重视。②此外，根据《祀孔令》要求，由大总统亲自担任京师文庙主祭人，恢复了清代由皇帝担任祀孔主祭的惯例。袁世凯此举，无疑将大总统之位等同于古代皇帝，其隐含的政治意涵非常明显。1914 年 9 月 28 日，袁世凯率各部总长并文武官吏，着新式祭服，在北京文庙行"秋丁祀孔"礼，以实际行动表明对祀孔活动的推崇。③

袁世凯通过祀孔仪式的空间展示，其实质就是试图通过身体行为创建儒家伦理作为受到尊崇的意识形态的制度事实。当然这种创建是否有效涉及集体认同。认同是一个内在认知到信仰过程，仅仅靠政治权力运作还不够。正如学者贾丰臻所指出的："今大总统降尊亲祭，教育部亦宣示尊孔要义，可谓无微不至矣。然而人民熟视之而无睹也。"④由于儒家伦理意识形态已经在政治领域退却，袁世凯所恢复者仅限于制度形式，而不是真正的制度事实。"信仰有形式有精神，用其形式而遗其精神，则虽日列偶像木主于庭，馨香焉，祷祝焉，而纯乎于道德无关也。"⑤

如前所述，文庙也是宣示儒家伦理意识形态地位的重要载体。但民国以来，文庙的破坏比比皆是。这种状况显然与袁世凯尊崇孔圣之意图并不吻合。1914 年 2 月，政治会议议长李经羲提出应"将原有文庙，一

---

① 袁世凯：《大总统发布归复祭孔令》，中国第二历史档案馆：《中华民国档案史料汇编（第三辑·文化）》，南京：凤凰出版社 1991 年版，第 6 页。
② 常贵想：《清代前期祀孔研究》，山东师范大学硕士学位论文，2009 年，第 27 页。
③ 陈学恂：《中国近代教育大事记》，上海：上海教育出版社 1981 年版，第 260 页。
④ 贾丰臻时任江苏省立第二师范学校校长，是著名教育专家、宋学专家，在《教育杂志》发文较多，著有《中国理学史》《易之哲学》等。参见贾丰臻：《赴美博士艾迪布教感言》，《教育杂志》，1915 第 7 卷第 1 号。
⑤ 贾丰臻：《赴美博士艾迪布教感言》，《教育杂志》，1915 第 7 卷第 1 号。

律规复尊崇"①。李经羲提议的意图在于重新恢复文庙在儒家伦理意识形态中的象征地位。由此他提出具体实施意见：首先，设立专门儒学宣教人员，具体即"每县设奉祀官一员，管理庙务，敬司祀事"，为文庙实施儒家伦理宣教功能奠定物质基础。②其次，也是最重要的举措，即恢复文庙定期开讲制度，"宣讲人伦道德，使人人知所兴感，潜移默化，裨益世道人心"③。恢复文庙定期开讲制度，意味着文庙作为儒家伦理意识形态宣讲功能的恢复，意味着底层社会重要的儒家伦理意识形态再生产和维护机制的恢复。在科举废除，基层社会中儒家伦理教化日渐淡薄的背景下，这种机制显得尤为重要。李经羲之意见，获袁世凯批准："据呈已悉。交内务部查核，分别令行各省民政长转饬各地方官遵办。此批。"④在袁世凯政府的支持下，各地毁庙现象有所遏制。之后，北洋政府延续恢复文庙之举措，但其瓦解趋势仍无法逆转。

民初袁世凯政府实施以读经、尊孔为主要内容的儒家伦理倡导活动是其政治秩序重建工程之基础部分，主要解决政治秩序之规范重建、空间展示、内化等基本问题。政治秩序之重建以清末民初以来传统政治秩序崩溃为逻辑起点。传统政治秩序之崩溃，首先即秩序之合法性的丧失，其表象即传统秩序之儒家伦理规范体系不为人所信仰，不再为政治行动及价值衡量的基本依据，也即规范从现实的政治行动中游离出来，以知

---

① 李经羲：《政治会议议长李经羲为规复文庙祀孔呈并大总统批》，中国第二历史档案馆：《中华民国档案史料汇编（第三辑·文化）》，南京：凤凰出版社1991年版，第7-8页。

② 李经羲：《政治会议议长李经羲为规复文庙祀孔呈并大总统批》，中国第二历史档案馆：《中华民国档案史料汇编（第三辑·文化）》，南京：凤凰出版社1991年版，第7-8页。

③ 李经羲：《政治会议议长李经羲为规复文庙祀孔呈并大总统批》，中国第二历史档案馆：《中华民国档案史料汇编（第三辑·文化）》，南京：凤凰出版社1991年版，第7-8页。

④ 李经羲：《政治会议议长李经羲为规复文庙祀孔呈并大总统批》，中国第二历史档案馆：《中华民国档案史料汇编（第三辑·文化）》，南京：凤凰出版社1991年版，第7-8页。

识形态束之高阁。其次，秩序之再生产机制趋于瓦解，具体即科举制度的废除以及民初中小学读经课程的废除。再生产机制将儒家伦理规范通过以科举为核心的教育制度源源不断输入士人内心，源源不断获取士人对秩序的认同与遵循，从而实现秩序内化的时空延伸。再生产机制的瓦解，意味着儒家伦理规范意义内化过程在时间与空间上的中断，甚至废止。因此，民初秩序危机的实质，是"人心"问题。袁世凯看到了这一点，他在《通令国民尊崇伦常文》中，提出"本大总统痛时局之阽危，怵纲纪之废弛，每念今日大患尚不在国势而在人心"①"自顷以来，人心浮动，于东西各国科学之精微未能通晓，而先醉心于物质文明，以破个人道德"②。

民国初年，民间社会舆论的新旧调和论并不完全否定儒家伦理之现实意义，甚至其部分价值还得到肯定。这种社会舆论关注的焦点是，儒家的现实意义在于其道德价值，且限于社会生活领域。这种舆论氛围与袁世凯重视儒家伦理有一定程度的一致性。但袁世凯重视儒家伦理并非仅仅重视其道德价值，而试图恢复其意识形态地位，进而为其以服从权威为特征的政治秩序进行合法性论证。无论民间舆论还是袁世凯对儒家伦理的重视，都是对当时社会现实的一种回应。民间舆论试图在生活领域中一定程度上恢复儒家伦理，而不是其意识形态地位，意在恢复社会秩序。而民初袁世凯政府恢复儒家伦理，侧重在于恢复其意识形态地位，重建以服从权威为特征的政治秩序是其主要考量。当时，随着立宪政治自身问题逐渐暴露及各派政治势力斗争加剧，彼此间和平协商与平等对话的氛围经历民初宪政秩序之失败，亦随之破坏。服从权威逐渐成为政治关系之主流。由此袁世凯政府完全抛弃自由、平等之思想，转而完全走向传统儒家伦理思想，为其政治关系寻求合法性论证。但是，由于无

---

① 袁世凯：《通令国民尊崇伦常文》，《袁大总统书牍汇编》，沈云龙：《近代中国史料丛刊》，台北：文海出版社1967年版，第95页。
② 袁世凯：《通令国民尊崇伦常文》，《袁大总统书牍汇编》，沈云龙：《近代中国史料丛刊》，台北：文海出版社1967年版，第95页。

法获取足够的社会认同，袁世凯重建儒家伦理意识形态地位的努力并没有获得成功。可以说，民初袁世凯恢复儒家伦理意识形态地位，是儒家伦理近代转换的一次彻底失败的尝试。①袁世凯恢复儒家伦理意识形态地位的尝试不但没有从根本上改变儒家伦理的命运，反而由于复辟帝制的失败，让其成为"复辟"以及专制政治之象征，背负了沉重的历史包袱。且儒家伦理意识形态化的努力，激发了新文化运动之激烈反传统思潮。在激进的反传统思想氛围中，近代民间舆论部分恢复儒家伦理规范以恢复社会秩序的合理性和正当性无法避免受到打击。从逻辑上说，尊孔、读经等恢复儒家伦理意识形态地位的尝试与后来走向复辟并无必然关系。但事实上，袁世凯复辟对于儒家伦理的合理性和正当性造成了很大伤害，这是值得深思的问题。

第三节　孔教会之孔教思想

民初的孔教思想近年来颇受关注，研究者有以政教关系视角重新反思康有为孔教思想者；②有从《新青年》与孔教关系视角对有关新知识分子孔教伦理思想批判进行研究者；③有对陈焕章孔教思想进行梳理者；④等等。这些研究对于本书的撰写具有一定启发。但本书不同之处在于，试图从意识形态视角，分析民初孔教思想在近代儒家伦理意识形态变迁中的位置，并在此基础上探析其近代转变历程。

① 袁世凯这种努力，从逻辑上讲，并不必然导致走向帝制复辟。袁世凯复辟帝制在很大程度上是他误判形势的结果。当时，有人支持复辟帝制，也并非全部支持袁世凯。

② 吴震：《近代中国转型时代"政教关系"问题——以反思康有为"孔教"运动为核心》，《杭州师范大学学报》（社会科学版），2017年第2期，第1-25页。

③ 李维武：《〈新青年〉视野中的孔子、孔教与儒家纲常》，《社会科学战线》，2015年第9期，第1-18页。

④ 高璐：《陈焕章孔教思想研究》，中国计量大学硕士学位论文，2018年。

一、孔教思想的兴起

面对民初社会秩序乱局，宗教救国思想开始出现，代表人物如蓝公武。其代表文章有 1913 年在《庸言》发表的《中国道德之权威》《宗教建设论》等。在《中国道德之权威》一文中，他提出道德所以根植人心，在于道德权威。道德权威有五种来源，分别是宗教、传说、伟人、哲理、社会关系。如"爱"的道德规范，在西方之所以能制裁人，"本诸基督之教训"是其重要原因。①但这五种权威并不能永远不失坠，因此，"今日之儒教，非复昔日之儒教，今日之孔子，非复昔日之孔子。其变动之亟，实足令人慨叹"②。

蓝公武认为，宗教是道德产生效力的重要影响因素。宗教何以能使道德产生影响力呢？在《宗教建设论》一文中，他提出，宗教是立国之根本，宗教之核心在于拯救人心："深入乎人心之道维何？曰维宗教"，"是以欲治今日之中国不可不先治今日之社会。欲治今日之社会则舍宗教以外无他途"。③宗教的作用就在于承担"国民精神之主宰"。④因此，"欲观一国之文化，当先察其宗教之进退。则今日中国宗教之堕落一至于是，则中国国民之精神从可知矣"⑤。宗教何以解人心之困？他的观点是：

宗教者，以超脱为教义，以祸福为权威，出入有限之世，而登入无限之域。去小我之见，而进入大我之境。凡人世所不能解者，惟宗教能解之。人世所不能堪者，惟宗教能堪之。人世所不能得者，惟宗教能得之。人世所不能受者，惟宗教能受之。故能入人心，而动人切，使人处乎苦痛嫉恶愿望嗜欲之中，而心思乃逸乎苦痛嫉恶愿望嗜欲之外也。⑥

---

① 蓝公武：《中国道德之权威》，《庸言》，1913 年第一卷第 3 号，第 411 页。
② 蓝公武：《中国道德之权威》，《庸言》，1913 年第一卷第 3 号，第 411 页。
③ 蓝公武：《宗教建设论》，《庸言》，1913 年第一卷第 6 号，第 994-1002 页。
④ 蓝公武：《宗教建设论》，《庸言》，1913 年第一卷第 6 号，第 996 页。
⑤ 蓝公武：《宗教建设论》，《庸言》，1913 年第一卷第 6 号，第 996 页。
⑥ 蓝公武：《宗教建设论》，《庸言》，1913 年第一卷第 6 号，第 995 页。

可见，蓝公武宗教救国论思想的核心在于认为宗教具有超脱的教义，凭借祸福进行惩戒的权威，因而能深入人心、解救人心，从而使依附于宗教之道德规范能够发挥影响力。其预设前提即认为人心是社会秩序问题的根基，是解决当时中国社会秩序紊乱问题之突破口。民初，儒家伦理已随其意识形态地位在政治领域的瓦解而出现危机，西方意识形态却水土不服，同样未能深入人心，获得广泛认同，由此形成强烈的道德信仰危机。可见，信仰危机的关键不在于缺少道德规范，而是缺少对道德规范的信仰。即当时的社会中，没有一种社会道德价值被认为具有理所当然之正确性，被认为是理所当然之行动准则，此即所谓人心问题之关键所在。信仰危机反映到现实社会中，就是儒家伦理制裁力大大削弱，而新的道德规范却又缺位，由此形成社会秩序紊乱之局面。

要解决人心问题，在蓝公武看来，宗教是最重要的途径。美国宗教社会学家彼得·贝格尔（Peter Berger）认为人类通过宗教将社会构建为一个外在化的意义大厦，以至于人将构建的世界等同于世界本身，将构筑的秩序等同于实在本身。①也就是说，宗教通过神秘化方式将宗教思想塑造为一种客观的事实性存在，使之获取真理性。而隐藏于其中的道德规范也随之获取真理性，使道德信仰得以形成。概言之，宗教通过神秘化方式帮助形成道德信仰。这可以解释民初国人冀望重建宗教信仰以拯救社会秩序的内在思想动机。正是道德信仰缺失，使得国人更加容易接受儒家伦理宗教化的救国思想。这一点当时一些学者看得很清楚，如1913年贾丰臻分析孔教兴起的原因时指出："自光复后，人民失其信仰，强者暴戾恣睢，无恶不作，弱者因循苟且，一事无成。于是定孔教为国教之说，乘时而起矣。"②持宗教救国思想者不一定赞同孔教论，但是其思想客观上可为孔教论之奥援，为其合理性提供支持。当然，从根本上

① [美]彼得·贝格尔著，高师宁译：《神圣的帷幕——宗教社会学之要素》，上海：上海人民出版社1991年版，第34页。
② 贾丰臻：《教育上之根本改革》，《教育杂志》，1913年第10号。

讲，宗教救国思想并没有真正为社会提供合理化解释，没有真正推进儒家伦理更好地适应变化中的社会现实，这是其历史局限性所在。

清末，康有为提出孔教思想，试图通过建立各级孔教组织，建立起维护儒家伦理之一大社会势力，以强化其意识形态的客观存在，从而巩固儒家伦理之地位。民国以后，随着社会秩序混乱局面的出现，1912年6月，康有为再次重提建立孔教会的主张："今在内地，欲治人心，定风俗，必宜遍立孔教会"，即提出全国遍立孔教会的主张。①同年7月，康有为再次提出创立孔教会的想法。②1912年10月，孔教会在上海成立，发起人包括王人文、姚丙然、沈守廉、姚文栋、张振勋、陈作霖、沈恩桂、麦孟华、陈焕章等人，其中康有为是其精神领袖。③之后，创办《孔教会杂志》，公布《孔教会开办简章》，孔教会宗旨、组织等事宜得以确立。随后，孔教会立即组建事务所，作为总会机关，并在各地发展支会和分会。据张颂之考证，民初全国孔教会支会数达到150多个。1912年11月，陈焕章出版《孔教论》一书，标志孔教思想的成形。

二、孔教思想的内容

孔教思想虽由康有为首先倡导，但进行理论阐述并形成体系，而后付诸实践，却主要由其弟子陈焕章完成。尤其陈焕章所著《孔教论》，对

---

① 康有为：《中华救国论》，汤志均：《康有为政论集》，北京：中华书局 1981年版，第729页。

② 上海市文物保护委员会：《康有为与保皇会》，上海：上海人民出版社 1982年，第369-370页。

③ 康有为于1913年下半年回国，当年11月担任孔教会会长，1915年辞去会长职务，1916年第二次担任孔教会会长。因参与张勋复辟，被通缉，1917年辞去会长职务，此后未担任孔教会会长，但其实际影响还很大，被孔教会视为精神领袖。孔教会创办时期的"会章""序例"均出自康有为之手；孔教会的诸多主张、原则、教义、组织，都能在康有为的思想中找到源头，甚至可以说孔教会即康有为孔教思想的现实版。参见张颂之：《康有为孔教会会长任职考》，《孔子研究》，2007年第4期。

民初孔教思想进行了完整的论述。陈焕章在《孔教论》中对孔教是否宗教、孔教对于社会现实的适用性以及孔教组织如何建设等问题进行了阐述，为孔教会的建立提供了理论指导。

（一）何谓孔教

一直以来，中国社会有儒释道三教之说。在西方宗教概念传入中国之后，一般不再将儒家思想视为宗教。故此，孔教思想的首要问题就是要阐述儒家思想何以成为孔教。尽管在几千年历史中，儒家思想作为最有影响力的思想观念体系，对社会生活产生不可替代的影响，但与同样有影响力的西方基督教思想相比存在巨大差异。儒家思想何以成为宗教呢？

陈焕章通过重新解释宗教概念，将儒家思想纳入宗教范围。他认为，宗教有两类，即人道之教和神道之教，西方所谓宗教概念偏重神道。①不得认为只有神道之教为宗教，而人道之教非宗教。在何种意义上，人道之教也是宗教呢？陈焕章提出，宗教也在进化，符合"天演之道"：神话时代，人类社会属于野蛮世界，宗教教主往往假托鬼神；而人文时代，则人类社会进入文明世界，宗教之教主趋重于伦理。②从这个意义上说，孔教因重人道，尚人伦，以伦理为核心，相比重神道，在人类进化的位阶上处于更高级位置上，因而更文明，更具有当代意义，当然更具有存在合法性。因此，不要以西人对于宗教之界定来对待孔教，只问孔教之所谓教即可。

他认为，孔教所谓"教"之定义，"莫著于《中庸》"，即正如《中庸》所言，"天命之谓性，率性之谓道，修道之谓教"。③他认为，在这句话

127

---

① 陈焕章：《孔教论》，上海：上海商务印书馆1912年版，第2页。
② 陈焕章：《孔教论》，上海：上海商务印书馆1912年版，第4页。
③ 陈焕章：《孔教论》，上海：上海商务印书馆1912年版，第2页。

中，"天"者，"上帝之谓也"；而"性"，则由上帝所命，与生俱来；而所谓"道"，即遵性而行。他认为，由于天命之"性"每多"汩没"，由此，人之行为"或不轨于正"，"故修道尚焉"。①而所谓"修道"，即通过修炼，使人"纳于率性之道，而合于天命之性也"。②可见，陈焕章以宗教视角对《中庸》的重新解释，将理学中原本作为终极存在的客观的"天"予以人格化，将之视为上帝，并将贯彻儒家天理之中介，即先天存在之人性，视为由上帝所命，儒家伦理中遵循天理之伦理修炼由此成为对上帝旨意之遵循。除对宗教概念重新诠释以将孔教纳入宗教范畴之外，陈焕章还按照一般意义上的宗教要素对孔教进行了阐述。

（1）孔子是教主。

陈焕章主要从以下方面寻找资料，论证孔子是教主。

其一，陈焕章认为孔子自己将自己视为教主。要论证孔子是教主，有一个问题无法回避，即孔子为何不是神？陈焕章从进化论角度予以阐释。他认为，在野蛮之世，民智未开，"道同则不能相先，情同则不能相使"，教主为了显示自己的地位，塑造权威，必神化自己：

故为教主者，必高自位置，以耸动愚民。或以为天之独子，或以为天之使者，自位于天人之间，而独掌其人与天通之路。苟有欲见上帝者，非凭该教主之介绍未由焉。③

而孔子所处"春秋之季"，即文明之世，文明灿烂，民智大开，人治既盛，神权渐衰，神化自己显然行不通，则孔子只能"卑以自牧，谦以受益。此正孔子之所以为大教主，而出类拔萃者也"，因此，"文明世之教主，犹立宪之君主也，故人皆平等。此固由孔子之盛德，而亦由中国之进化独早也"。④总体而言，陈焕章从孔子的言论中判定孔子自认为是

① 陈焕章：《孔教论》，上海：上海商务印书馆1912年版，第2页。
② 陈焕章：《孔教论》，上海：上海商务印书馆1912年版，第2页。
③ 陈焕章：《孔教论》，上海：上海商务印书馆1912年版，第7页。
④ 陈焕章：《孔教论》，上海：上海商务印书馆1912年版，第7页。

教主，但无非自谦而已。①陈焕章给孔子挂了一大串名号：

　　夫孔子固非独宗教家而已，凡道德家、教育家、哲学家、礼学家、文学家、历史家、群学家、政治家、法律家、外交家、理财家、音乐家、博物家、神术家、兵法家、武力家、旅行家之资格无一不备。②

　　（2）从多方论证孔子是教主。

　　陈焕章还试图从孔子弟子、孔子之时人、后世以及外国人等各类人物之著作中寻找尊重孔子贡献之言论。如孔子弟子子贡的话："见其礼而知其政，闻其乐而知其德，由百世之后，等百世之王，莫之能违也。"又如"太史公曰：'仲尼为天下制仪法，垂六艺之统纪于后世。'"③再以后世帝王尊崇孔子为例，如孔子后裔"孔霸以帝师赐爵，号褒成君，奉孔子后至于今，孔氏之世爵不绝焉"④。等等。

　　可见，陈焕章将孔教视为人道之教，以儒家伦理为核心遵循，并尽力挖掘儒学现有之思想资源，将之尽量神化，以符合宗教之要素。从这个角度出发，陈焕章认为，孔教自古就有："孔教之为宗教也，数千年于兹矣！微独中国人公认之，即外国人亦公认之，故欲论孔教之为宗教，实属辞费，以其本不成问题也。"⑤

129

（二）孔教道德的社会适用性

　　孔教以儒家伦理为核心遵循，则儒家伦理是否适用于现实社会，这是关系孔教能否具有影响力之关键所在。陈焕章认为，孔教之所以适用于当时中国社会，在于儒家伦理具有适用当时社会的伦理因素。

---

①　陈焕章：《孔教论》，上海：上海商务印书馆1912年版，第8页。
②　陈焕章：《孔教论》，上海：上海商务印书馆1912年版，第8-9页。
③　陈焕章：《孔教论》，上海：上海商务印书馆1912年版，第11页。
④　陈焕章：《孔教论》，上海：上海商务印书馆1912年版，第14页。
⑤　陈焕章：《孔教论》，上海：上海商务印书馆1912年版，第1页。

（1）政治领域之伦理适用性。

在现代社会中，政治领域之伦理涉及个体与国家的关系。在古代中国社会中，一般情况下"朕即国家"，儒家五伦中君臣一伦涉及个体和国家的关系。就君臣关系而言，一般认为，两者为臣对君之绝对服从关系，是封建专制的体现。陈焕章认为君臣之道并无损于平等自由之理，因为君与臣之关系，在于"君使臣以礼，臣使君以忠"，也就是说，"孔教中之君臣，其实不过相对之名词"。①此外，陈焕章还提出儒家一些伦理因素具有重要时代意义。

其一，重民主义思想。他认为，《论语》与《春秋》都有重民主义思想：

或以孔子尊君太过，因以后世专制之毒归罪于孔子。此大谬也。夫孔子者，渴望共和者也。痛恶专制者也。提倡革命者也。且欲身行革命者也。②

孔子欲除民害，故讨大夫，退诸侯，去多君而留一君，以定天下于一统，其手段在尊君，而其目的在重民。③

可见，陈焕章认为，孔子虽然看起来尊君，但尊君仅仅是手段而已，其目的还在于重民，其根本意图在于定天下于一统。就所谓重民之具体含义，他提出：

欧美所以强之故，在养民保民教民，通民气同民乐也。此《论语》《春秋》所谓重民。孟子所谓与民同欲，乐民乐，忧民忧也。……享有数千年之文明而不坠者，唯我中国而已。④

《洪范》谓三人占则从二人之言。此服从多数之法也。《论语》谓

① 陈焕章：《孔教论》，上海：上海商务印书馆1912年版，第39页。
② 陈焕章：《孔教论》，上海：上海商务印书馆1912年版，第40页。
③ 陈焕章：《孔教论》，上海：上海商务印书馆1912年版，第42页。
④ 陈焕章：《孔教论》，上海：上海商务印书馆1912年版，第34页。

有教无类，此融合民族之法也。①

在陈焕章看来，西方所谓重民，有两方面含义：一是"养民保民教民，通民气同民乐"。说到底，西方之重民在陈焕章看来，"皆暗合于孔教者也"，"我中国所以弱之由，实显悖乎孔教者也"。②二是少数服从多数之民主思想。陈焕章引用《洪范》和《论语》相关观点，论证中国也有少数服从多数思想，尽管比较牵强。总体而言，从结果看，他认为西方与儒家一样，都有重民思想。当然，从实质看，两者有很大区别。西方思想之所谓重民，其实质是民主主义思想和自由权利思想。权利思想的意义在于为政府保护民众各项基本权利提供思想支撑，民主主义思想的意义在于为西方民主政治提供实施方案，其核心就是民主选举制度，其实质在于民众之政治参与。传统儒家重民思想的核心在于民本主义，即孟子所谓覆舟理论，其实质在于统治者应保持对民众之敬畏。两者思想有实质性差异，但并不妨碍具有结果上的类似性。陈焕章利用这种类似性论证两者之同一性，从而论证孔教之合法性，当然在逻辑上存在很大问题。

其二，爱国主义思想。一般认为孔子思想为世界主义。陈焕章根据康有为所谓据乱世、升平世、太平世三世说，提出：

孔子之道无所不包，岂有遗漏国家主义者乎？《春秋》之义分为三世，今日国争如是之急，其为据乱世，不必讳矣。而《春秋》则曰，据乱世内其国而外诸夏，内其国者，爱国之谓也。即自私其国而不许外人之干涉也。以今日大势言之，惟吾中国为内，而凡中国之外，如日英法俄德美等国皆属诸夏，而为外国也。能内其国，方可谓之爱国。③

依据康有为思想，据乱世则内其国，而世界大同则要等到太平世方可实现，不可躐等。民初社会即为康有为所谓据乱世。在据乱世阶段，

---

① 陈焕章：《孔教论》，上海：上海商务印书馆1912年版，第43页。
② 陈焕章：《孔教论》，上海：上海商务印书馆1912年版，第34页。
③ 陈焕章：《孔教论》，上海：上海商务印书馆1912年版，第43-44页。

只能"内其国"，其含义指的是"自私其国"，"不许外人之干涉"，此即陈焕章所谓爱国主义思想之核心所在。也就是说，在陈焕章看来，"内其国"其实质即以国家利益为重。

其三，其他。陈焕章认为，儒家伦理中还有一些思想因素具有时代意义，主要如社会主义思想、井田制、称物平施等。由此，他认为"孔子诚社会主义鼻祖。乃闻今之社会党，颇有排击孔子之意。是攻其祖矣"①。

（2）社会生活领域伦理之适用性。

社会生活领域伦理主要涉及个体间之伦理关系。依据陈焕章的观点，儒家伦理中主要有以下思想资源仍具有现实意义：一是博爱和平等思想。就博爱思想而言，主要如"民吾同胞，物吾与也。凡天下疲癃、残疾、惸独、鳏寡，皆吾兄弟之颠连而无告者也"；②就平等思想而言，儒家之个体修炼思想就体现了平等理念，如"《大学》曰：自天子以至于庶人，壹是皆以修身为本。……此以个人为单位之证也。盖人人皆天之子，亦人人为天之民；上帝之前，人皆平等而独立"③。二是慈孝思想，主要涉及晚辈和长辈关系，典型如父子。陈焕章认为，父子之亲，根于天性，故孔教笃于父子。④他认为，"夫为子止孝，为父止慈"⑤。有人批评孔教重孝，由此父子关系不平等、偏私，于博爱之道有损，且碍国家主义之发达。陈焕章予以辩驳，他提出，"夫孝悌为仁之本，以孝为始者并不以孝为止，此正孔子因人心之同然，而教人以用爱之道"⑥。

（三）孔教之设计

作为宗教的孔教，并不仅仅是一种思想，而应该是一种社会建制。

① 陈焕章：《孔教论》，上海：上海商务印书馆1912年版，第48页。
② 陈焕章：《孔教论》，上海：上海商务印书馆1912年版，第47页。
③ 陈焕章：《孔教论》，上海：上海商务印书馆1912年版，第34页。
④ 陈焕章：《孔教论》，《民国丛书（第四编）》，上海：上海书店1989年版，第36页。
⑤ 陈焕章：《孔教论》，《民国丛书（第四编）》，上海：上海书店1989年版，第37页。
⑥ 陈焕章：《孔教论》，《民国丛书（第四编）》，上海：上海书店1989年版，第37页。

作为社会建制的宗教，不仅仅是思想观念，还须在思想观念的外在化、客观化和内在化三个方面建立起相应的制度和保障体系。所谓外在化，即人通过肉体和精神活动不断地将自己的存在倾注入这个世界的过程。[①]宗教的外在化，即通过外在的物化手段贯彻和体现宗教思想和观念，使其展示出来的过程。客观化是通过这种肉体和精神两方面的活动产物而达到一种实在，从而具有作为一种外在于其创造者并与之不同的事实性。[②]宗教的客观化主要指的是通过物化的表征、组织或制度，使得宗教思想观念成为客观的事实性存在。内在化，是指重新利用这同一个实在，再次把宗教思想观念从客观世界的结构变为个体主观意识的结构。[③]宗教的内在化主要指的是通过一定的程序、仪式、途径，促使个体习得并认同宗教思想观念的过程。通过外在化，宗教将思想观念转变为外在客观事实性存在；通过客观化，宗教将这种客观事实不断再生产、不断强化；再通过内在化，宗教不断渗入个体内心，形成社会影响力。

由于已经丧失独尊地位，并失去其政治功能，儒家伦理在民初很大程度上已转变为一般意义上之学术知识，主要在学校作为历史、政治、伦理学知识传授；儒家伦理也从政治领域中退却，成为部分生活领域中之伦理规范。也就是说，儒家伦理的外在化、客观化和内在化过程都出现了局部断裂。这是建立孔教不得不面对的现实。在这种背景下，建立孔教，需要将儒家伦理重新外在化、客观化和内在化。为此，陈焕章试图通过重建儒家伦理意识形态的象征系统、组织系统和再生产系统，以重新建立起意识形态地位，即所谓孔教。

其一，象征系统。

陈焕章主要将历史上儒家伦理意识形态的一些标志性符号予以整理

---

① [美]彼得·贝格尔著，高师宁等译：《神圣的帷幕：宗教社会学理论之要素》，上海：上海人民出版社1991年版，第8页。

② [美]彼得·贝格尔著，高师宁等译：《神圣的帷幕：宗教社会学理论之要素》，上海：上海人民出版社1991年版，第8页。

③ [美]彼得·贝格尔著，高师宁等译：《神圣的帷幕：宗教社会学理论之要素》，上海：上海人民出版社1991年版，第9页。

和罗列，将之作为孔教象征系统之表征符号。就名号而言，陈焕章认为，孔教名为"儒"，汉武帝以儒为国教，[1]凡孔子教者，皆当名之曰儒；孔教亦有特别之衣冠，"孔子衣逢掖之衣，冠章甫之冠，此所谓儒服也。衣则因鲁制，冠则因宋制，此儒服之所自出，亦犹殷祫周冕，集合而成也"；[2]孔教之礼仪，以《仪礼》《礼记》为准，因为两者"大小精粗，靡不毕具。事神事人，均有定礼"。[3]此外，陈焕章还特别强调新创孔教之表征符号。一是设立教旗。1909年他在纽约曾制定孔教旗，供各商店恭祝圣诞之用，沿用已数年。其旗为黑白赤三色，取三通三世之义。[4]二是以孔子纪年。三是遍祀上帝，以孔子配祀。由于人人皆上帝之子，故人人可以祀上帝。[5]且学校皆祀孔子。四是庆祝孔子诞辰。[6]

在陈焕章的孔教创设工程里面，象征系统是将儒家伦理再意识形态化的重要途径，其核心就是将孔子等标志性符号外在化和客观化。但从实际情况看，其效果似乎大打折扣。符号外在化、客观化，其前提是符号本身所表征的事物具有被人认可的内在意义。从陈焕章所罗列的这些表征符号来看，名号、衣冠、礼仪等都是儒学独尊时代之象征符号。在儒家伦理意识形态地位瓦解的民国初年，这些符号已经很难承载其意识形态象征意义，或者在很大程度上，承载的是另外的象征意义，如被认为是守旧和落后的象征，等等。而孔教教旗、诞辰纪念、孔子纪年等表征符号明显"抄袭"基督教而来，并非儒家固有之符号，很难获得相应的内在意义。

其二，组织系统。组织系统是孔教强化其客观存在的物质基础。

---

① 陈焕章：《孔教论》，《民国丛书（第四编）》，上海：上海书店1989年版，第15-16页。

② 陈焕章：《孔教论》，《民国丛书（第四编）》，上海：上海书店1989年版，第17页。

③ 陈焕章：《孔教论》，《民国丛书（第四编）》，上海：上海书店1989年版，第19页。

④ 陈焕章：《孔教论》，《民国丛书（第四编）》，上海：上海书店1989年版，第61页。

⑤ 陈焕章：《孔教论》，《民国丛书（第四编）》，上海：上海书店1989年版，第61页。

⑥ 陈焕章：《孔教论》，《民国丛书（第四编）》，上海：上海书店1989年版，第62页。

陈焕章试图仿效西方教会建立起遍及世界的孔教会组织。[1]其设想主要如下。

一是建立遍及世界的孔教会组织。他的设想是总部先立于沪，而后迁于首都北京，各县皆立支会，各市乡皆立分会，外洋各埠亦设立支会分会。由若干支会设一支部联合部，总以教泽普及为主。可以说，陈焕章的设想是建立一个由上到下遍及世界的孔教会。会员是孔教组织的关键因素。陈焕章提出，设立会籍，凡入会者皆入教。并且向会员收取一定会员费，无论男女十六岁以下者收银五分，十六岁以上者收银一角。[2]陈焕章设想如果能实现的话，无疑孔教会将形成强大的社会势力。

二是孔教组织设施。宗教设施是宗教客观化的重要物质基础。陈焕章所设想的宗教设施主要包括孔教庙堂、圣地、专属礼仪等。为显示对孔子之尊崇，陈焕章认为，孔林皆教主之圣地；[3]就庙堂而言，他提出，孔教庙堂就是学校。[4]在古代中国社会，各级各类学校都以儒学为教学内容，承担儒家伦理教育功能。孔教为民间组织，却试图通过恢复学校读经来恢复各类学校之意识形态功能，当然并不现实。由此他们寄希望于说服当时的袁世凯和后来的北洋军阀政府。当然，他们与袁世凯和北洋军阀政府对学校读经有不同理解。在倡导学校读经之外，陈焕章还倡导孔教会集众讲教。他提出，凡孔教会皆设讲员，至来复日，则先向孔子行礼，而后宣讲。至宣讲之地，则凡有文庙者，用文庙之明伦堂，若在大城，则除文庙外，兼用各种公地，则从前宣讲圣谕广训之机关，则改为讲孔教，凡讲教之会皆男女同堂。[5]另外，陈焕章还以教会主凶吉之礼。他提出，将儒生培养为礼学专家，"而于化民成俗之道得焉"[6]。

① 陈焕章：《孔教论》，《民国丛书（第四编）》，上海：上海书店1989年版，第59页。
② 陈焕章：《孔教论》，《民国丛书（第四编）》，上海：上海书店1989年版，第60页。
③ 陈焕章：《孔教论》，《民国丛书（第四编）》，上海：上海书店1989年版，第27页。
④ 陈焕章：《孔教论》，《民国丛书（第四编）》，上海：上海书店1989年版，第27页。
⑤ 陈焕章：《孔教论》，《民国丛书（第四编）》，上海：上海书店1989年版，第60页。
⑥ 陈焕章：《孔教论》，《民国丛书（第四编）》，上海：上海书店1989年版，第62页。

其三，孔教信仰系统。

一般而言，信仰（faith）可以被分为两方面：其一，作为主观行为的信仰（faith），即个人的信任或者相信；其二，作为客观对象的信仰（the faith），即作为被相信的客观事物或命题。[1]基督教作为一套丰富的信仰体系，包括本体论，如上帝的存在与属性，上帝与人的关系等；认识论，即上帝如何显明自我，并如何让人类了解他的属性和意志；关于历史地理方面的知识，如耶稣的生平故事等；还包括伦理学，如摩西十诫和耶稣训导等。[2]任何宗教都有其信仰系统。陈焕章也试图建立起孔教的信仰体系。

就本体论而言，陈焕章认为孔教也有上帝："孔子之教，不止一神，然百神之上，冠以上帝，上帝者固非别教之所得私也。"[3]他试图将"元"视为西方之"上帝"角色，以之为一切合法性之来源：

然《易经》之始于"乾元"，象曰，大哉乾元，万物资始，乃统天。云行雨施，品物流形。大明始终，六位时乘，时乘六龙以御天。……此元字即上帝之代名词，此天字非指上帝，而指有形体之天也。惟上帝故能统天御天而造起天，此孔教中之创世纪也。[4]

那么，"元"到底是什么呢？是神格化的"上帝"还是其他？陈焕章进一步解释道：

……君子体仁，足以长人，则元者即仁也，亦即上帝也。夫道一而已矣。一者何也，曰仁也，仁天心，故仁即上帝也。以宗教家言之，则名之曰上帝，以哲学家言之，则名之曰元，以伦理家言之，则名之曰仁，

① 王爱菊：《近代基督教信仰在认识论上的转向》，《云南大学学报》（社会科学版），2011 年第 6 期，第 29-33 页。
② 王爱菊：《近代基督教信仰在认识论上的转向》，《云南大学学报》（社会科学版），2011 年第 6 期，第 29-33 页。
③ 陈焕章：《孔教论》，《民国丛书（第四编）》，上海：上海书店 1989 年版，第 20 页。
④ 陈焕章：《孔教论》，《民国丛书（第四编）》，上海：上海书店 1989 年版，第 20 页。

其实一也。上帝为孔教之主脑，仁亦为孔教之主脑。[①]

《论语》中说孔子不语怪力乱神。可以说，在儒家思想中，并没有相当于西方"上帝"之神格化神，要建立孔教之信仰，要么重新造神，要么另寻他途，建立起新的信仰对象。由上述可知，陈焕章并没有重新造神，而是将"上帝"视为"仁"，即儒家核心伦理观念。这与之前陈焕章认为"天命之性"中之所谓"天"即"上帝"的说法相矛盾。[②]不是任何一种观念都能取得"上帝"的地位，都能承担上帝之责任。所谓"上帝"的地位指的是它能够成为一切观念和思想的来源，成为其正确与否的依据。一般而言，这种观念要么超验，如西方的"上帝"；要么先验，如中国儒家之"理"。实际上，"仁"的观念，在儒家思想中属于非常重要的关键概念之一，属于"理"范畴下的具体内容之一。可以说，"仁"本身尽管是最核心的范畴，但并不是儒家的终极范畴，因而难以承担"上帝"之地位。实际上，陈焕章用"仁"的观念无法建立起孔教信仰体系。

在本体论外，陈焕章还试图建立起孔教伦理规范体系。除上述爱国主义、重民思想、社会主义思想等之外，陈焕章将儒行十七条作为孔子为其教徒所立之规条，[③]此外，还试图强调儒家之祖宗崇拜思想："孔教仁智兼之，故仁孝并行，而上帝与父母并重也。"[④]

由上可知，陈焕章试图将祖宗崇拜思想置于与上帝同等的地位。其祖宗崇拜并不是将祖先神话，而是强调基于祖宗崇拜的"孝"之地位，"上帝"与"祖宗"并重，则"仁""孝"并重。

可见，陈焕章侧重以西方宗教为摹本，利用儒家伦理现有之祖宗崇拜思想、"仁"的观念等思想资源，去论证孔教信仰的事实性，在促进儒

---

① 陈焕章：《孔教论》，《民国丛书（第四编）》，上海：上海书店1989年版，第20页。

② 当然，这说明，陈焕章本人所构建之孔教思想理论体系并不严密。

③ 陈焕章：《孔教论》，《民国丛书（第四编）》，上海：上海书店1989年版，第18页。

④ 陈焕章：《孔教论》，《民国丛书（第四编）》，上海：上海书店1989年版，第21页。

家伦理发展方面具有一定的推动作用。陈焕章对于儒家重民思想以及社会主义思想因素进行了挖掘，对于深化儒学研究具有一定的启发作用。一些学者认为，孔教会试图证明儒学中蕴涵着永恒价值，坚信儒学将大行世界，这种观念对于复兴儒学具有一定的积极意义。[1]但是，由于其并没有建立起完善的、适应时代特色的、具有影响力的孔教本体论、伦理体系、认识论等信仰体系，因而效果有限。

三、孔教思想的实践

民国初年，陈焕章在《孔教论》中对孔教思想进行系统阐述之后，如何实施就被提上日程。在康有为直接授意下，陈焕章在上海成立了孔教会，1912 年 11 月，在上海联络沈曾植、梁鼎芬等人，[2]开展建立孔教组织及其相关活动。

（一）建立孔教组织

《孔教会开办章程》提出于国内各县设支会，各市乡设分会，于国外重要地方设支会分会，重要地点或若干支会联合设支会联合部。[3]1912年 10 月，陈焕章牵头在上海成立全国孔教总会，将创设孔教会的设想变成现实。当年 12 月，教育部、内务部相继将之作为"宗教团体"批准立案。其中教育部批示嘉奖："该会阐明孔教，力挽狂澜，以忧时之念，为卫道之谋，苦心孤诣，殊堪嘉许。"[4]此外，由当时社会各界人士主持的各类孔教团体如雨后春笋，先后成立。同年，王锡蕃、刘宗国、薛正清

① 宋淑玉：《孔教会与儒学近代化》，《史学月刊》，2011 年第 7 期，第 124-127 页。
② 干春松：《康有为和孔教会：民国初年儒家复兴努力及其挫折》，《求是学刊》，2002 年第 4 期，第 110-114 页。
③ 康有为、陈焕章等：《孔教会开办简章》，孔教会事务所，1913 年影印版，第 98 页。
④《丛录》，孔教会杂志，1913 年第 1 卷第 1 号，转引自《康有为政论集》，北京：中华书局 1981 年版，第 734 页。

等在济南成立孔道会，该会以"讲明圣学，敦励行宜；陶淑人民道德，促进社会文明"为宗旨。次年，该会移至北京，推直隶都督冯国璋、陕西都督张凤翙为名誉会长，康有为为会长。[①]1913年4月孔社成立，以"阐扬孔学，融汇百家，讲求实用，巩固国基"为宗旨。举徐琪、饶智元为正副社长，徐世昌等为名誉社长。[②]在孔教会的推动下，在北洋政府的支持下，各类尊孔团体如雨后春笋般成立。一是各级孔教组织蓬勃发展。据张颂之考证，民初全国孔教会支会数达到150多个，1917年以后孔教会最盛时支分会近300个，就是剔除支会下的分会，其支会数量也有240个。二是其他各类尊孔组织快速发展。1912年至1916年主要尊孔团体如下：

1912—1916年主要孔教社团简介[③]

名称	会址	发起人	会长	宗旨	会务	会刊	成立日期
宗圣会	山西太原	赵戴文、景定成等人		宗孔子及群圣贤哲，阐明人道，补助政教，促进人群进化、民族大同	设宣讲所，并附设平民训诱学校	《宗圣汇志》《宗圣学报》	1912年2月
昌明礼教社	上海	杨士琦、谭人凤	毛蔚云、吴简纶为临时干事	昌明礼法，改良风俗，普及教育，开通民智	设宣讲所，建学堂，办实业	《扶风日报》	1912年5月7日
读经会	上海	郑孝胥王仁东、沈瑜庆	郑孝胥		每周集会读《春秋》《礼记》等		1912年7月
尊孔会		姚子梁					1912年7月

---

① 陈学恂：《中国近代教育大事记》，上海：上海教育出版社1981年版，第235页。

② 陈学恂：《中国近代教育大事记》，上海：上海教育出版社1981年版，第239页。

③ 此表主要资料引自张卫波：《民国时期尊孔思潮研究》，北京：人民出版社2006年版，第32-35页。根据张颂之《孔教会始末汇考》一文的考证，张勋应为孔教会曲阜支会名誉会长，而不是总会名誉会长。参见张颂之：《孔教会始末考》，《文史哲》，2008年第1期。

名称	会址	发起人	会长	宗旨	会务	会刊	成立日期
孔教会	上海、北京	陈焕章、沈曾植等	康有为（后陈焕章主事，不设会长）	昌明孔教，救济社会	分讲习、推行两部	《孔教会杂志》《经世报》	1912年10月
孔道维持总会		贺寿煕等人		尊崇孔道，正人心，息邪说，导引入孝出悌			1912年12月
孔道总会	山东济南	王锡蕃	王锡蕃，名誉会长为冯国璋、张凤翔	讲明圣学，敦励行宜，陶淑人民道德，促进社会文明	宣扬圣道，改良风俗，开启民智，提倡公益，创办善举		1913年3月
孔社	北京	徐琪、饶智元等人	徐琪，名誉社长徐世昌、王闿运	阐扬孔学，融会百家，讲求实用，巩固国基	除设编译、调查两科外，并筹设讲学会	《孔社杂志》	1913年4月27日
孔道公会	北京	姚子方、王式通	名誉社长徐世昌、王闿运、那彦图等	阐扬孔教，救济社会	分讲习、推行、经理三部		1913年5月
性道会	北京	孔庆霖、赵增厚等		涵养性功，燮理阴阳	筹设性道院、讲学会		1913年7月
成太社	北京	殷炳继		维孔道，正人心，息邪说，导孝悌	提倡祀典，酌设经校，倡办日报，组织宣讲所		1913年10月
尊孔文社	青岛	劳乃宣、卫礼贤					1913年
环球尊孔总教会	上海	沈维礼、沈士成等		昌明礼教，振兴文化			1913年10月
尚贤堂	上海	李佳白、丁题良	李佳白	扩充封建旧知，启迪基督新知		《尚贤堂纪事》	
曲阜经学会	山东曲阜	孔祥霖		阐明孔子之微言大义，发挥国学，并研究诸经之理解及其教授方法	设专修部和听讲部		1915年11月

注：表格中空缺处意味着资料不详。

1917 年以后，孔教会最盛时支、分会近 300 个，剔除支会下的分会，其支会数量也达 240 个。①南京国民政府时期，在一元党化意识形态支配下，孔教会势力迅速衰落。1937 年孔教总会改名为中国孔学总会，孔教会名字在国内由此消失。②

（二）倡议读经

读经既是宣示儒学生存合法性的重要举措，也是进行儒家伦理规范及其价值之再生产的重要制度途径。民国初年，读经被南京政府教育部废除。因此，恢复读经一直为康有为等孔教势力所关注。1912 年，陈焕章在演讲中提出，读经科废除后，"全国学校除大学外，竟皆不读经矣"③。学校不读经，"徒使最大多数之国民皆无机会以读经，三十年后将皆不知孔教为何物而已"④。其后果在陈焕章看来不啻为"焚书坑儒之祸"⑤。1913 年 10 月，孔社本部就小学读经问题上呈教育部，遭教育部反对。⑥同年 11 月，康有为以孔教会会长资格向袁世凯提出"令学校读经，必可厚风化、正人心"⑦。1913 年 12 月 2 日，康有为再次以孔教会会长资格致电袁世凯，要求将读经一科加入学校课程。⑧当时，袁世凯并未理会。康有为较少阐述有关读经的具体主张，但是孔教会明确表达过有关读经问题的看法。1914 年，汤化龙长教育部，提出采经训入教

① 张颂之：《孔教会始末汇考》，《文史哲》，2008 年第 1 期。
② 张颂之：《孔教会始末汇考》，《文史哲》，2008 年第 1 期。
③ 陈焕章：《孔教论》，《民国丛书（第四编）》，上海：上海书店 1989 年版，第 52 页。
④ 陈焕章：《孔教论》，《民国丛书（第四编）》，上海：上海书店 1989 年版，第 52 页。
⑤ 陈焕章：《孔教论》，《民国丛书（第四编）》，上海：上海书店 1989 年版，第 52 页。
⑥ 张卫波：《民国初期尊孔思潮》，北京：人民出版社 2006 年版，第 35 页。
⑦ 康有为：《康有为复电》，汤志均：《康有为政论集》，北京：中华书局 1981 年版，第 925 页。
⑧ 陈学恂：《中国近代教育大事记》，上海：上海教育出版社 1981 年版，第 249 页。

科，遭到孔教会反对。孔教会认为："果如所论，则孔子不得为圣人，六经不得为圣经。"①康有为等孔教势力主张恢复读经教育，尊孔子为圣人，尊崇经典，读经典原文。可见，康有为读经主张与袁世凯比较接近。当然两者也存在儒学话语权的争夺。

袁世凯帝制失败后，读经科被取消。康有为再次呼吁恢复读经科，1916年7月中旬，康有为在演讲中提出"中国文化垂五千年，赖以不敝者，孔教耳。孔教之精华在经，故小学读经，尤为当务之急。……此后诸君，当以保存国粹、读经守教为惟一之责任，中国幸甚。"②1916年9月，康有为继续向北京政府提议尊孔读经。③

康有为主张读经，设立孔教会，其尊孔主张与袁世凯有相近之处，即他们都将孔子视为圣人，而不仅仅是道德模范，都主张恢复学习儒家经典原文，反对仅仅读经训。因而康有为之主张恢复读经科的建议可以成为袁世凯恢复读经科设置的舆论基础，康有为也曾建议袁世凯恢复读经科，以其为可用之势力。因而两者具有相互利用之空间。但随着形势的发展，袁世凯与康有为之间的冲突越发突出，主要存在意识形态话语权之争。以康有为为精神领袖的孔教会将自己塑造为孔教之代言人，意图在于控制儒家伦理意识形态之话语权，形成一个具有强大社会势力的孔教阶层。而袁世凯政府主张恢复读经教育，其意图在于为专制政治秩序合法性提供论证服务，并试图将话语权掌控在自己手中。随着孔教势力的发展，袁世凯试图予以掌控，为自己服务。但孔教会并不为他所用，种种限制孔教会读经之举动开始出现，在孔教会致倪嗣冲函中对这些行动进行了披露："各地方官揣摩意旨，变本加厉，孔教几悬为厉禁"，其

① 《孔教会致倪嗣冲函》，《中华民国档案史料汇编（第三辑·文化）》，南京：凤凰出版社1991年版，第23页。
② 康有为：《在浙之演说》，汤志钧：《康有为政论集》，北京：中华书局1981年版，第953页。
③ 康有为：《致北京书》，汤志钧：《康有为政论集》，北京：中华书局1981年版，第958页。

中，"四川民政长谓孔教会煽惑小学读经，应即严禁"；"川东视学员洪百川所至学校，见有经书立即扯碎"；"川南视学员易光埔，禁人家以经教子弟，并不准书肆售经"。①可能是感受到袁世凯的威胁，1914 年春，康有为将孔教会总部从北京迁往曲阜。随着时局的变化，孔教会与袁世凯矛盾日益加深，孔教会安徽支会会长马其昶在一片复辟声中向袁世凯写信，指责袁世凯"名不正则言不顺"。康有为及其弟子梁启超、麦孟华、潘若海等及徒孙蔡锷都投入反袁世凯阵营中。袁世凯大怒，他下令内务部逮捕孔教会两名干事，并勒令孔教会曲阜总会改名，并迫使上海的康有为于 1915 年 3 月去"自游西湖"以避风，并辞去孔教会会长职务。②

（三）其他活动

在倡导读经之外，孔教势力还试图通过推动孔教入宪、强化尊孔制度等办法强化儒家伦理意识形态地位。

其一，推动孔教入宪。孔教入宪是孔教彰显儒家伦理事实性存在，确保其客观化的重要举措。民初，国家层面意识形态的政治庇护已经瓦解，儒家伦理影响力急剧衰落。在这种背景下，孔教势力试图重新建立起国家层面的意识形态庇护制度，恢复儒家伦理之影响力。在争取政府支持外，充分利用国会这个权力机关，推动孔教入宪，以建立起支持孔教的权力支撑，便成为孔教势力的努力方向。其突破口选在推动国会通过孔教为国教的宪法条款，即孔教入宪。

一般认为，广东梅县的廖道传为最早提出孔教为国教的人。他于1913 年 3 月上书袁世凯，提议"尊孔教为国教"。③1913 年 4 月，康有

143

① 《孔教会致倪嗣冲函》，《中华民国档案史料汇编（第三辑·文化）》，南京：凤凰出版社 1991 年版，第 22 页。
② 张颂之：《孔教会始末考》，《文史哲》，2008 年第 1 期。
③ 廖道传：《廖道传请尊孔教为国教上大总统等书》，中国第二历史档案馆：《中华民国档案史料汇编（第三辑·文化）》，南京：凤凰出版社 1991 年版，第 47-49 页。

为在《以孔教为国教配天议》中提出"立孔教为国教"的主张。[①]同年7月，梁启超、严复、陈焕章等向国会递交请愿书，呈请"于宪法上明定孔教为国教"。[②]此后，各地尊孔社团及各界人士反响者众多，纷纷上书要求宪法中"定孔教为国教"。如副总统黎元洪通电，支持孔教会，"拟请两院速定国教，藉范人心。"[③]尽管"定孔教为国教"相关条款支持者甚多，但国会表决数次均无结果。之后反对者和支持者互相疏通让步，通过"国民教育以孔子之道为修身之大本"之条款。[④]1916年6月，国会恢复后继续着手制宪。孔教相关条款复引起广泛辩论，表决数次均无法通过，最后双方互让，废草案之规定，而代以承认"中华民国人民有尊重孔子及信仰宗教之自由，非依法律不受限制"之条款。[⑤]由此，定孔教为国教的入宪风波终于结束。

孔教入宪问题的实质即尊孔人士试图以宪法为载体，将孔教合法化，通过国家意志，恢复儒家伦理之事实性存在，从而恢复国民对儒家伦理之认同，即所谓"以正人心，而定邦本"。[⑥]孔教入宪还意味着官方对于孔教势力所代表的意识形态解释权的认可，即对于孔教势力控制儒家伦理及其教育之解释权的认可。[⑦]由于涉及意识形态解释权，孔教入宪问题势必对袁世凯借助尊孔崇儒强化儒家伦理意识形态的政策造成冲击，

144

① 康有为：《以孔教为国教配天议》，汤志均：《康有为政论集》，北京：中华书局1981年版，第848页。
② 《孔教会请愿书》，《庸言（五）》，北京：中华书局2010年版，第3087页。
③ 黎元洪：《黎元洪请颁定孔教为国教电》，中国第二历史档案馆：《中华民国档案史料汇编（第三辑·文化）》，南京：凤凰出版社1991年版，第50页。
④ 杨幼炯：《孔教立宪之风波》，《近代中国立法史》，上海：上海书店1989年版，第144-145页。
⑤ 杨幼炯：《孔教立宪之风波》，《近代中国立法史》，上海：上海书店1989年版，第231页。
⑥ 《孔教会东京支部请速定孔教为国教致大总统呈》，中国第二历史档案馆：《中华民国档案史料汇编（第三辑·文化）》，南京：凤凰出版社1991年版，第53页。
⑦ 李成军：《近代国学教育思想研究》，上海：复旦大学出版社2014年版，第105页。

因此遭到袁世凯否定。①

其二，恢复尊孔仪式。尊孔仪式是孔教象征系统之重要内容。尊孔仪式主要体现为一些尊孔符号化活动。1913年4月，康有为提出以"孔子配上帝"，"复崇天坛，改祈年殿或太和殿为明堂，于冬至祭天坛，上辛祭明堂"。②坛庙祭天为古代中国社会帝王彰显皇权统御天下的符号化活动。③康有为此举意在彰显孔子地位。1913年5月，康有为向教育部提出"若大部垂采鄙言，收回成命，不废丁祭"④。由于丁祭实际上被中止，"不废丁祭"意味着恢复丁祭。此外，孔教会还以实际行动恢复祀孔活动。1913年9月3日，孔教会在北京国子监举行中秋丁祭祀孔，与会者有千余人。⑤此外，1913年9月，在第一届全国孔教大会上，孔教会决定用释奠礼作为孔子诞日祀孔礼仪。此后，释奠礼遂成为孔教大会中祀孔之必备礼仪。孔教会还将释奠礼应用到孔教大学的开学礼中，如在1923年重阳节孔教大学第一次开学时，就使用释奠礼。⑥

总之，孔教势力试图通过建立各级孔教组织，推动学校恢复读经科，推动恢复各种尊孔仪式等，建立孔教之组织系统、象征系统、信仰系统，从而确立儒家伦理之意识形态地位。这些设想的实施都需要强大的政治权力予以支撑。在中国古代社会，儒家伦理之意识形态独尊地位，是皇权通过政治权力的介入和科举、礼俗等各项制度予以保障的。但民初时期，儒家伦理意识形态背后的政治权力已经消退，强制已经不可能，孔

145

① 袁世凯：《大总统致孔社祝词》，《孔社杂志》，1913年第1期。
② 康有为：《以孔教为国教配天议》，汤志均：《康有为政论集》，北京：中华书局1981年版，第848页。
③ 张晶晶：《从满族堂子祭天到天坛圆丘祭天——试论清朝入关前后祭祀观的演变》，中国史学会清宫史研究委员会会议论文集，2011-04-09，第313-321页。
④ 康有为：《复教育部书》，汤志均：《康有为政论集》，北京：中华书局1981年版，第867页。
⑤ 《孔教会杂志》，1913年第1卷第8号。
⑥ 张颂之：《民国孔教运动中的孔教新创仪式述论——以孔教会为中心》，《浙江工商大学学报》，2009年第6期。

教由此陷入一个悖论：要推行儒家伦理意识形态必须要政治权力介入，但是要形成政治权力，它必须先是意识形态。

孔教势力试图通过宗教的设置，将儒家伦理再意识形态化，从而达到卫道之目的。任何一种思想体系须能满足时代社会秩序构建的需要，才能够真正成为一种主导性社会意识形态。在中国古代社会，儒家伦理作为一种社会总体解释体系，通过基于天理的本体论和个体修身的功夫论，主要为政治秩序和社会生活秩序提供合理化解释。孔教思想仅仅强调历史上孔教存在的事实性，并以此论证其存在的现实性。这种论证思路存在严重问题，因为在中国古代社会，儒家伦理确实处于主流意识形态地位，但这种地位已经被瓦解。以过去的意识形态地位作为论证孔教事实性存在的证据，当然缺乏说服力。从实际情况来看，陈焕章创设孔教的思想以及实际行动，对于儒家伦理如何适应当时时代需要进行了一定转换，并试图通过强化儒家伦理的客观化建立起保障体系，其意图在于通过重建儒家伦理的客观化恢复儒家伦理的影响力，为恢复社会秩序找到一种解决方案。在当时救亡图存的大背景下，其努力的主观意图具有一定的积极意义。但从根本上讲，孔教论并没有真正为社会提供一种合理化解释，也没有推进儒家伦理更好地适应变化中的社会现实，因而未能成功实现儒家伦理再意识形态化，而仅仅建立了一个空壳的孔教。实际上，这种努力很大程度上在后来日趋激进的思想氛围中被视为复古，而几乎被人忽视。

第三章
五四新文化运动时期儒家伦理思想的解构与重构

袁世凯为复辟帝制，极力推行尊孔尊儒，严重动摇了社会对民主共和制度的信心，透支了社会对儒家思想的认同。在救亡压力不断增加的背景下，新知识分子登上历史舞台，发动了一场轰轰烈烈的反传统文化运动，对儒家礼教发起前所未有之严厉批判甚至否定，儒家伦理之合法性被新文化派以自由、民主等西方价值观为依据进行解构。反对者也试图从各种西方思想中寻找精神资源，以重新论述儒家伦理对于现代社会之合法性。各方势力围绕儒家伦理是否适应现代社会、如何适应现代社会等问题的文化论争开始兴起。

第一节　思想氛围之空前大变动

清末以来，随着新式教育蓬勃发展，不同于传统士绅的新知识阶层逐渐形成并壮大。该知识阶层与过去之士绅阶层在知识结构、历史使命等方面截然不同。由于新知识分子开始掌控大众媒体，社会舆论话语权开始易位。面对国家危亡和政局糜烂局面，这些新知识分子以西方民主、自由、平等等思想为武器，提出"打倒孔家店"的口号，对儒家伦理提出严厉批判，形成强大的反传统思潮，与保守派知识分子形成激烈的思想冲突。

一、社会舆论之话语权转移

新文化运动时期反传统思潮的形成、发展与当时知识界之新旧转变密切相关。当时，科举制度已经被废除 10 余年，士绅阶层人数趋于减少。按照张仲礼的分析，太平天国以后通过科举考试获取士绅身份者总数约为 91 万余人，占人口比例为 0.24%，另有通过纳捐等途径获取功名者 53 万余人。①据此推算，科举废除 10 年后士绅人数应减为 63 万余人，②即约为士绅原规模的三分之二左右。

新知识分子规模则快速扩大，其来源主要有两方面。一是晚清以来海外留学生，包括晚清及民初出国留学学生。据统计，自 1847 年容闳首开留学风气至清朝灭亡，清政府总共派出 2.5 万余名留学生，其中洋务运动时期 270 余人，维新时期留日 100～200 人，新政时期留日 2 万余人。③留日生多于留学欧美者，从影响上来看亦如此，如胡适所言，"晚近思想革命、政治革命，其主动力出于东洋学生"。④代表人物如陈独秀、李大钊等亦为留日归国学生。民国以后，庚款留美是留学热潮的重要方

---

① [美]张仲礼著，李荣昌译：《中国绅士》，上海：上海社会科学院出版社 1991 年版，第 122 页。

② 根据张仲礼的推断，1905 年到 1915 年，共停考 8 次文院试，4 次武院试。一般每次文生员学额 25 089 名，武生员学额 21 233 名，按照正常的士绅寿命计算，10 年应减少 285 644 人。参见[美]张仲礼著，李荣昌译：《中国绅士》，上海：上海社会科学院出版社 1991 年版，第 106 页。

③ 刘集林：《中国留学通史·晚清卷》，广州：广东教育出版社 2010 年版，第 10 页。

④ 胡适：《非留学篇》，周质平：《胡适早年文存》，台北：远流出版社 1995 年版，第 363 页。

向，1912 年至 1915 年四批共计 145 人，[1]加上清末三批共计 180 人，这些人都在新文化运动前后陆续回国。二是洋务运动以来各类新式学堂毕业生。这些学生接受新式教育，对西学的了解远甚于传统士绅知识分子。到 1914 年，新式学堂在校生总数已超过 400 万人，其中属于中学以上学历者有 12 万余人。[2]1915 年至 1916 年，在校生总数已达 410 万余人。[3]到 1919 年，五四运动爆发时，在校生总数已达 530 多万，[4]此后 1920 年、1921 年都维持在总数 500 多万的水平。如果说留学生承担的是"传道士"功能的话，[5]那么国内新式学堂毕业学生则为引进并促进西方科学、民主思想的传播奠定了坚实社会基础。

新旧知识分子数量的消长为社会舆论氛围的改变奠定了数量基础。而社会舆论媒介的发展则是促使士绅失去话语权的关键因素。传统士绅影响社会舆论的机制则不同。在中国古代社会中，传统士绅要么入仕为官，要么在地方与当地政府共同管理当地事务，属于拥有非正式权力的地方精英，即他们是唯一能合法地代表当地社群与官吏共商地方事务参与政治过程的集团。[6]士绅的这种非正式权力来源于其对儒家经典的解释权和自身对儒家伦理的修炼程度，这种权力，即为文化权力。[7]士绅对话语权的掌控，在很大程度上与其实施文化权力的活动密切相关。按

149

① 元清：《中国留学通史·民国卷》，广州：广东教育出版社 2010 年版，第 21 页。
② 李桂林等：《中国近代教育史料汇编·普通教育》，上海：上海教育出版社 1995 年版，第 243、258、269 页。
③ 李桂林等：《中国近代教育史料汇编·普通教育》，上海：上海教育出版社 1995 年版，第 243、258、269 页。
④ 陈学恂：《中国近代教育史教学参考资料》（下），北京：人民教育出版社 1987 年版，第 362 页。
⑤ 如胡适认为归国留学生在国内所起的作用类似于传教士。参见曹伯言整理：《胡适日记》，1915 年 5 月 8 日，《胡适日记全编》（第 2 册），合肥：安徽教育出版社 2001 年版，第 104 页。
⑥ 瞿同祖著，范忠信等译：《清代地方政府》，北京：法律出版社 2003 年版，第 283 页。
⑦ 李成军：《晚清士绅的文化权力与近代政治运动》，《宁波大学学报》（人文科学版），2009 年第 3 期，第 66-69 页。

照张仲礼的分析，士绅的主要活动中，包括当地维护儒家道统的活动（占13%）、地方施舍赈济活动（20%）、为慈善组织筹款或代管财产等活动（7%）等。①瞿同祖提出，士绅在社群中的影响集中在两方面。一是普通百姓圈子，在这里他们因对儒家经典知识的掌握或对儒家伦理之践行而担任社群或公众首领，承担解决纠纷、组织募捐活动、主导地方防备的作用，也发挥其他种类的领导作用。人们还希望士绅为他们申冤昭雪，在灾荒时提供救济，并在增进地方福利中扮演积极角色。二是地方官圈子，对地方官员的决策过程施加影响，促使官员创制、修改或撤销某个决定或行动。②概言之，士绅形成影响的途径即声誉，其基础就是文化权力，其范围就是一定社群圈子，因而其话语权的实施具有一定的地域空间局限性。

新知识分子话语权形成则完全不同，报纸、杂志等新传媒是新知识分子掌控舆论话语权的关键因素。新文化运动兴起后报纸、杂志的大量出版，与白话文运动的开展有很大关系。胡适等推行的白话文运动，迎合了新知识分子争夺话语权、提升自己地位的需求，因而得到他们的大力支持。③胡适多年以后曾说道："在一九一九至一九二〇两年之间，全国大小学生刊物总共约有四百多种。"④杜威于 1920 年年初在北京时也说：

据说两年前只有一两种试验性的用白话文写的期刊，今天却有三百多种。自从去年五月以后，学生已经开始出版许许多多期刊，都是白话文的，而且都是用普通人能明白的语言讨论问题。⑤

① [美]张仲礼著，李荣昌译：《中国绅士》，上海：上海社会科学院出版社 1991 年版，第 241 页。
② 瞿同祖著，范忠信等译：《清代地方政府》，北京：法律出版社 2003 年版，第 283 页。
③ 罗志田：《胡适传——再造文明之梦》，成都：四川人民出版社 1995 年版，第 163-165 页。
④ 唐德刚整理：《胡适口述自传》，北京：华文出版社 1992 年版，第 183-184 页。
⑤ 周策纵：《五四运动史》，长沙：岳麓书社 1999 年版，第 261 页。

据周策纵的估计，1917年到1921年这5年间，全国新出的报刊有1000种以上。①其中著名的刊物有《新青年》（月刊）、《太平洋》（月刊）、《每周评论》、《新潮》（月刊）、《少年中国》（月刊）、《少年世界》（月刊）等。②

那么，士绅与新知识分子之间的思想冲突是必然的吗？我们认为，这种冲突必然爆发。士绅知识分子的文化权力来自对儒家经典的解释权和对儒家伦理的修炼，因而与儒家伦理之间形成相互依赖、相互支持的关系，他们是儒家伦理的坚定维护者。而新知识分子，尽管并不是每个人都反对儒家思想，但是其知识结构与士绅有很大不同，其身份认同与儒家伦理没有必然关联，没有必须认同儒家伦理的内在动力。20世纪10年代，为了挽救国家存亡，以陈独秀、鲁迅、胡适等为代表的新式知识分子开始行动起来，创办刊物，试图引进西方科学、民主思想，以之影响甚至改造国民。一新一旧，两大知识分子阵营的冲突在所难免，新旧文化论战此起彼伏。而且，新知识分子通过推动白话文运动，创办白话文刊物，搭建与普通民众沟通的桥梁，传递新思想、新观念，为新文化运动的发展奠定观念基础。

总之，1915年新文化运动兴起至五四运动爆发，传统士绅与新知识分子两大阵营的影响力已经完全逆转。士绅保守势力话语权大大减弱，而新知识分子话语权大大增强。1918年、1919年，虽然士绅代表人物如杜亚泉、林纾等出面维护传统文化，反抗新知识分子，但是他们的反抗声音并没有产生较大的社会影响。③在这种背景下，儒家伦理面临来自新知识分子前所未有之激烈批判。

---

① 周策纵：《五四运动史》，长沙：岳麓书社1999年版，第261页。
② 周策纵：《五四运动史》，长沙：岳麓书社1999年版，第262页。
③ 1919年1月，林纾在《新申报》上发表文言小说《荆生》和《妖梦》，对新派人物陈独秀和胡适大肆挖苦丑化，遭到新文化派反击，掀起一场力量悬殊的论战，以林纾失败而告终。

二、传统批判思潮的兴起

民国以来，北京政府陆续采取措施，试图建立稳定的社会秩序，也收到一定成效。但是这个过程被袁世凯复辟帝制及随后的军阀混战破坏。面对民族救亡的压力，这种政治窳败局面所带来的影响被放大。在这种残酷的竞争性世界秩序中，新知识分子开始思考中华民族何以独立自强，从而进入世界民族之林。新文化派为了挽救民族危亡，以《新青年》杂志为核心，聚拢一批新知识分子，形成一股强大舆论势力，开始着力以西方为参照，推广构筑一个以科学和民主思想为特点的新"自我"，以扬弃、批判与改造传统"自我"。旧国民"苟偷庸懦"，虽然历经革命，"皆虎头蛇尾，未能充分以鲜血洗净旧污"，难以适应时代，根源在于"盘踞吾人精神界根深蒂固之伦理、道德、文学、艺术诸端，莫不黑幕层张，垢污深积"，因而需要对"吾人精神界根深蒂固之伦理、道德、文学、艺术诸端"进行革命，也即对"自我"进行批判。①新文化派之"自我"既包括"小我"，也包括"大我"。所谓"小我"即个体的"自我"。什么是"大我"呢？民族是"大我"的实体存在。民族的存在痕迹体现于文明与文化中。其中，文明（Civilization）是一个民族应付其生活环境的"总成绩"，而文化（Culture）是一种文明所形成的生活方式。②如胡适认为，"文化是民族生活的样法，而民族生活的样法是根本大同小异的"，原因在于"生活只是生物对环境的适应，而人类的生理的构造根本上大致相同，故在大同小异的问题之下，解决的方法，也不出那大同小异的几种"。③换句话说，文化仅仅是民族存在的方式，不同民族文化大同小异，

---

① 陈独秀：《文学革命论》，《独秀文存》，合肥：安徽人民出版社 1987 年版，第 95 页。
② 胡适：《我们对于西洋近代文明的态度》，《胡适文选》，台北：远东图书公司 1968 年版，第 115 页。
③ 胡适：《读梁漱溟先生的〈东西文化及其哲学〉》，《胡适论争集》，北京：中国社会科学出版社 1998 年版，第 1169 页。

其不同之处在于环境。各民族文化往往都具有相同或相近的因子，人类所走过的路大致相近。胡适进一步说道：

> 往往有一种民族而——试过种种可能的变法的。政治史上，欧洲自希腊以至今日，印度自吠陀时代以至今日，中国自上古以至今日，都曾试过种种政治制度；所不同者，只是某种制度（例如多头政治）在甲民族的采用在古代，而在乙民族则上古与近代都曾采用；或某种制度（例如封建制度）在甲国早就消灭了，而在乙国则至最近世还不曾铲除。①

胡适的意思就是人类社会的发展路径是一致的，不同民族所走过的路不一样，其实质是处于不同发展阶段，而不是不同路径。因此，文化革命并不意味着自我灭亡。就中国而言，我们已经落后于西方，针对这一点，胡适予以大声疾呼："我们必须承认我们自己百事不如人，不但物质机械上不如人，不但政治制度不如人，并且道德不如人，知识不如人，文学不如人，音乐不如人，艺术不如人，身体不如人。"②

胡适的意思就是，作为"大我"的民族已经落后于人了。陈独秀说得更加明白："吾宁忍过去国粹之消亡，而不忍现在及将来之民族，不适世界之生存而归消灭也。"③只有承认自己落后这一点，我们才能向别人学习，才能救国救民，从而挽救民族危亡。而挽救民族危亡的突破口就在"小我"。正如胡适所说，"这种种过去的'小我'，和种种现在的'小我'，和种种将来无穷的'小我'，一代传一代，一点加一滴；一线相传，连绵不断；一水奔流，滔滔不绝——这便是一个'大我'"④。可见，"大我"由无数"小我"之存在及其后果构成，"第一个'小我'的一切作为，

---

① 胡适：《读梁漱溟先生的〈东西文化及其哲学〉》，《胡适论争集》，北京：中国社会科学出版社 1998 年版，第 1170 页。
② 胡适：《介绍我自己的思想——〈胡适文选〉自序》，《胡适论争集》，北京：中国社会科学出版社 1998 年版，第 447 页。
③ 陈独秀：《敬告青年》，《独秀文存》，合肥：安徽人民出版社 1987 年版，第 6 页。
④ 胡适：《不朽——我的宗教》，《胡适论争集》，北京：中国社会科学出版社 1998 年版，第 413 页。

一切功德罪恶，一切语言行事，无论大小，无论是非，无论善恶，——都永远留存在那个'大我'之中"①。换言之，中国现在一切的落后，也是无数"小我"所致。而"大我"是"小我"之累积，因而要改变国家和民族之"大我"，须从"小我"改造开始。从这个意义上讲，"小我"对于"大我"负有重要的历史责任。②"小我"有善有恶，有贻害有造福，"小我"之存在意义在与"大我"的关系中获取，而拯救"大我"是"小我"获取自身存在意义的重要途径。因而，"小我"既有面对过去进行反省的责任，也有面对将来进行建设的责任。"小我"实际上被赋予一种构筑"大我"的主观能动性。正是这种反省的主观能动性为自我批判奠定了理论基础。"小我"终究会灭亡，也即形成时间的断裂，自我批判通过批判"小我"进行，以实现"大我"之永恒。

"小我"进行自我改造的方向无疑就是要抛弃自身民族文化，向西方学习，引进西方民主、科学思想。这种观点，在当时对于解构刚刚建立起来的文化认同观具有重要的推动作用。晚清以至民国初年出现的国粹思潮，其思想基础就是这种文化观。他们倡导国粹保存，即保护民族文化，以挽救自我认同之危机。作为民族认同之文化，是民族构建与维系的识别标志，其微小的改变都将使得个体成员无以识别自身，民族作为整体在识别困境中可能会走向崩溃。因而作为民族认同之文化，是不能被破坏、瓦解甚至修改的。而胡适等新文化派将文化视为民族生存方式，实际上将其从民族自我识别的重压下释放出来。作为民族生存方式的文化可以随环境的变化而改变，而且不会因改变而承担走向民族认同困境的历史责任，正是因其可变性，相反它还能成为拯救民族自我的重要载体。由于民族文化发展的方向就是西化，胡适视域中自我的危机不在于

---

① 胡适：《不朽——我的宗教》，《胡适论争集》，北京：中国社会科学出版社1998年版，第413页。

② 胡适：《不朽——我的宗教》，《胡适论争集》，北京：中国社会科学出版社1998年版，第413页。

民族文化认同之危机，而在于自我与世界是否具有同一性的危机，即自我须在与西方建立同一性关系中获取自身的存在位置。与西方的同一性是辨别自我存在的识别标志，换句话说，民族化即世界化，只有具备世界化，方能确保民族化。但是，这种观点的问题在于，将西方文化视为先进文化，将中国民族文化视为落后文化，因而必将导致激烈的传统文化批判思潮。由此，一个文化革命的主题随之破茧而出。挽救民族"大我"的核心就是需要充分发动个体"小我"之能动性，开展文化革命，中华民族只有改变自己的文化，即民族生存方式，方能挽救自我于灭亡，而生存于世界秩序之中。

面对激烈的反传统思潮，一些知识分子开始重新思考儒家伦理之时代价值，有关文化论战开始兴起。

第二节　杜亚泉之儒家伦理近代转换思想研究

杜亚泉 1873 年出生于浙江省上虞；1889 年中秀才，1891 年和 1894 年两次参加乡试，落第；1894 年叹考据词章之汩人心性，而科举之误人身世，思想上产生讲求实学的萌芽；1895 年改习数学；1898 年，由数学入手，自修物理及矿、植、动物诸科学，并开始自修日语，购置江南制造局翻译馆傅兰雅、徐寿所译《化学鉴原》《化学鉴原续编》《化学求数》等书，研习化学；1900 年创立亚泉学馆，招收学生学习理化、博物知识，走向传播科学之路；1904 年进入商务印书馆工作，编译科学教材，推动科学著作出版；1911 年任《东方杂志》主编，对《东方杂志》进行了重大改革，并亲自撰文 300 余篇，包括论文、时评、译文等，使其销量大增，成为民国初期影响最大的文、理、政论综合性学术期刊；[①]1919 年

① 陈德文、亢小玉、姚远：《杜亚泉先生年谱（1873—1912）》，《西北大学学报》（自然科学版），2008 年第 5 期，第 845-850 页。

与陈独秀论战后被免去《东方杂志》主编职务；此后主要从事科学及哲学等方面著述、教育和科普工作，一直到 1933 年去世。[1]从杜亚泉的生平可以看出，他是一个接受儒家传统教育的科学工作者，既了解西学，又了解儒学。由于主编《东方杂志》的关系，杜亚泉对于当时社会政治和道德秩序建设提出了自己的独到思考，并在 1918 年与陈独秀进行了一场东西文化论战，对后世具有深远影响。

一、儒家伦理与民初进化论伦理困境[2]

甲午战败后，"无以自存""无以遗种"的亡国灭种危机意识蓬发。在这种背景下，物竞天择的进化论思想通过严复所译《天演论》，得到广泛传播。严复翻译物竞天择原则的意图在于唤起国人对于国家可能灭亡之生存状况的警觉，为寻找"自救之术"打下思想基础。[3]但进化论的传播也给几千年以来遵循儒家伦理的社会带来严重的挑战。

（一）进化论带来的伦理冲击

杜亚泉是民初最早意识到进化论带来冲击的知识分子。民国刚刚建立，杜亚泉就发现当时国民思想上有一个比较危险的倾向，即所谓"唯物主义"，它于十九世纪后半期风靡欧美，之后输入中国，其初被国人视为"富强论"，之后为"天演论"。[4]

① 陈镱文、亢小玉、姚远：《杜亚泉先生年谱（1912—1933）》，《西北大学学报》（自然科学版），2008 年第 6 期，第 1044-1050 页。
② 相关内容参考笔者论文《进化论的伦理困境与杜亚泉的国学思想》，《湖北第二师范学院学报》，2015 年第 6 期，第 81-84 页。
③ 严复：《原强》，胡伟希：《论世变之亟——严复集》，沈阳：辽宁人民出版社1994 年版，第 13 页。
④ 《精神救国论》，许纪霖、田建业：《杜亚泉文存》，上海：上海教育出版社2003 年版，第 33 页。

在杜亚泉看来，清末民初以来，中国已经陷于此"唯物主义"①思想当中而不能自拔，富强论、天演论等观念都是这种思想的表现。杜亚泉认为，所谓唯物主义思想的哲学基础就是唯物论哲学。在他看来，唯物论哲学战胜了近代西方以卢梭、康德、黑格尔为代表的唯心论哲学，导致物质主义思想逐渐弥漫于全世界。而这种唯物论哲学经历了孔德之实验论、达尔文之生物进化论，以至赫胥黎、斯宾塞等之发展。②其中，奠基者当推达尔文之生物进化论，"其主要之论旨，不外乎以生存竞争为原因，以自然淘汰为作用，以进化为结果"，其作用在于"证明人类在自然界之位置，使向来之人类观全然破坏"，从而为进化论应用于人类社会奠定了思想基础。③之后，斯宾塞将生物进化论应用于人类社会，"一切宇宙现象，皆以进化为根本法则，一以贯之，唯物哲学之大系，至是而完成"④。唯心、唯物论两种哲学于晚清引进中国，并导致中国革命之形成。⑤

这两种思想当中，唯物主义影响更大："但此伟大革命事业，果为唯心论所产出乎？抑为唯物论所产出乎？以记者之所见言之，则唯心论的革命，仅主动者之少数而已，大多数之赞成革命，实由唯物主义而来。"⑥

在杜亚泉看来，进化论之生存竞争思想传入中国，得到广泛认同。在进化论思想影响下，各不同群体之间的斗争合法化，其结果一是促使革命的合法化，因为从进化论来说，革命就是不同群体间的竞争；二是

---

① 此唯物主义非马克思主义思想中之唯物主义。
② 《精神救国论》，许纪霖、田建业：《杜亚泉文存》，上海：上海教育出版社 2003 年版，第 34 页。
③ 《精神救国论》，许纪霖、田建业：《杜亚泉文存》，上海：上海教育出版社 2003 年版，第 38 页。
④ 《精神救国论》，许纪霖、田建业：《杜亚泉文存》，上海：上海教育出版社 2003 年版，第 35 页。
⑤ 《精神救国论》，许纪霖、田建业：《杜亚泉文存》，上海：上海教育出版社 2003 年版，第 38 页。
⑥ 《精神救国论》，许纪霖、田建业：《杜亚泉文存》，上海：上海教育出版社 2003 年版，第 38 页。

争权夺利的合法化。①由此，进化论应用于人类社会提出了一个新的伦理正当性困境，即肯定人类社会之进化为正当的话，是否意味着进化过程中"弱肉强食"之自然后果也随之获得正当性？杜亚泉对此很担忧："其谬解达氏之说者，往往视进化论为弱肉强食主义之异名，乃主张强者之权利，恧愿弱者之死灭，于人类社会之道德，置之不顾。"②其结果是对国人之人生观产生重大影响：

悲观主义之下，一切人生之目的如何，宇宙之美观如何，均无暇问及，惟以如何而得保其生存，如何而得免于淘汰，为处世之紧急问题。质言之，即如何而使我为优者胜者，使人为劣者败者而已。③

争权夺利之个人竞争合法化以后，人生目的被狭化为生存竞争，人生的过程被视为优胜劣汰，形成一种悲观主义的人生观，即人似乎只能顺应生存竞争，人只为生存竞争而活，道德的先验价值被消解，对于道德的主动修炼在这种语境中可以被忽视。这对于儒家强调通过个体道德修炼以达至天理的思想而言，无疑是一个巨大挑战。如此以往，社会道德秩序何以建立起来？杜亚泉颇为担忧：

如此世界，有优劣而无善恶，有胜败而无是非。道德云者，竞争之假面具也，教育云者，竞争之练习场也；其为和平之竞争，则为拜金主义焉，其为激烈之竞争，则为杀人主义焉。④

可见，优胜劣汰之进化论应用于人类社会，实际上将人类个体作为竞争之主体，以个体之利己作为人性基本假设。人生由此有优劣而无是非，所谓道德仅仅是竞争的假面具而已。说到底，并非没有道德价值，

---

① 《精神救国论》，许纪霖、田建业：《杜亚泉文存》，上海：上海教育出版社 2003 年版，第 38 页。
② 《精神救国论》，许纪霖、田建业：《杜亚泉文存》，上海：上海教育出版社 2003 年版，第 35 页。
③ 《精神救国论》，许纪霖、田建业：《杜亚泉文存》，上海：上海教育出版社 2003 年版，第 37 页。
④ 《精神救国论》，许纪霖、田建业：《杜亚泉文存》，上海：上海教育出版社 2003 年版，第 37 页。

而是欲望和功利本身就是衡量一切的价值取向，其结果自然导致追求欲望之满足、拜金主义被合理化等。①这种状况，对儒家知识分子而言，无疑是一场道德灾难。而且由于欲望释放缺乏制约，势必带来"无足以抵抗之者"的严重后果，以至于他认为"质言之，一无政治、无道德、无宗教、无风俗习惯之社会，扰攘于金钱势力之下而已。西人称未来之理想世界曰黄金世界，吾侪之社会，真实现之黄金世界也"②。

对儒家知识分子而言，欲望应在天理控制之下，个体通过道德修炼控制欲望，从而达至一个"道德"的社会秩序。可以说，在儒家知识分子来看，欲望失去控制是一个非常可怕的问题，欲望是否得到控制是社会伦理秩序是否正常的一个标志。在杜亚泉看来，清末民初进化论传入中国以后带来的伦理冲击，已经彻底废除了对欲望的控制，形成金钱至上、功利至上、争权夺利正当化的局面，这无疑是社会道德秩序的崩解，其心理冲击可想而知。

（二）西方社会对于进化论伦理问题的思考

杜亚泉不便于反对进化论，而倾向于认为一切都是国人对进化论的误解。他认为达尔文进化论的出发点并非个体生存竞争，而是团队生存竞争。团队竞争所构成之社会，"必较诸多数徇私纵欲及奸黠之个人所构成之社会，为繁荣而强固，则无可疑之事实也"③。由此，团体内个体之间得以突破生物性弱肉强食般残酷的生存竞争关系，个体之间爱和互利关系得以可能。这就是杜亚泉认定达尔文进化论"是达氏之道德观念，

---

① 《精神救国论》，许纪霖、田建业：《杜亚泉文存》，上海：上海教育出版社 2003 年版，第 37 页。

② 《论社会变动之趋势与吾人处世之方针》，许纪霖、田建业：《杜亚泉文存》，上海：上海教育出版社 2003 年版，第 285 页。

③ 《精神救国论》，许纪霖、田建业：《杜亚泉文存》，上海：上海教育出版社 2003 年版，第 36 页。

与竞争观念，实相成而不相悖"①的原因之所在。

就赫胥黎进化论思想，杜亚泉认为其观点"主张限制竞争说，力纠达氏之谬点"②。他认为赫氏进化论将动物界与人类社会分开，动物界之生存竞争现象，"自然之地位，完全中立，无善亦无恶，无所谓道德，亦无所谓不道德，只可谓非道德而已"，不能以人类道德视之。③也就是，动物界之"弱肉强食"属于自然现象，无所谓道德正当性问题。而人类之初，弱肉强食，"犹与禽兽无异，全然营非道德的生活"，人类社会进化的意义就在于摆脱此非道德状态，"变而为道德的人类之谓也"。④人类社会进入道德的关键在于"以共同之和平，代相互之争斗，使生存竞争，受若干之制限，文明愈进，制限愈严，个人之自由，以不害他人之自由为限"，他认为这就是赫胥黎主张限制竞争之观点。⑤因此，在杜亚泉看来，赫胥黎进化论强调进化思想也并无相应伦理困境。

至于斯宾塞社会进化论，杜亚泉认为他所提倡之社会协力互助，"已与生存竞争之说，隐相对抗"⑥。他赞扬斯氏社会进化论以社会协力互助为出发点，这样社会内部"弱肉强食"之正当性困境就自然消解，为公德之建立奠定良好基础。但他强调社会协作并非一味牺牲个人，且"是斯氏固以协力互助，与生存竞争，根本调和，为绝对之道德法，其说较达氏为精"⑦。

① 《精神救国论》，许纪霖、田建业：《杜亚泉文存》，上海：上海教育出版社2003年版，第36页。
② 《精神救国论（续一）》，许纪霖、田建业：《杜亚泉文存》，上海：上海教育出版社2003年版，第41页。
③ 《精神救国论（续一）》，许纪霖、田建业：《杜亚泉文存》，上海：上海教育出版社2003年版，第41页。
④ 《精神救国论（续一）》，许纪霖、田建业：《杜亚泉文存》，上海：上海教育出版社2003年版，第41页。
⑤ 《精神救国论（续一）》，许纪霖、田建业：《杜亚泉文存》，上海：上海教育出版社2003年版，第41页。
⑥ 《精神救国论》，许纪霖、田建业：《杜亚泉文存》，上海：上海教育出版社2003年版，第36页。
⑦ 《精神救国论》，许纪霖、田建业：《杜亚泉文存》，上海：上海教育出版社2003年版，第36页。

可以说，在杜亚泉看来，无论达尔文还是赫胥黎进化论关于人类伦理的观点，其生存竞争之核心都在于利己。他认为，利己无法建立良好社会道德秩序，因为无法产生利他行为。尽管他肯定了斯宾塞进化论之社会协力互助思想，但是认为斯宾塞并没有解决个体何以协作的问题。为此，他进一步引用西方学术界对进化论之批判，论证"进化之理法，固大有研究之余地，决非生存竞争自然淘汰之一种理法所得包举无遗"①。生存竞争以个体具利己心为基本预设。西方学者对于个体生存竞争之反思，大多在克服利己基础上，研讨利他之伦理秩序何以形成。杜亚泉借用英人特兰门德（Drument Henry）之观点，对其著作《人类向上论》（*Ascent of man*）进行了介绍。杜亚泉认为，该著提倡爱之进化，与达氏之竞争进化相对峙：

特氏谓生物为生存而努力者有二：一为维持己之生存，一为维持他之生存；生活之网，乃以此二种之丝结成之。为己之生命而努力，乃有竞争，而其为他之生命而努力者，即伦理学中之所谓爱也。②

爱是利他的基础，杜亚泉认为，从来言进化者，以进化之主要素为竞争，而不知以爱为一大原理，是仅注意于为己之生命而努力者，而忽视或忘记其为他之生命而努力者。利己和利他皆人类乃至生物所共者，生物自外部吸收物质于体内而同化之，是为己之生命而努力；而生殖，则区体内之一部分而养育之，使分离于体外，另成一生活体，是为他之生命而努力。至人类而保抱提携，鞠育教诲，亲子间之爱情，发达已极，推之而至家庭、国家、社会，皆爱之所创造者，同情、协助，都是爱之所产出者。所谓爱，"即牺牲自己以保他之生存，并无所向之物"③。可

161

---

① 《精神救国论（续二）》，许纪霖、田建业：《杜亚泉文存》，上海：上海教育出版社 2003 年版，第 49 页。
② 《精神救国论（续一）》，许纪霖、田建业：《杜亚泉文存》，上海：上海教育出版社 2003 年版，第 42 页。
③ 《精神救国论（续一）》，许纪霖、田建业：《杜亚泉文存》，上海：上海教育出版社 2003 年版，第 42 页。

见，爱的核心要义在于利他，因而是社会伦理得以形成之基础。"父母之生育子女，其初为生理的活动，其继为伦理的活动。方其生也，生理作用也，然生理作用方毕，而伦理作用即起，伦理的爱，所以继生理的爱而完成之者也。"①由此，特氏理论将人生理之爱发展成为伦理之爱，使得利他伦理得以形成。

另一位英国学者颉德（Benjamin Kidd）氏，其所著《社会进化论》对杜亚泉思考现代社会中何以建立利他的伦理秩序有一定启发意义。颉德大意即认为生物中最高种族之人类，有理性与社会的感情二大新势力。理性以个人之利福满足为主，都希望自己能生存，而希望自然淘汰废止。由此，理性之要求为阻止人类进步之因素。而社会的感情，即牺牲个人之福利，以谋全社会福利。人类之进化史，实理性与社会的感情不绝冲突之历史。二者既互不相容，于是宗教出现，对于理性之要求，加以超理性的制裁力，抑制各个人之主我心，以完全社会进化之活动。②对杜亚泉而言，颉德思想的意义在于，以理性为利己心，且此利己心之要求，在竞争废止，而社会感情为利他心，而此利他心之活动，使竞争进行，这种思想为他批判利己，以论证利他之合法性提供了一定的理论资源。

以上诸家观点，对杜亚泉来说具有重要的理论意义，既为他批判基于进化论的利己个体生存竞争提供了理论依据，也为他回到儒家伦理，以提出解决进化论伦理困境的思路，打下了理论基础。

（三）儒家伦理合法性重建

为了应对进化论之竞争带来的伦理困境，杜亚泉在总结西方有关进

---

① 《精神救国论（续一）》，许纪霖、田建业：《杜亚泉文存》，上海：上海教育出版社 2003 年版，第 42 页。
② 《精神救国论（续一）》，许纪霖、田建业：《杜亚泉文存》，上海：上海教育出版社 2003 年版，第 44-45 页。

化论思想的基础上，提出了自己有关进化论的思考。杜亚泉认为人类社会之竞争与生物界之竞争有本质不同，人们往往看到生物个体之间的生存竞争，而难以看到生物之间联合与外在环境之间的抗争，就此，他认为生物生存竞争不足以解释进化的全部原因。①就人类社会之竞争而言，由于对内和对外两方面的竞争，形成进化之分化和统整两种形式。而个体之间的联合则是统整的主要方式。在统整的要求下，进化伦理不得不关注协作而不是冲突或竞争。生物个体之间"只有杂婚之调和"以"以互换其优良之性质"的联合方式，自有机界则有心理联合之雏形，人类之心理联合则是协作的主要途径，"甲之知能传于乙而与之共知，甲之情能感丁乙而与之同情，甲之意能达于乙而与之同意，生命虽各具，而心意则相通，于是各个体乃联合而构成社会"。②故此，人类社会进化不同之处，从内容来看，即"以人间之意识为中心，对于自然界为意识的统整"的心理进化。③心理联合意在减少人类社会内部之间的冲突以应对外在的竞争压力，提高竞争力。在整体生存的压力下，减少群体内部冲突的正当性由此得以建立起来。人类内部冲突源自心理有自利与利他两个互相反对之因素，自利者为自己之生存，利他者与他人共生存。因而，如何克制自利，减少冲突，达成群体之联合也随之获取其正当性。也正是在这种群体联合应对外部压力的视域中，伦理秩序构建的基点被确定为利他并克制利己。

在构筑利他的伦理秩序语境中，杜亚泉重新发现了传统儒家伦理思想之价值。在他那里，利己与利他之冲突被表述为理欲冲突：

大抵吾国普通思想，以理本于天，故称天理，欲起于人，故称人欲，

163

---

① 《精神救国论（续二）》，许纪霖、田建业：《杜亚泉文存》，上海：上海教育出版社 2003 年版，第 56 页。
② 《精神救国论（续二）》，许纪霖、田建业：《杜亚泉文存》，上海：上海教育出版社 2003 年版，第 53 页。
③ 《精神救国论（续二）》，许纪霖、田建业：《杜亚泉文存》，上海：上海教育出版社 2003 年版，第 51 页。

又以其为生物所共有，故称物欲；理为中正，欲为偏私，二者常相反对。吾人之性，本于天，合于理，故曰性善；情则为性之所表见，若性为人欲所蔽，则发而为情，即偏私而失其中止，亦与理为反对矣。①

可见，在杜亚泉看来，天理是善之根源，而情欲是恶之根源，以理制欲，是实现利他之重要路径。虽同属心理现象，但理欲冲突之实质在杜亚泉看来是身心冲突，即生理与心理之冲突：

予谓理者，存于宇宙间，吾人以知性推考而得之，以知率情，以情发意，此高尚之心理，纯乎心理作用者也。欲者，存于吾身，冲动吾意，以意率情，以情掣知，此卑劣之心理作用，根于生理作用而起者也。②

由上所述，两者冲突的解决方式，即"以知率情，以情发意"，说到底即以理克欲，以心理克生理，是为儒家之身心冲突解决模式。杜亚泉认为该模式对于现代社会解决利己与利他之冲突具有重要意义：

古圣贤之所谓克己无我，及宗教家之所谓解脱等，皆使心理作用超脱于生理作用以外，而不为生理作用所牵掣而已。故吾人之心，当超然离立于宇宙之间，如太阳之丽于天空，照察万有；而吾人之身，当使其为宇宙间忠勤之仆役，受心之命令，为世界作工。③

心理的这种主动性是儒家之身心冲突解决模式实现克己无我，达成利他的逻辑基础。由此，心理的这种主动性被推到秩序构建的最前沿，成为举足轻重的内在基础性因素。心理主动性源自何方？杜亚泉以人类"心意遂达"之进化目的作为其来源。他认为，从本质来看，人类社会进化具有不同目的，而作为心理因素之"心意遂达"是为人类社会进化之目的：

---

① 《精神救国论（续二）》，许纪霖、田建业：《杜亚泉文存》，上海：上海教育出版社 2003 年版，第 54 页。
② 《精神救国论（续二）》，许纪霖、田建业：《杜亚泉文存》，上海：上海教育出版社 2003 年版，第 54 页。
③ 《精神救国论（续二）》，许纪霖、田建业：《杜亚泉文存》，上海：上海教育出版社 2003 年版，第 54 页。

有机界进化之目的，为生命之繁孳，简其词则曰生存。盖生物体制及机能之进步，皆本于生存之利益也。若夫超有机界进化之目的，则为心意之遂达，……世人往往以吾人类之目的，亦在生存，与有机界之目的相同，实不免于谬误。①

以生物界进化之目的说明人类社会之现象，无异于"至使人类社会堕落于禽兽之域"②。心理进化的本质正是心意遂达之目的。所谓心意之遂达，"非恣纵其心意之谓"，"即使其心之能力，自由向上发展之谓，即孔子之所谓君子上达是也。又吾人之心力，常欲变化外围，使勿为吾人生理上及心理上之障碍"③。也就说，心意遂达主要为心理克服生理情欲之主动性。

他主张克己，反对纵欲，以建立利他的伦理秩序，并不意味着他一味回到中国古代伦理秩序。他也意识到西方社会欲望之正当性对于现代社会鼓励生产具有积极意义，而中国古代主张压制欲望导致社会进步缓慢的现象。④近代中国在救亡的压力下，追求富强成为主导的核心价值取向，而实现民族独立与国家富强的现代化发展则成为救亡的工具目标及价值标准。在这种背景下完全否定欲望也不太现实，因此他主张"是固不可不采奋斗的处世法以救济之"⑤。但是他主张须以不破坏传统儒家伦理之克己特质为前提。⑥

165

---

① 《精神救国论（续二）》，许纪霖、田建业：《杜亚泉文存》，上海：上海教育出版社 2003 年版，第 51 页。
② 《精神救国论（续二）》，许纪霖、田建业：《杜亚泉文存》，上海：上海教育出版社 2003 年版，第 51 页。
③ 《精神救国论（续二）》，许纪霖、田建业：《杜亚泉文存》，上海：上海教育出版社 2003 年版，第 56 页。
④ 《论社会变动之趋势与吾人处事之方针》，许纪霖、田建业：《杜亚泉文存》，上海：上海教育出版社 2003 年版，第 287 页。
⑤ 《论社会变动之趋势与吾人处事之方针》，许纪霖、田建业：《杜亚泉文存》，上海：上海教育出版社 2003 年版，第 287 页。
⑥ 《论社会变动之趋势与吾人处事之方针》，许纪霖、田建业：《杜亚泉文存》，上海：上海教育出版社 2003 年版，第 287 页。

杜亚泉对以进化论为基础的唯物哲学思想的反思和批判，尤其是进化论思想引入中国并主导近代中国后所导致问题的思考，实际上切中了近代中国融入世界所面对之核心问题，即如何面对西方物质主义下被放纵的利己之欲望。他试图对此进行反抗，改变唯物、唯心一头重一头轻的状况，转而倡导精神救国。①精神救国的核心在于构筑一种"道德"的、"人类"的伦理秩序，其核心价值在于利他之克己。也正是在构筑利他伦理秩序的视域中，杜亚泉重新发现了传统儒家道德思想在克服利己方面之价值。

二、自我异化的抗拒与儒家伦理

　　新文化运动以来，在自我批判的语境中，传统文化作为过去"自我"之识别标识成为攻击之靶的。但是作为保守派的杜亚泉对于传统文化和自我的关系却有不同理解，他以一种"接续主义"的时间观看待"自我"，认为"自我"是连续性存在。1918 年，他针对新文化派之文化观，提出要继承先民之统整思想。②

（一）接续主义与传统儒家伦理

　　杜亚泉接续主义思想由来已久。1914 年，他发表《接续主义》一文，系统阐述其接续主义思想。其接续主义概念源于德国学者佛郎都氏所著《国家生理学》。③杜亚泉认为，所谓接续指的是，"昨日所发之言，今日践之，昨日未竟之事，今日成之，此现在之我，对于过去之我，所当负

---

① 《精神救国论》，许纪霖、田建业：《杜亚泉文存》，上海：上海教育出版社 2003 年版，第 33 页。
② 《迷乱之现代人心》，许纪霖、田建业：《杜亚泉文存》，上海：上海教育出版社 2003 年版，第 363 页。
③ 《接续主义》，许纪霖、田建业：《杜亚泉文存》，上海：上海教育出版社 2003 年版，第 12 页。

之义务也"①。可见，杜亚泉所谓时间连续性体验指的是主体对于展开于时间中的行为之担当，也即责任意识，而不是时间自然流逝的连续性。正是主体之担当意识将散落于时间之河的行为串联起来，形成时间连续性。从担当意识角度来看，只有个人方可成为时间展开的主体，那么社会团体和组织是否具有时间连续性？杜亚泉认为"推而至于家庭，推而至于团体，亦皆赖此接续主义以存立，而国家政治之不可无接续主义，亦从可知矣"②。也即家庭、一切团体、国家都有其连续性。那么国家之接续主义指的是什么？他认为，国家之接续主义"盖接续云者，以旧业与新业相接续之谓"③。接续的主体是国民。这种观点在一定程度上受到佛郎都氏所著《国家生理学》的影响。佛郎都在《国家生理学》一书中，反复提出他的研究是"政治生理学"，或是"国家生理学"，也就是说，他将国家视为"自然的有机体"，如同动植物，如果体内的"液汁"循环不良，则国家必然衰弱。内部组织服从于全体的目的，正如动物体内器官服从于脑，国家命运的延续不仅要依赖国民道德的培养，更要强调法律与公权、宪法制度的制订。④

那么，国民如何接续国家呢？杜亚泉提出："今日之国民，既享用前代所留遗之文明，则开发文明，实所以继承先志。"⑤可见，国家的接续主义通过国民对前代之"先志"的认可、继承，并开发新文明而实现，所谓"享用"前代文明，实际上暗含着国民对过去历史的认可态度，而所谓"继承先志"以"开发新文明"，实则暗含担当历史发展后果的责任

① 《接续主义》，许纪霖、田建业：《杜亚泉文存》，上海：上海教育出版社 2003 年版，第 12-13 页。

② 《接续主义》，许纪霖、田建业：《杜亚泉文存》，上海：上海教育出版社 2003 年版，第 12-13 页。

③ 《接续主义》，许纪霖、田建业：《杜亚泉文存》，上海：上海教育出版社 2003 年版，第 12-13 页。

④ 刘纪惠：《心的治理与生理化伦理主体——以〈东方杂志〉杜亚泉的论述为例》，《中国文史研究集刊（台湾）》，第 29 期，2006 年 9 月，第 85-121 页。

⑤ 《接续主义》，许纪霖、田建业：《杜亚泉文存》，上海：上海教育出版社 2003 年版，第 12-13 页。

意识。正是这种国民对过去认可的态度和担当的责任意识使得过去、现在与未来三者连成一个时间序列，形成连续性时间体验。因此，他认为连接过去不是顽固，而是继承基础上之"开进"，否则"吾侪今日，犹是野蛮之国、狉獉之民耳"①。但开进必须保守，否则"有开进而无保守，使新旧间之接续，截然中断，则国家之基础，必为之动摇"。所谓动摇指的是，各人"意见纷呈"，相互之间互相否定，即使引进西方理论，其作用也"决不能折衷于一是，以理论辩护者，人即能以理论反驳之"②。可见，所谓动摇主要指的是固有之思想或习惯在新的思想冲击下被瓦解，因而个人意见纷呈，难以形成一致。对杜亚泉而言，面对民初各种西方思想的冲击，儒家伦理固有之基本价值取向遭到挑战而趋于瓦解，其接续似乎成为一个严重现实问题。面对问题，杜亚泉的思路就是保持传统文化之继续延续。他并不认为传统文化应该全盘继承，那么哪些内容应该继承呢？他认为"一国有一国之特性，则一国亦自有一国之文明"③。中国具有悠久的历史和丰富的文化沉淀。但在中国发生的历史和文化何以是"中国"的呢？也就是说标识中国历史之连续性者到底是什么？杜亚泉借用当时流行的"国性"概念予以表述。④国性是国家认同和维系的标识，它是文化变革时代保持历史连续性的逻辑起点。国性的内容主要指的是传统儒家伦理，尤其指的是儒家道德规范，如忠和孝。这些内容为"中国道德之大体，当然可以不变，不特今日不变，即再历千百年而亦可以不变"，所变者在于其小端，根据时代发展需要进行变化。⑤进言之，他认为："吾以为道德新旧，其差至微，而中国旧道德，与新者尤

① 《接续主义》，许纪霖、田建业：《杜亚泉文存》，上海：上海教育出版社 2003年版，第 12-13 页。
② 《接续主义》，许纪霖、田建业：《杜亚泉文存》，上海：上海教育出版社 2003年版，第 12-13 页。
③ 《现代文明之弱点》，许纪霖、田建业：《杜亚泉文存》，上海：上海教育出版社 2003 年版，第 271 页。
④ 他所谓的国性不是民族识别的标志，而是历史连续性的标识。这是他与文化民族主义的根本区别。
⑤ 《国民今后之道德》，许纪霖、田建业：《杜亚泉文存》，上海：上海教育出版社 2003 年版，第 291 页。

少抵牾。"^①他认为，儒家伦理有其体，有其用，"体不可变而用不能不变"，所谓"大体"即所谓"体"，所谓"小端"就是所谓"用"。^②具体而言，他认为所应变的内容主要为一些道德应用对象，如"改服从命令之习惯而为服从法律之习惯也"，"推家族之观念而为国家之观念也"，"移权利之竞争而为服务之竞争也"。^③可以说，按照杜亚泉的观点，儒家伦理作为国家之"国性"，应当保持不变，其内容主要指的是儒家伦理基本价值取向。而其具体适用对象则应根据需要进行调整，因而其伦理规范有所调整。以"国性"之不变，从而维系国民生活之延续，维持生活中伦理秩序之稳定，这可能就是杜亚泉所谓以接续维系国家不变之要义所在。

尽管与康有为等孔教势力在维系儒家伦理这一点上立场相近，但是杜亚泉并不认同其建立国教的尝试：

若设为国教，则必有其形式上之约束，而失因时救济之妙用；且他人方离宗教之羁缚，而进于理想之自由，吾乃从理想之自由，而趋于宗教之羁缚，闭遏知识，阻碍进步，莫甚于此。殊未见其可也。^④

两者区别在于，杜亚泉主张保守儒家伦理，但并不主张将其僵化、固化，而强调根据时代需要进行调整。在他看来，孔教会之国教主张违背精神自由之要义，得不偿失。这种自由主义的立场，是与孔教会诸君之大不同所在。

总之，基于国性重要性之认识，杜亚泉认为一切文明之输入当以与国性之关系为衡量。国性是历史的继承与延续之基础：

169

---

① 《国民今后之道德》，许纪霖、田建业：《杜亚泉文存》，上海：上海教育出版社 2003 年版，第 292 页。
② 《国民今后之道德》，许纪霖、田建业：《杜亚泉文存》，上海：上海教育出版社 2003 年版，第 292 页。
③ 《国民今后之道德》，许纪霖、田建业：《杜亚泉文存》，上海：上海教育出版社 2003 年版，第 294 页。
④ 《国民今后之道德》，许纪霖、田建业：《杜亚泉文存》，上海：上海教育出版社 2003 年版，第 292 页。

而吾社会输入之文明，则与旧时之国性，居于冲突之地位，绝不融合，乃欲持此摹仿袭取而来，无国性以系乎其后者，以与世界相见，是犹披假贷之冠服，以傲其所借之物主，其不贻笑者几何？不徒贻笑已也，恐将被引而与之同化，此亦当预为顾虑者也。①

在杜亚泉看来，所传入之西方思想与中国固有之国性无法融合，因而形成冲突，不但无以建设社会秩序，反而导致社会混乱：

故吾国现象，非无文明之为患，乃不能适用文明之为患；亦非输入新文明之为患，乃不能调和旧文明之为患。则夫所以适用之，调和之，去其畛畦，祛其扞格，以陶铸自有之文明，谓非今日之要务耶？②

总体而言，在杜亚泉看来，无论中国怎么样发展，其根基在于固有之儒家伦理，这是维系国家接续之要义。换句话说，这是维持国民同一性认同之基本要素。杜亚泉所谓国性与国粹派以国学为民族认同符号不同，以儒家伦理作为国性之内容，实际上，将国人之日常生活秩序之同一性作为国民认同之基本依据。也就是说，中国人之所以作为中国人而存在，不在于什么象征性符号，而在于是否过着与祖宗相似的伦理生活。

（二）中西文明与传统儒家伦理

1914 年爆发的第一次世界大战对中国知识分子产生了强烈的震撼作用。1916 年，正如杜亚泉所言，"自欧战发生以来，西洋诸国，日以其科学所发明之利器，戕杀其同类，悲惨剧烈之状态，不但为吾国历史之所无，亦且为世界从来所未有"③。

---

① 《国民今后之道德》，许纪霖、田建业：《杜亚泉文存》，上海：上海教育出版社 2003 年版，第 271 页。
② 《国民今后之道德》，许纪霖、田建业：《杜亚泉文存》，上海：上海教育出版社 2003 年版，第 275 页。
③ 《静的文明与动的文明》，许纪霖、田建业：《杜亚泉文存》，上海：上海教育出版社 2003 年版，第 338 页。

通过观察这次战争，他发现，欧洲人利用其先进技术进行杀戮，大大增加了战争的残酷性，从而动摇了其道德上之优越性，"吾人对于向所羡慕之西洋文明，已不胜其怀疑之意见"[①]。即他试图以欧战之悲惨剧烈情形解构国人心中西方文化之完美图景，以消解国人对于西方文化之崇拜心理，"则吾人今后，不可不变其盲从之态度，而一审文明真价之所在"[②]。这一点在1917年发表的《战后东西文明之调和》一文中说得更加清楚：

此次大战，使西洋文明，露显著之破绽，此非吾人偏见之言，凡研究现代文明者，殆无不有如是之感想。盖文明之价值，不能不就其影响于人类生活者评定之。西洋人对于东洋文明之批评，亦常以东洋文明发源地之中国日即于贫弱，为东洋文明劣点之标准。此不特西洋人之眼光如是，即在吾国人，亦不免自疑其固有之文明，而生崇拜西洋文明之倾向。[③]

那么，东西文化到底什么关系？杜亚泉认为，"西洋文明与吾国固有之文明，乃性质之异，而非程度之差"[④]。所谓程度之差，即陈独秀、胡适等新文化派所倡导之西方线性时间观观照下中西文化的时间序列关系。在这种关系中，中国文化与西方文化置于时间坐标之古代与近世前后两个时间段，形成一种异时性的共时性存在。由于存在时间的"非法"性，中国传统文化之存在合理性被瓦解。这种线性时间观对传统文化之存在形成一种巨大的现实干预力量。要抵御此类时间观之干预，其根本办法在重新论证中西文化存在的共时性关系，而非异时性。杜亚泉的理路就是认定中西文化是性质不同的两种类型，而非程度之差。他认为，"文明者，社会之生产物也。社会之发生文明，犹土地之发生草木，其草

171

---

① 《静的文明与动的文明》，许纪霖、田建业：《杜亚泉文存》，上海：上海教育出版社2003年版，第338页。
② 《静的文明与动的文明》，许纪霖、田建业：《杜亚泉文存》，上海：上海教育出版社2003年版，第338页。
③ 《静的文明与动的文明》，许纪霖、田建业：《杜亚泉文存》，上海：上海教育出版社2003年版，第345页。
④ 《静的文明与动的文明》，许纪霖、田建业：《杜亚泉文存》，上海：上海教育出版社2003年版，第338页。

木之种类，常随土地之性质而别"^①。也即文明是社会的构成物。就中西文明而言，杜亚泉认为文明之构成取决于两方面条件之不同：

其一，社会的主体——民族彼此间生存关系不同。西洋社会由多数异民族混合而成，民族之间对抗竞争，这是形成西洋竞争性文明的重要因素。而中国社会"虽非纯一，满、蒙、回、藏及苗族，与汉族之言语风俗，亦不相同"，"但综揽大局，仍为一姓一家兴亡之战，不能视为民族之争"。^②说到底，中国内部之战争是在认同中华文化之前提下的改朝换代之争，这与欧洲民族之争有很大不同。

其二，是空间生存条件之不同。西洋社会发达于地中海岸之河口及半岛间，交通便利，宜于商业，贸迁远服，操奇计赢，竞争自烈。而中国社会发达于大陆内地之黄河沿岸，土地沃衍，宜于农业，人各自给，安于里井，竞争较少。^③存在状态不同，导致对于生活之观念截然差异：西方社会重视竞争，中国社会重视相互和谐。^④按照杜亚泉的观点，由生活观念之不同，形成中西文明之差异：西洋注重人为，中国注重自然；西洋生活为向外的，社会内之个人皆向自己以外求生活，常对于他人，为不绝的活动，而中国人之生活为向内的，社会内之个人皆向自己求生活，常对于自己，求其勤俭克己，安心守分；西洋由于共同竞争，较之单独竞争，易获胜利，产生种种之团体，若地方、若阶级、若国家、若民族，而中国社会内，无所谓团体，无国家、民族概念，中国除自然的个人以外，别无假定的人格，故一切以个人为中心，而家族，而亲友，而乡党，而国家，而人类，而庶物，皆由近及远，由亲及疏，以为之差

① 《静的文明与动的文明》，许纪霖、田建业：《杜亚泉文存》，上海：上海教育出版社 2003 年版，第 338 页。
② 《静的文明与动的文明》，许纪霖、田建业：《杜亚泉文存》，上海：上海教育出版社 2003 年版，第 338-339 页。
③ 《静的文明与动的文明》，许纪霖、田建业：《杜亚泉文存》，上海：上海教育出版社 2003 年版，第 338-339 页。
④ 《静的文明与动的文明》，许纪霖、田建业：《杜亚泉文存》，上海：上海教育出版社 2003 年版，第 338-339 页。

等，无相冲突等。①中西文明各自道德有不同特点：西洋社会重竞争，因而视胜利为最重，而道德次之；"且其道德之作用，在巩固团体内之各分子，以对抗他团体，仍持为竞争之具，因而重公德"。而中国社会"则往往视胜利为道德之障碍，故道德上不但不崇拜胜利，而且有蔑视胜利之倾向，道德之作用，在于消灭竞争，而以与世无争，与物无竞，为道德之最高尚者"，因而其道德重在"拘束身心，清心寡欲"。②可见，在杜亚泉看来，西方道德的作用在于巩固团体内之各分子，以对抗他团体，因而重公德；并将公德和私德分开，其公德重团体，重视团体之竞争，而其私德则重自由，以个体之权利为核心。中国道德的作用在于消灭竞争，注重个体之内省，对于个体之权利并不赞同。西方道德的优点在于"其力行之精神，慈善团体之发达，协同事业之进步"，但其缺点在于"重力行而蔑视理性"，"与吾人之讲理性而不能力行者，又适成反对之现象"。③杜亚泉认为，自十九世纪以来，西方由于"物质主义大炽"，尤其在达尔文之生存竞争说和叔本华之意志论影响下，强权主义、帝国主义、军国主义思想大兴，形成"权力本位、意志本位"的道德观念，导致道德判断"在力不在理"，人类罪恶之魁"不归咎于强国之凭陵，而诿罪于弱国之存在"。④在杜亚泉看来，西方道德问题在于抛弃固有之希伯来宗教思想和古希腊思想，物质主义和强权思想盛行，从而导致弱国之备受侵凌。⑤总体而言，在杜亚泉看来，西方道德之优点和缺点都涉

---

① 《静的文明与动的文明》，许纪霖、田建业：《杜亚泉文存》，上海：上海教育出版社 2003 年版，第 340 页。
② 《静的文明与动的文明》，许纪霖、田建业：《杜亚泉文存》，上海：上海教育出版社 2003 年版，第 340 页。
③ 《战后东西文明之调和》，许纪霖、田建业：《杜亚泉文存》，上海：上海教育出版社 2003 年版，第 346 页。
④ 《战后东西文明之调和》，许纪霖、田建业：《杜亚泉文存》，上海：上海教育出版社 2003 年版，第 346 页。
⑤ 《战后东西文明之调和》，许纪霖、田建业：《杜亚泉文存》，上海：上海教育出版社 2003 年版，第 346 页。

及他所谓之公德，而非注重个体自由之私德。他认为第一次世界大战后，希伯来宗教伦理思想和希腊思想对于克制西方道德之弊端具有现实意义，因而会受到更多重视，两者结合，以形成新时代之道德：

> 盖希伯来思想，崇灵魂，敬上帝，务克己，持博爱主义；希腊思想，重现实，喜自然，尚智术，持爱国主义；其互相冲突之点，大率在是。……故今后当为希伯来思想复兴时代，与历史上文艺复兴时代，遥遥相对。……新时代之希伯来思想，必与希腊思想调和，而带现实的色彩，于敬天畏命之中，求穷理尽性之实，合神与人为一致，即含肉与灵为一致。[1]

从内容看，西方新时代道德既注重基于宗教的希伯来思想，也注重希腊的理性精神，克己、敬畏上帝等。这些道德思想在很大程度上是对西方个人主义、物质主义思想的反动，与中国儒家伦理有相近之处，因此，他提出："故西洋之道德，于希伯来思想与希腊思想调和以后，与吾东洋社会之道德思想，必大有接近之观，此吾人所拭目而俟者也。"[2]

可以说，在反思西方道德存在问题基础上[3]，杜亚泉重新发现了传统儒家道德与西方道德新发展趋势之间的某种契合性，并且，他认为这预示着中国固有之传统文明与西方未来文明发展新方向的同一性。随着

---

[1] 《战后东西文明之调和》，许纪霖、田建业：《杜亚泉文存》，上海：上海教育出版社 2003 年版，第 349 页。

[2] 《战后东西文明之调和》，许纪霖、田建业：《杜亚泉文存》，上海：上海教育出版社 2003 年版，第 349 页。

[3] 中西方文化未来发展的这种契合关系在 20 世纪 90 年代新儒学的发展中再一次被讨论，新儒家代表人物杜维明认为"以西方理性主义为代表的现代文明，一方面为人类拓展了很多价值领域；另一方面也把人类带到毁灭的边缘"，即产生了一系列现代性问题，并以西方、东亚的日本等工业发展过程为例予以阐述。如工具理性引导了科学发展，但是"它基本上是狭隘的、短视的；不仅有把人类的各种价值摧毁的霸气，同时也有把人类带到毁灭的边缘的鲁莽"。(参见杜维明：《现代精神与儒家传统》，生活·读书·新知三联书店 1997 年版，第 430-444 页。)人类碰到了危机和困境，正是儒学发展的契机。从这个意义上，可以说 20 世纪 90 年代新儒家延续了当前杜亚泉思考东西文化的基本理路。

西方思想对中国介入的日益深入，以利己、欲望和强权思想为核心的西方伦理思想已经暴露出种种困境，且一些问题在中国也已经显现。他深信，传统儒家道德以心理统整物质，在对抗日益介入中国的物质主义，以解决身心二元分离之困扰方面具有重要的意义。因此，他认为，未来中国之文明，在于"统整吾固有之文明，其本有系统者则明了之，其间有错出者则修整之"①。对于西方文明，应当"以吾固有文明为绳索"，将"西洋之断片的文明，如满地散钱"，"一以贯之"，"至于今日，两社会之交通，日益繁盛，两文明互相接近，故抱合调和，为势所必至"。②甚至"吾国固有之文明，正足以救西洋文明之弊，济西洋文明之穷者"③。

对中西道德各自问题的分析，其必然逻辑结果就是东西都需要寻找一种新的道德思想。从时间上来说，杜亚泉无异宣布东西道德思想都不仅仅是共时性存在，且都是一种过去式，东西道德思想作为整体，其存在时间的"当代性"都被瓦解，彼此都无法成为对方之发展必然趋势。"当代性"的瓦解，其实质用意自然在于消解新文化派以西方文化作为中国文化发展之预设目的的合法性，另一方面，让未来的时间场域面向东西方文化同步敞开，为中国文化在未来的时间序列中获取合法位置奠定逻辑基础。

在杜亚泉伦理思想的意义被重新发现的今天，如何去理解和梳理其中所蕴含的思想财富确实是一个值得深入研究的问题。他并没有就儒家伦理提出过系统观点，但是他的精神救国论及接续主义思想对推动民国时期传统儒家道德合法性重建具有重要的积极意义。传统儒家道德合法性重建一方面源自杜亚泉关于现代社会伦理秩序构建问题的答案，即在

---

① 《战后东西文明之调和》，许纪霖、田建业：《杜亚泉文存》，上海：上海教育出版社 2003 年版，第 349 页。
② 《静的文明与动的文明》，许纪霖、田建业：《杜亚泉文存》，上海：上海教育出版社 2003 年版，第 343 页。
③ 《静的文明与动的文明》，许纪霖、田建业：《杜亚泉文存》，上海：上海教育出版社 2003 年版，第 338 页。

民初现代化或者说西化"介入"中国社会的情况下，社会伦理秩序何以构筑？也就是说，他寻求的是近代中国秩序构建的基本规范，实际上涉及现代化的伦理，即关于什么是正当的现代化，以及现代社会什么是正当的伦理等基本理论问题。他认为现代化介入不可避免，但应该寻求一种"道德"的，而不是"非道德"的，更不是"不道德"的现代化；寻求一种"人类"的，而不是"非人类"的现代化。这是他对于未来中国社会发展的基本思考。从这个意义上说，杜亚泉是反思性现代化或者说西化思想的最早提倡者之一。与新文化派不同，他看到的现代化并非海市蜃楼，不是美好的理想，而是有缺陷的。他也看到了西方对于现代化缺陷的种种补救。在这种反思性视域中，传统儒家道德之克己模式能用于解决物质主义泛滥之下利己和欲望膨胀导致的伦理困境，因而其存在价值被重新发现。

第三节　陈独秀对儒家礼教秩序的批判

为什么要对儒家礼教进行批判？新文化派代表人物陈独秀在《吾人最后之觉悟》一文中提出："然自今以往，共和国体果能巩固无虞乎？立宪政治果能施行无阻乎？以予观之，此等政治根本解决问题，犹待吾人最后之觉悟。"①政治问题的根本解决还在于国人最后之觉悟。就其内容，他进一步说道："伦理的觉悟，为吾人最后觉悟之最后觉悟。"②为什么这样说？在陈独秀看来，立宪政治、国民政治能否实现之"唯一根本之条件"在于国民对于政治之主动地位，"倘立宪政治之主动地位属于政府而不属于人民，不独宪法乃一纸空文"，且人民并不会拥护自由权利，由

① 陈独秀：《吾人最后之觉悟》，《独秀文存》，合肥：安徽人民出版社1987年版，第39页。

② 陈独秀：《吾人最后之觉悟》，《独秀文存》，合肥：安徽人民出版社1987年版，第41页。

此，"立宪政治之精神已完全丧失矣"。①

也就是说，在陈独秀看来，立宪政体的实现以民众对于政治之主动地位为前提。儒家伦理思想，重在"别尊卑，重阶级，主张人治，反对民权"，实为"制造专制帝王之根本恶因"。②他认为，民初立宪政治的失败就在于民众寄希望于"善良政府，贤人政治"，而不去努力争取。究其根本原因，在于儒家礼教之阻碍。他提出，"三纲之根本义，阶级制度是也"，"所谓名教，所谓礼教，皆以拥护此别尊卑明贵贱制度者也"；而近世"西洋之道德政治，乃以自由平等独立之说为大原，与阶级制度极端相反"，因此，其结论是"共和立宪制，以独立平等自由为原则，与纲常阶级制为绝对不可相容之物，存其一必废其一"。③

根据陈独秀的观点，儒家礼教是阶级制度，与自由、平等思想极端相反，两者只能二选一。可以说，陈独秀批判儒家礼教的思想基础是二元对立范式。立宪政治以独立、平等和自由为原则，要实行立宪政治，就需要对儒家礼教进行彻底革命。在陈独秀等新文化派的倡导下，以《新青年》为阵地，一场针对儒家礼教的文化批判运动开始兴起。

一、二元对立范式与儒家礼教合法性之消解

新文化派批判传统儒家礼教的理论依据在于西方思想。其批判的思路就在于，按照西方思想的要求，对照传统儒家礼教思想，甄别种种问题。1915 年，陈独秀在《新青年》发表《敬告青年》，提出"自主的而非奴隶的""进步的而非保守的""进取的而非退隐的""世界的而非锁国

---

① 陈独秀：《吾人最后之觉悟》，《独秀文存》，合肥：安徽人民出版社 1987 年版，第 40 页。
② 陈独秀：《袁世凯复活》，《独秀文存》，合肥：安徽人民出版社 1987 年版，第 88 页。
③ 陈独秀：《吾人最后之觉悟》，《独秀文存》，合肥：安徽人民出版社 1987 年版，第 40-41 页。

的""实利的而非虚文的""科学的而非想象的"六对二元对立概念。这种二元对立框架中,"自主的而非奴隶的""进步的而非保守的""科学的而非想象的"三对概念对传统儒家礼教攻击尤为得力。在"自主的而非奴隶的"的阐述中,他开篇即提出,"等一人也,各有自主之权,绝无奴隶他人之权利,亦绝无以奴自处之义务",而所谓奴隶即"古之昏弱对于强暴之横夺,而失其自由权利者之称也"。①

人各有自主之权,这种观念对于当时的社会当然具有重要的积极意义。但问题在于陈独秀预设自由、平等观念为普世真理,并将之绝对化,将自由、平等观念与一切"非自由""非平等"而不一定是不自由、不平等的现象及观念对立起来,形成非此即彼的排斥关系,认为"不以自身为本位,则个人独立平等之人格,消灭无存","忠孝节义,奴隶之道德也;轻刑薄赋,奴隶之幸福也"等。②在这种对立关系格局中,儒家礼教之基本伦常规范的生存意义被彻底否定。

在《东西民族根本思想之差异》中,陈独秀进一步对儒家礼教背后之宗法制度进行批判。他提出,西洋社会以个人为本位,中国社会以家族为本位。他认为,西方社会以个人主义为依归,因而为文明社会。而中国古代社会为宗法社会,以家族为本位,个人无权利,一家之人须听命家长,因而其道德重"忠孝"。按照西方文明社会的标准,中国为"半开化"之民族,其传统宗法制度有四大恶果:

一曰损坏个人独立自尊之人格;一曰窒碍个人意思之自由;一曰剥夺个人法律上平等之权利(如尊长卑幼同罪异罚之类);一曰养成依赖性,戕贼个人之生产力。东洋民族社会中种种卑劣不法残酷衰微之象,皆以此四者为之因。③

---

① 陈独秀:《敬告青年》,《独秀文存》,合肥:安徽人民出版社 1987 年版,第 4 页。
② 陈独秀:《敬告青年》,《独秀文存》,合肥:安徽人民出版社 1987 年版,第 4 页。
③ 陈独秀:《东西民族根本思想之差异》,《独秀文存》,合肥:安徽人民出版社 1987 年版,第 28 页。

陈独秀所谓恶果，都是以西方个人主义思想为参照，将儒家伦理不符合个人主义之内容视为罪恶。之所以将个人主义思想视为社会基本伦理价值，在于"现代生活以经济为之命脉，而个人独立主义，乃为经济学生产之大则，其影响遂及于伦理学"①。

也就是说，现代生活中，由于个人之独立为社会经济之基础，因此个人主义思想相应为伦理学之基本价值原则。由此，他认为儒家礼教不符合个人主义价值原则，因而不符合现代社会需要。可见，陈独秀对儒家伦理之批判，完全以西方自由主义、个人主义思想为依归，以对传统儒家礼教进行根本性否定为基本理论前提，根本上看不到儒家伦理任何合理性内容。因而其结论就是"欲转善因，是在以个人本位主义易家族本位主义"②。

进步/保守是另一对二元对立概念。陈独秀将"进步"预设为世界发展之普世规律，尤其将西方社会作为进步之参照物，以此批判中国传统社会，批判儒家礼教，认为"固有之伦理、法律、学术、礼俗，无一非封建制度之遗，持较皙种之所为，以并世之人，而思想差迟，几及千载"③。也就说，在时间发展序列上，中国传统之一切虽然与西方处于同一时空，即所谓"并世之人"，但在程度上却"思想差迟，几及千载"，这就形成同一时空的历时格局。这一点，尤见诸 1915 年 9 月的《法兰西人与近世文明》一文。陈独秀提出，代表东洋文明的印度文明和中国文明"其质量举未能脱古代文明之窠臼"，因而"名为'近世'，其实犹古之遗也"，"可称曰'近世文明'者，乃欧罗巴人之所独有，即西洋文明也"。④可

① 陈独秀：《孔子之道与现代生活》，《独秀文存》，合肥：安徽人民出版社 1987 年版，第 78 页。
② 陈独秀：《东西民族根本思想之差异》，《独秀文存》，合肥：安徽人民出版社 1987 年版，第 28 页。
③ 陈独秀：《敬告青年》，《独秀文存》，合肥：安徽人民出版社 1987 年版，第 5 页。
④ 陈独秀：《法兰西人与近世文明》，《独秀文存》，合肥：安徽人民出版社 1987 年版，第 39 页。

见，无论东西方文明，都被纳入进化的线性时间序列中，不同之处在于，东方文化与西方文化各自置于时间坐标之古代与近世两端。中西两种文化类型的不同被标识为时间序列上前后两个时间段的不同。由此，中西文化内容之不同，被认为是发展阶段的不同。他还认为，"进步"是时间不可逆转之趋势。任何一种学说与思想，"其欲独尊一说，以为空间上人人必由之道，时间上万代不易之宗，此于理论上决为必不可能之妄想，而事实上惟于较长期间不进化之社会见之耳"①。他认为，儒家伦理同样不可避免处于进化的时间序列中，"宇宙间精神物质，无时不在变迁即进化之途。道德彝伦，又焉能外？"②

实际上，他以进化论线性史观为依据，将西方时间序列普世化，在自身纳入西方的时空结构中重新定位儒家礼教之时间坐标，并在进化与保守、古代与近世等概念背后的二元对立范式中消解了儒家礼教之存在合法性。新文化派以西方为坐标系，将中西文化之区别置于该坐标系中予以考量和批判。因此，批判的实质意图在于自我的西方化，也即确立与西方的同一性。

陈独秀进步/保守这一对概念实际上以中国/西方关系为参照，以之重构中西文化关系，将中国与西方文化的空间关系转化为传统与现代的时间先后关系。中西文化的这种历时性关系，胡适阐述得更加清楚一些。他认为，西方文化先走一步："我们只可以说欧洲民族在这三百年中，受了环境的逼迫，赶上了几步，在征服环境的方面的成绩比较其余各民族确是大的多多。"③就中国文化而言，晚一步也可以达到西方文化所达成

---

① 陈独秀：《孔子之道与现代生活》，《独秀文存》，合肥：安徽人民出版社 1987年版，第 81 页。
② 陈独秀：《孔子之道与现代生活》，《独秀文存》，合肥：安徽人民出版社 1987年版，第 81 页。
③ 胡适：《读梁漱溟先生的〈东西文化及其哲学〉》，《胡适论争集》，北京：中国社会科学出版社 1998 年版，第 1171 页。

之的目的，"将来中国和印度的科学化与民治化，是无可疑的"①。可见，在中西文化的历时性关系序列中，中国文化被视为过去式，是要抛弃的对象；西方文化是现在式和将来式，是先进文化，是中国未来发展的榜样。这种转换实质上是对中西文化关系的认知重构，意义不仅仅在于对中西之间现实力量变化的揭示，更重要的在于通过对中国传统文化之话语权的否定而建立学习西方文化的合法性，为中国走向现代化追赶之路扫清思想障碍。两种文化虽然在时间序列上可以两种时间段视之，但在现实社会中，东西两类文化在同一时空并存。这种同时性的历时性被"新"与"旧"两个对立概念所标识。新旧两个概念的理论意义就在于为现实中自我之批判提供一个基本思维范式，即将自我批判纳入一种时间关系中考量，以时间序列上的新的自我批判旧的自我，以青年批判老年。

在新文化派二元对立思维框架中，中西二元对立概念范式将中西文化的时间关系转化为价值关系。以儒家礼教为主体的传统文化由于被钉上古代的时间之钟，时间序列上的过去/近世先后顺序被转换为价值序列上的先后位置，其进入近世的时间之门被关闭，传统文化进入现实社会建立关联的正当性被剥夺。新文化派之中西对立关系实质在于为国内新旧二元对立进行合法性论证。他们将自己塑造为西方文化在中国的传播者，为启蒙者，是西方文化在中国的代言人，是为"新"。而传统文化及其支持者则为"旧"。由此，以时间先后关系所构建之世界历史与图景的想象成为批判现实世界的价值依据，"新"具有无上之合法性，而一切涉及过去的举措被视为"复古"，是历史的倒退，因而不具备行动的合法性。

除思想上瓦解传统文化之合法性，新文化派还试图以激烈反传统为思想标识，以新旧二元对立概念范式重构社会关系，将儒家伦理之支持

---

① 胡适：《读梁漱溟先生的〈东西文化及其哲学〉》，《胡适论争集》，北京：中国社会科学出版社 1998 年版，第 1171 页。

者甚至同情者标识为旧派，瓦解其话语权。陈独秀于 1916 年 12 月发表文章《袁世凯复活》，将袁世凯认定为官僚、学究、方士三种旧社会之代表，提出"肉体之袁世凯已死，而精神之袁世凯固犹活泼泼地生存于吾国也"，他们仍试图祭天尊孔以愚民，仍主张复古，提倡礼教国粹。①

他认为官僚、学究、方士三种人种种行为与袁世凯类同。由于是社会一切罪恶之根源，这三种人不除，复辟帝制的"袁世凯"还会不断制造出来。因此，他将儒家礼教思想与官僚、学究、方士三类人画等号，并指出，他们是废共和的主体力量，其背后的儒家礼教思想是复辟帝制的思想根源：

> 呜呼！欧洲自力抗自由新思潮之梅特涅失败以来，文明进化，一日千里。吾人狂奔追之，犹恐不及。乃袁世凯以特别国情之说，阻之五年，不使前进，国人不惜流血以除此障碍矣。不图袁世凯二世，又以国粹礼教之说，阻吾前进，且强曳之逆向后行。国人将何以处之？法律上之平等人权，伦理上之独立人格，学术上之破除迷信、思想自由：此三者为欧美文明进化之根本原因，而皆为尊重国粹国情之袁世凯一世二世所不许。长此暗黑，其何以求适二十世纪之生存？②

通过转接，陈独秀将人们对废共和之痛恨，转化为对儒家礼教思想之攻击，因而其结论是"吾国思想界不将此根本恶因铲除净尽，则有因必有果，无数废共和复帝制之袁世凯，当然接踵应运而生，毫不足怪"③。

康有为等尊孔势力是儒家礼教背后之重要支持力量。1917 年 8 月，在张勋复辟失败后，陈独秀发表《复辟和尊孔》一文，认为康、张虽败，但是这些人实施复辟之思想根基仍在，"尊孔论依旧盛行于国中也"，其

---

① 陈独秀：《袁世凯复活》，《独秀文存》，合肥：安徽人民出版社 1987 年版，第 88 页。

② 陈独秀：《袁世凯复活》，《独秀文存》，合肥：安徽人民出版社 1987 年版，第 88 页。

③ 陈独秀：《袁世凯复活》，《独秀文存》，合肥：安徽人民出版社 1987 年版，第 88 页。

结论是"故其提倡孔教必掊共和","亦犹愚之信仰共和必排孔教"。①

陈独秀认为康有为、张勋是复辟帝制的代表人物，其思想基础即所谓孔教，也即儒家思想。他认为，张、康虽败，但孔教会、尊孔会等"复辟党"尚遍于国中。②因此，批判儒家礼教就需要对尊孔思想进行挞伐。与陈独秀相呼应，胡适也说道：

何以那种种吃人的礼教制度都不挂别的招牌，偏爱挂孔老先生的招牌呢？正因为二千年吃人的礼教法制都挂着孔丘的招牌，故这块孔丘的招牌——无论是老店，是冒牌——不能不拿下来，捶碎，烧去！③

这实际上是将孔教论或尊孔思想视为复辟的思想根基，一方面借助于人们反对复辟之心理瓦解对孔教之信仰，另一方面以尊孔思想为所谓复辟党之身份识别，重构社会关系，将尊孔思想之支持者与同情者转化为复辟党，从而将人们对复辟之反对转移至对尊孔思想支持者与同情者之反对，瓦解尊孔者之话语权，以对孔教之支持者与同情者进行政治上的清算，清除儒家礼教之社会支持势力。

可见，这些二元对立范式对中国传统文化与现实社会之关系予以重构，传统文化被视为现代化之阻碍因素，反动势力之思想根源，从而成为被批判之对象。而国家与民族的未来新生，唯有进行文化批判，以扫清现代化发展的障碍。当然，在近代中国思想领域，并非由上述二元对立范式一统天下，但在民族危亡的压力下，上述话语一直占据主导地位，正如 1922 年梅光迪所言："吾国近年以来，崇拜欧化，智识精神上，已惟欧西之马首是瞻，甘处于被征服地位。欧化之威权魔力，深印入国人

---

① 陈独秀：《尊孔与复辟》，《独秀文存》，合肥：安徽人民出版社 1987 年版，第 112 页。
② 陈独秀：《尊孔与复辟》，《独秀文存》，合肥：安徽人民出版社 1987 年版，第 112 页。
③ 胡适：《〈吴虞文录〉序》，《胡适论争集》，北京：中国社会科学出版社 1998 年版，第 431 页。

脑中，故凡为西洋货，不论其良窳，即可畅销。"①其结果是在进行传统文化批判的过程中，极大削弱了其地位，特别是随着儒家伦理意识形态制度设施的瓦解，其生存状况也受到很大冲击，以至于被认为"博物馆化"了。当然，这并不意味着传统文化已经消亡，事实上以儒家伦理为主体内容的传统文化仍然顽强地以知识形态或价值形态存在着并在生活领域中发挥着一定作用。只是其存在合理性在上述二元对立的话语中被有意无意中遮蔽了。

二、中西文化论争背后的儒家礼教之争

陈独秀与杜亚泉之间有关中西文化之争论自 20 世纪 90 年代以来，一改过去备受冷落之局面，而颇为学界所关注。较早的有王元化先生，他在 1993 年发表长文《杜亚泉与东西文化问题论战》，开始重新思考这场思想文化论战。他认为，"这场论战就其在文化史上的意义来说，是远远驾凌于以后发生的科玄论战、民族形式问题论战等之上的"，其结论是"现在是应该对他作心平气和的再认识再估价的时候了"。②

之后，重评这场文化论战的文章陆续出现，如 1994 年高力克的《重评杜亚泉与陈独秀的东西文化论战》提出，陈独秀和杜亚泉有关中西文化的思想分别代表现代性启蒙的两种路径，一种切中中国文化现代化之"变革"，另一种切中中国文化现代化之"认同"。③文章对陈独秀激进的进化论文化范式及其后果进行了反思，认为他虽把握了世界现代化的历史趋势，提出了借鉴西方现代文化和变革中国传统文化的历史课题，但由于强烈的现代化功利激情及西方中心主义倾向，这种文化观所主导的

---

① 梅光迪：《评今人提倡学术之方法》，《学衡》，1922 年第 2 期。
② 王元化：《杜亚泉与东西文化问题论战（代序）》，《杜亚泉文存》，上海：上海教育出版社 2003 年版，第 3 页。
③ 高力克：《重评杜亚泉与陈独秀的东西文化论战》，《近代史研究》，1994 年第 4 期，第 144-163 页。

新文化运动认定中西文化为现代文明与古代文明,并开展了对传统文化,尤其是孔教之激烈批判,深化了中国文化的认同危机。高力克认为应该改变过去在 20 世纪中国的革命进程中,杜亚泉及其所代表的东方文化派一直居于被历史遗忘的边缘地位的状况,并对杜亚泉的文化思想给予高度肯定,认为那是启蒙时代留下的一笔未被发掘的思想遗产。①

新文化运动兴起以后,各种西方思想纷纷进入中国,你方唱罢我登场,其后果是进一步引发了思想混乱。在这种背景下,1918 年 4 月,杜亚泉以伧父为名在《东方杂志》发表《迷乱之现代人心》,该文针对思想界各种主义纷争带来人心混乱之现象,提出定"国是"观点。②杜亚泉认为,当时思想界之混乱状况实为"国是"之丧失。所谓"国是",杜亚泉的看法是:

吾人在西洋学说尚未输入之时,读圣贤之书,审事物之理,出而论世,则君道若何,臣节若何,仁暴贤奸,了如指掌;退而修己,则所以处伦常者如何,所以励品学者如何,亦若有规矩之可循。虽论事者有经常权变之殊,讲学者有门户异同之辨,而关于名教纲常诸大端,则吾人以为是者,国人亦皆以为是,虽有智者不能以为非也,虽有强者不敢以为非也。③

可见,"国是"的内容主要即儒家礼教纲常。它之所以被视为"国是",在于它为国人所广泛认可,且为政治、社会秩序提供基本遵循,是社会秩序之基本依据。可以说,"国是"是社会能维系稳定之根基。面对西方各类思想之传布,这种根基遭到严重打击,趋于瓦解,形成思想界之混乱,社会政治秩序之窳败。

---

① 高力克:《重评杜亚泉与陈独秀的东西文化论战》,《近代史研究》,1994 年第 4 期,第 144-163 页。
②《迷乱之现代人心》,许纪霖、田建业:《杜亚泉文存》,上海:上海教育出版社 2003 年版,第 362 页。
③《迷乱之现代人心》,许纪霖、田建业:《杜亚泉文存》,上海:上海教育出版社 2003 年版,第 362 页。

"国是"是否可以变更？杜亚泉认为其形成"乃经无数先民之经营缔造而成，此实先民精神之产物，为我国文化之结晶体"，其意义在于，"吾国所以致同文同伦之盛，而为东洋文明之中心者，盖由于此"[①]。反过来，如果弃"国是"而盲从西洋输入之各种思想，其后果是"精神界之破产"[②]。可见，杜亚泉认为，儒家礼教伦常在中国几千年的发展历程中，已经被认为"国是"，并且在现实生活中仍可以作为一切行为之基本规范以及社会秩序之依据，并不认为可以背弃。相反，如果被背弃，会导致"吾人之精神的生活，既无所凭依，仅余此块然之躯体、蠢然之生命，以求物质的生活，故除竞争权利、寻求奢侈以外，无复有生活的意义"，即"精神全理没于物质的生活中，不遑他顾"。[③]精神破产最严重的后果就在于生活意义的丧失。其实质就是原有儒家伦理价值解体，失去伦理制约，无所凭借，而导致追求物质至上。追求物质至上，其实质就是追求功利，追求欲望的释放。在教育界，则表现为实用主义思想之盛行，尽管他并不否认实用主义的价值：

所谓实用主义者，即其教育之目的，在实际应用于生活之谓。夫学校之中，授人以知识技能，使其得应用此知识技能以自营生活，诚为教育中所应有之事。[④]

但是，实用主义在教育领域盛行使教育"埋没于物质生活之中"，"于生活以外别无意义"，这是他所不赞同者。他借用辜鸿铭的一段话阐述自己对教育领域意义缺失的批判："欧人之学校，一则曰知识，再则曰知识，三则曰知识；而中国学校中所学者为君子之道。"又说："吾人今日之所

---

① 《迷乱之现代人心》，许纪霖、田建业：《杜亚泉文存》，上海：上海教育出版社 2003 年版，第 355 页。
② 《迷乱之现代人心》，许纪霖、田建业：《杜亚泉文存》，上海：上海教育出版社 2003 年版，第 355 页。
③ 《迷乱之现代人心》，许纪霖、田建业：《杜亚泉文存》，上海：上海教育出版社 2003 年版，第 363 页。
④ 《迷乱之现代人心》，许纪霖、田建业：《杜亚泉文存》，上海：上海教育出版社 2003 年版，第 363 页。

学者，岂复有君子之道？乃乞食之道而已。"①

在杜亚泉看来，教育应该教会学生道德修炼，即所谓"君子之道"，而不仅仅是实用知识，即所谓"乞食之道"。杜亚泉进行批判的理论依据即儒家伦理思想。在儒家伦理中，追求物质生活至上意味着欲望未能得到控制，这是一切"恶"得以形成的根本原因。所以，在儒家教育理想中，每个人都应进行道德修炼，以"天理"克制"人欲"。在儒家伦理中，"天理"与"情欲"属于二元对立关系，"情欲"泛滥意味着伦理秩序的失范。毋庸置疑，在现代社会中，欲望释放有其合理之处，因而儒家伦理之"存天理灭人欲"的观点，有压制欲望之嫌疑。但不可否认的是，任何社会中，对于欲望的释放都不能任其泛滥，否则会导致严重的社会后果。在杜亚泉的时代，儒家天理观念已经瓦解，在新文化运动的冲击下，儒家伦理合法性遭到严厉打击，其后果是用以约束欲望的思想资源被瓦解，因而导致欲望无以约束的局面。杜亚泉并非反对一切欲望，其反对者在于对儒家礼教的严厉批判导致对欲望进行约束的精神资源的丧失。这才是理解杜亚泉批判"追求物质生活"的真正意蕴所在。

在讨论背弃儒家礼教之"国是"所带来的严重问题之后，杜亚泉提出"迷途中之救济"的思路：

救济之道，正统整吾固有之文明，其本有系统者则明了之，其间有错出者则修整之。一方面尽力输入西洋学说，使其融合于吾固有文明之中。西洋之断片的文明，如满地散钱，以吾固有文明为绳索，一以贯之。……今后果能融合西洋思想以统整世界之文明，则非特吾人之自身得赖以救济，全世界之救济亦在于是。②

杜亚泉认为，仅仅引进西方思想，难以解决中国的问题，即无法解

---

① 《迷乱之现代人心》，许纪霖、田建业：《杜亚泉文存》，上海：上海教育出版社 2003 年版，第 365 页。

② 《迷乱之现代人心》，许纪霖、田建业：《杜亚泉文存》，上海：上海教育出版社 2003 年版，第 367 页。

决国人日常生活意义来源问题，无法解决日常生活秩序之依归问题，而该问题的解决只能依靠沿袭几千年之儒家伦常。因此，问题的关键还在于如何处理传统儒家思想和西方思想的关系，即所谓中西文化关系。而杜亚泉处理两者关系的核心在于"统整"，即中西文化融合，以吾固有文明为绳索，吸收西方文明之有益因素。即以中国固有之文明为根基，其实质内容主要为儒家伦常，以之统整融合西方文明而成新文明。可见，杜亚泉并不反对西学之输入，其所反对者为新文化派，尤其是陈独秀所提倡之西化主义，而主张在保守中创新："夫先民精神上之产物留遗于吾人，吾人固当发挥而光大之，不宜仅以保守为能事。"①

当然，与杜亚泉的观点类似者不乏他人，有代表性的如梁启超。梁启超在第一次世界大战后游历欧洲，对于当时欧洲的社会问题有独到见解。他在 1918 年发表的《欧游心影录》中提出，西方现代发展并没有给人类社会带来预期的幸福，反而带来世界大战，将人类带入贫富分化等痛苦境地。他将西方现代化发展所面临的困境描述为"精神饥荒"。②西方尽管物质文明非常发达，"从渔猎到游牧，从游牧到耕稼，从耕稼到工商，乃至如现代所有之几十层高的洋楼，几万里长的铁道，还有什么无线电、飞行机、潜水艇……等等，都是前人所未曾梦见"③，人生意义却缺失，"千千万万人，前脚接后脚的来这世界上走一趟，住几十年，干些什么哩？唯一无二的目的，岂不是来做消耗面包的机器吗？或是怕那宇宙间的物质运动的大轮子，缺了发动力，特自来供给他燃料？果真这样，人生还有一毫意味吗？"④并提出，中国的人生观有助于解决西方人生

①《迷乱之现代人心》，许纪霖、田建业：《杜亚泉文存》，上海：上海教育出版社 2003 年版，第 355 页。
② 梁启超：《东南大学课毕告别辞》，《国性与民德——梁启超文选》，上海：上海远东出版社 1995 年版，第 320 页。
③ 梁启超：《研究文化史的几个重要问题》，《国性与民德——梁启超文选》，上海：上海远东出版社 1995 年版，第 314 页。
④ 梁启超：《东南大学课毕告别辞》，《国性与民德——梁启超文选》，上海：上海远东出版社 1995 年版，第 319 页。

意义缺乏的问题。

接着，杜亚泉又在《东方杂志》发表了钱智修的《功利主义与学术》和译自日本《东亚之光》的《中西文明之评判》等文章。为了回应杜亚泉的观点，陈独秀在《新青年》发表长文《质问〈东方杂志〉记者》，拉开双方正面交锋的序幕。陈独秀该文章并未深入进行学理分析，未就杜亚泉语境中有关精神破产的基本论述进行讨论，而直接就儒家礼教问题开火，认为儒家礼教无非君道臣节纲常名教，与共和民国格格不入。[①]因此，陈独秀与杜亚泉的观点格格不入，甚至前者对于后者的观点感到相当愤怒。杜亚泉本人及其推出的系列文章试图统整中国固有之文明，融合西洋思想，从而实质上为儒家礼教辩护及正名，而这些努力正是新文化派所竭力批判的焦点。正是基于上述考虑，陈独秀对于儒家礼教是否适应于现实社会提出质疑：

近代中国之思想学术，即无欧化输入，精神界已否破产？假定即未破产，伧父君所谓我国固有之文明与国基，是否有存在之价值？倘力排异说，以保存此固有之文明与国基，能否使吾族适应于二十世纪之生存而不削灭？[②]

毫无疑问，在陈独秀看来，儒家伦理应当属于消灭的对象，当然不可能适应于 20 世纪之生存，顺理成章当然不应该成为"国是"或曰"国基"。由思想进而论及人，他试图以是否遵循儒家礼教思想为标识，对杜亚泉进行身份定位，其意图在于将他打入张勋、康有为、辜鸿铭等为新文化派所批判的保守派一类人当中："夫孔子之伦理如何，德国之政体如何，辜鸿铭、康有为、张勋诸人，固已明白昌言之，《东方》记者亦赞同

---

① 陈独秀：《质问〈东方〉杂志记者》，《独秀文存》，合肥：安徽人民出版社 1987 年版，第 187 页。

② 陈独秀：《质问〈东方〉杂志记者》，《独秀文存》，合肥：安徽人民出版社 1987 年版，第 187 页。

之否？"⑪可见，陈独秀质问杜亚泉时，以预设的中西、新旧等二元对立思维范式为前提，以西方为中国发展之趋势，以西方文化为先进文化，而以中国传统文化为落后文化，相应认为儒家礼教及中国传统道德为封建的专制的文化，因而是反民主共和的文化。在这种二元对立的范式中，事物之关系为非此即彼的对抗性关系，因此支持儒家礼教即为反对民主共和，即为反对西洋文化，其支持者即为思想保守分子。

　　针对陈独秀的反击，杜亚泉不得不予以回应。他发现陈独秀对他的攻击很大程度上源于"统整"与二元对立范式之不同，这是两者分歧之根本所在。于是他花大量篇幅予以解释。其一，固有之名教纲常与共和民主是否相容问题。杜亚泉再一次重申君道臣节纲常名教，"确认为我国固有文明之基础"，"共和政体绝非与固有文明不相容"。②其二，就陈独秀贴标签事宜的回应。如就是否与辜鸿铭为同志的问题，杜亚泉提出："夫征引辜氏著作为一事，与辜同志为又一事，二者之内包外延自不相同，《新青年》记者可以逻辑之理审察之。"③又如在回应陈独秀"孔子之伦理如何，德国之政体如何，辜鸿铭、康有为、张勋固已明白言之，《东方》记者亦赞同否？"的问题时，提出"其设问之意，无非欲将孔子伦理与德国政体并为一谈，又将辜鸿铭所言之孔子伦理与其所言之德国政体并为一谈，且将辜鸿铭之所言与张勋之所言并为一谈，因而使孔子伦理与张勋所言作一联带关系"。④此即陈独秀之贴标签的思维模式。根据该思维模式，人们往往看不到事物的复杂性。这次论战之后，陈独秀再一次发文质问杜亚泉，但杜亚泉并未回应。陈独秀无非再一次完善其攻击性

① 杜亚泉：《答〈新青年〉记者之质问》，《独秀文存》，合肥：安徽人民出版社1987年版，第225页。
② 杜亚泉：《答〈新青年〉记者之质问》，《独秀文存》，合肥：安徽人民出版社1987年版，第370页。
③ 陈独秀：《质问〈东方〉杂志记者》，《独秀文存》，合肥：安徽人民出版社1987年版，第187页。
④ 陈独秀：《质问〈东方〉杂志记者》，《独秀文存》，合肥：安徽人民出版社1987年版，第187页。

语言表述，在思维框架和基本观点上并无新的表述。

陈独秀的基本思路无非将杜亚泉保守儒家礼教的观点一步一步延伸到政治领域，将其保守儒家礼教的观点视为非废共和制不可，将儒家礼教与共和制二元对立起来，[①]而这本身正是杜亚泉之"统整"思想所反对者。可以说，两者的讨论自始至终都没有交集，一直各说各话。其根本还在于两者有不同的论域。陈独秀作为新文化派的主将，其要旨在于引进西方思想，以救国救民。西方思想与中国固有之儒家思想截然不同，不反儒，西方思想难以得到认可，故将两者对立，二选一，将儒家礼教与传统捆绑，将西方自由、民主等思想与进步捆绑，以推动文化革命。其代价是彻底的反孔反儒，儒家伦理由此被彻底否定。而杜亚泉则以回应现实社会秩序的建设为主旨，意在不彻底破坏固有之社会秩序前提下稳步改良，因此，对儒家礼教保持适度之尊重。

总之，陈独秀与杜亚泉有关中西文化论战在中国近代史上具有标志性意义。争论的主角陈独秀为新知识分子代表，而杜亚泉则为接受新知识之传统士绅之代表[②]。两者之争，固然为激进与保守或稳健两种思想与路径之争，其实质还是关于国家前途和命运之争。[③]陈独秀明显感受得到杜亚泉有关融通固有之纲常伦理与共和民主的观点有"流行于社会"的担忧，因而"一时情急，遂自忘固陋"，提出质问。陈独秀发动争论的出发点在于维护新生共和国，不至于为袁世凯、张勋等复辟势力所夭折。但是，如前所述，在面临国家存亡的生死关头，陈独秀所推崇之自由、民主等思想显然无法为近代中国社会秩序的构建提供很好的解决方案。

---

① 陈独秀：《再质问〈东方〉杂志记者》，《独秀文存》，合肥：安徽人民出版社1987年版，第224页。

② 杜亚泉在清光绪十五年（1889）16岁时中秀才。中举人。稍后，因"乡居见闻寡陋"，进城拜何桐侯为师，致力清初大家之文。参见陈镜文、姚远：《杜亚泉先生年谱（1873—1912）》，《西北大学学报》（自然科学版），2008年第38卷第5期，第845-850页。

③ 陈独秀：《再质问〈东方〉杂志记者》，《独秀文存》，合肥：安徽人民出版社1987年版，第211页。

在这种背景下，破旧而不能立新，一旦将传统儒家礼教彻底破坏，社会道德秩序无所凭借，人们日常生活的意义危机，却是不得不面对的现实问题。儒家伦理固然有一些价值取向或规范不适应于民国社会现实，但总体而言，仍然是人们日常生活中不可缺少的道德凭借，贸然全盘否定其合法性，自然招致思想混乱。在没有替代方案的情况下，这种全盘否定的后果无疑非常严重。

从实际效果来看，通过此次争论，新文化派终于取得影响主流舆论的话语权，其意识形态一跃而成为主导性话语体系。其标志性事件即在舆论的压力下，商务印书馆考虑到馆方的营业及其社会影响，于年底免去杜亚泉《东方杂志》主编职务，而杜亚泉之后虽也参与公共讨论，但是逐渐退出舆论中心。①杜亚泉的退场，意味着随着新派知识分子的得势，作为儒家礼教之基本支持势力的传统知识分子士绅群体走向衰落，因而导致礼教处于无可抵御的任其破坏的状态，这对此后礼教的生存状况影响巨大。以至于 20 世纪 20 年代，新文化派发动对传统文化进行清理的整理国故运动的时候，难以听到传统士绅的反对声音。

第四节　学衡派儒家伦理合法性之构建

随着新文化运动的深入开展，儒家伦理逐渐被认为无法适应现代社会，其存在合法性遭到毁灭性打击。在这种背景下，以留学欧美的新知识分子吴宓、梅光迪等为代表的学衡派，认为儒家伦理在中国社会已成习尚，不能将之视为落后而彻底否定。学衡派论战的武器就是西方新人文主义思想。以西方新人文主义思想为思想凭借，学衡派将儒家伦理思想之时代价值予以复活，并以此为基础，对由于儒家伦理瓦解所致之诸

① 陈镱文、姚远：《杜亚泉先生年谱（1873—1912）》，《西北大学学报》（自然科学版），2008 年第 38 卷第 5 期，第 1044-1050 页。

如道德沦丧、功利主义泛滥等现实问题提出批判，形成其人文主义特色儒家伦理思想。

一、学衡派对新文化派之反思

学衡派是以《学衡》杂志为纽带而组成的一个松散文化群体。《学衡》创刊于 1922 年 1 月，持续 12 年。在出版的 79 期《学衡》杂志中，发文 3 篇以上的作者有 108 人。就著名的成员来说，柳诒徵 55 篇、吴宓 42 篇、缪凤林 24 篇、景昌极 23 篇、王国维 20 篇、胡先骕 18 篇、张荫麟 14 篇、刘永济 12 篇、林损 12 篇、汤用彤 8 篇；若以诗词统计，王易 76 首，王浩 45 首。[1]"学衡派"文人群体的成员很多，以梅光迪、胡先骕、吴宓三位为代表。[2]根据郑师渠对《学衡》杂志 21 位主要撰稿人的统计分析发现，这些人是以美国归国的留学生为主体的文化派别，主要有以下特点[3]：

其一，在此 21 名主要作者中，可考者留学生 10 人，占总数的 48%，其中留美者 8 人，占 38%。这就是说，《学衡》的作者队伍以归国留学生，尤其是留美学生为中坚。[4]

其二，从工作单位与毕业学校看，出身东南大学或在东南大学任教者 10 人，占总数的 48%；出身清华大学或在清华大学任教者 8 人，占总数的 38%。这说明《学衡》的作者队伍又是以东南大学与清华大学的师生（或毕业生）为主体。[5]更准确地说，前期是以东南大学的师生为

193

---

① 沈卫威：《回眸学衡派文化保守主义的现代命运》，北京：人民文学出版社 1999 年版，第 2 页。

② 沈卫威：《回眸学衡派文化保守主义的现代命运》，北京：人民文学出版社 1999 年版，第 44 页。

③ 相关内容参见李成军《近代国学教育思想研究》，上海复旦大学出版社 2014 年版，第 142 页。

④ 李成军：《近代国学教育思想研究》，上海：上海复旦大学出版社 2014 年版，第 142 页。

⑤ 李成军：《近代国学教育思想研究》，上海：上海复旦大学出版社 2014 年版，第 142 页。

主体，总编辑吴宓执教清华大学后，则变为二者并重。

其三，他们多是南北各大学的教授，学有专长的知名学者。王国维为清华国学研究院的导师，著名国学大师，在国内有崇高的学术地位。柳诒徵、缪凤林、张荫麟等是著名历史学家，其中柳诒徵是教育部部聘教授，公认的史学大师。胡先骕是著名植物学家，时任中国植物学会首届会长、南京中央研究院评议员。梅光迪、吴宓、郭斌和等精通西洋文学史，吴宓为部聘教授、红学专家、中国比较文学的开创者，吴芳吉为著名诗人，汤用彤为佛学史专家，刘伯明等人则为知名哲学史家，等等。需要指出的是，他们中许多人不仅留学国外著名学府，通晓西学，视野开阔，而且国学功底深厚。例如，梅光迪、胡先骕都参加过童子试，后者且为府学廪生。吴宓承家学，也能诗，后执教清华大学，师从著名诗人黄节，其诗益进。汤用彤能成就为魏晋佛学史的专家，固不必说，刘伯明留学日本时曾从章太炎研究古文字学，其国学之功底可见一斑。

要言之，《学衡》杂志的作者，主要为具有海外留学经历的新知识分子群体，其中有一批大学教授，学贯中西的知名学者。他们中大部分人，实际上也就构成了学衡派的基干力量。①

学衡派兴起于新文化运动全面发展之际。当时，北洋政府教育部已将白话文作为中小学教材书面语言，尤其白话文文学也已进入实际收获季节。打倒孔家店、打倒儒家礼教等蔑视权威的反抗现秩序之行动获取至上之合法性，而传统文化之合法性已遭受重创，摇摇欲坠。在新文化运动的推动下，以新式学堂为主体的新知识分子阶层开始政治上的觉醒。新文化阵营中的核心人物陈独秀将具有标识意义的《新青年》迁回上海，成为革命刊物。

---

① 郑师渠：《在欧化与国粹之间——学衡派的文化思想研究》，北京：北京师范大学出版社 2001 年版，第 66 页。

新文化运动是一场以西方为参照的自我否定与扬弃的思想文化启蒙运动，对于古老中国整个社会的冲击和影响是积极的、全面的、深刻的。但是它在快速解构传统儒家礼教合法性的同时，实际上也在迅速瓦解原有整合社会秩序之价值与规范体系，也即社会意识形态。学衡派以其对于新文化运动的反思面目出现。如胡适在 1922 年 3 月写作《五十年来中国之文学》的长文时，针对《学衡》杂志立场写道："今年南京出了一种《学衡》杂志，登出几个留学生的反对论，也只能谩骂一场，说不出什么理由来。"他还进一步指出："《学衡》的议论，大概是反对文学革命的尾声了。"①学衡派对新文化运动的反思从最初的文学革命反思到后来的道德革命反思等。其反思的思想武器即美国的新人文主义，这是他们与传统士绅阶层对于传统儒家伦理的辩护不同之处。实际上，经历新文化运动，在话语权已经被新知识分子控制的背景下，士绅已经很难在公共舆论中发出为传统儒家伦理辩护的声音。

学衡派的论域与新文化派不同，源于对近代以来引进西学过程中传统文化流失的担忧。他们认为，近代以来，在西方文化压迫下所进行的教育改革是一个引进西方物质科学的西化过程：

自清季国势浸衰，外侮日至，国内执政者渐知吾国物质教育之缺乏，于是曾文正始有派遣幼童出洋留学之举。然当时犹以为吾国所缺者物质科学耳……②

学衡派批评当初曾文正（曾国藩）之派遣留学生只侧重学习西方科学，以至于"当时不知欧西舍物质科学外，亦自有文化。遂于不知不觉中，生西学即物质科学之谬解"③。这显然是对留美学生的误解。当时

---

① 《胡适的日记》上册（1922 年 2 月 4 日记）第 258 页说："东南大学梅迪生等出的《学衡》，几乎专是攻击我的。"同时胡适在这天的日记上写有打油诗，讥讽《学衡》是"一本《学骂》"。中华书局 1985 年版。
② 胡先骕：《说今日教育之危机》，《学衡》，1922 年第 4 期。
③ 胡先骕：《说今日教育之危机》，《学衡》，1922 年第 4 期。

监督想尽力让留学生在学习西学的同时，保持儒家式生活方式，并由此引发重重矛盾。问题不在于当时洋务派官员主观上不重视，而在于当时儒学合法性逐渐式微，因而儒家文化认同被严重削弱。学衡派的误解并不妨碍他们看到了问题之所在。他们认为传统中国教育重视人文主义学问，忽视物质科学。在清代重视西方物质科学的同时，尚且强调中体西用，"犹极重视固有之旧学"。但清廷覆灭以来，这种情况得到根本改变：

> 政府以功名羁縻人士之法亦废。最后至民国六年，蔡孑民先生长北京大学。胡适之陈独秀于《新青年》杂志提倡"新文化"以来，国人数千年来服膺国学之观念始完全打破。①

引进西学固然没有错，但引进西学过程中抛弃传统文化，源于一般青年将引进西学与保存传统对立：

> 认此为旧学派抱残守缺者之饰辞而心非之，以为既治西学，则旧日之人文学问必在舍弃之列。虽清季学校尚极重视旧学。然一般青年只认之为不得不遵循之功令，初无尊崇信仰爱重之心也。②

学习西学，在引进物质科学的同时，也把最重要之固有国性弄丢了，就像是买椟还珠一样。③国性之所以重要，在于其内容，无非儒家伦常，具体即修齐治平、克己复礼与五伦。④儒家伦常在中国两千多年的历史发展过程中，已经演变成为国民之习尚，深入人心，且对人之外在行为具有强大影响力，以至于"每有过人之行，惊人之节"。为了增强国性重要性的理解，胡先骕提出西方国家同样重视其国性，那就是基督教，"在欧美各邦，基督教义已成社会全体之习尚。其认道德与基督教义几为一物"。⑤

---

① 胡先骕：《说今日之教育危机》，《学衡》，1922 年第 4 期。
② 胡先骕：《说今日之教育危机》，《学衡》，1922 年第 4 期。
③ 胡先骕：《说今日之教育危机》，《学衡》，1922 年第 4 期。
④ 胡先骕：《说今日之教育危机》，《学衡》，1922 年第 4 期。
⑤ 胡先骕：《说今日之教育危机》，《学衡》，1922 年第 4 期。

在胡先骕看来，西方社会物质科学发达的同时，并没有抛弃社会之习尚，即基督教教义。正是基督教教义在社会仍有广泛而深远的影响，西方社会秩序在物质科学发达的同时仍得以维系。在他看来，西方之基督教教义与儒家伦理之功能类似，都在于形成全社会之习尚，因而与基督教地位类似，儒家伦理仍有继续维系之必要。基于此，他对国内青年弃儒家伦理如"弁髦"，"甚或鄙夷之为迂阔"进行批评。①留学生当中，"无坚毅之道德观念"，抛弃儒家伦理者也大有人在，陷于困境，则"每易堕入悲观，进退失据。若不得志，固不免怨天尤人"；处于顺境，则"又因物质欲望之满足而转觉人生之无目的……其次者则纯为功利主义之奴隶"。②

可见，由于抛弃儒家伦理，这些留学生的人生观失去强有力的价值支撑，缺乏坚毅之道德观念，处于困境则易于陷入悲观思想中，进退失据；处于顺境则注重物质之满足，而沦为功利主义之奴隶，失去人生之目的。故此，虽然欧美留学生在学习西学方面有一定成就，能胜任专门之职务，但是他们缺乏对儒家伦理之修养，"而甚少可称为有教育之人"③。

胡先骕认为，新文化派的先锋人物大多从国外留学归国，他们思想上"既无中正之修养，故极喜标奇立异之学说，以自显其高明"，道德方面"既不知克己复礼为人生所不可缺之训练，故易蹈欧西浪漫主义之覆辙，而疾视一切之节制。对于中西人文学问，俱仅浅尝"，因此，其习性"不能辨别是非，完全不顾国情与民族性之何若，但以大而无当之学说相尚"，其结果"养成一种虚骄之学阀，徒知哺他人之糟，啜他人之醨，而自以为得，使中国旧有之文化日就澌灭，欧西偏激之学说风靡全国，皆此种学者之罪也"④。因而儒家文化之澌灭，他们是罪魁祸首。在胡先骕

---

① 胡先骕：《说今日之教育危机》，《学衡》，1922 年第 4 期。
② 胡先骕：《说今日之教育危机》，《学衡》，1922 年第 4 期。
③ 胡先骕：《说今日之教育危机》，《学衡》，1922 年第 4 期。
④ 胡先骕：《说今日之教育危机》，《学衡》，1922 年第 4 期。

看来，新文化派对于社会道德的影响并不仅限于此，其背后有其道德价值取向："今日资本主义之弊害，正为不知节制物质之欲望，故贪得无厌，致酿成今日贫富悬殊之现象。"①

可见，他们认为新文化运动背后的价值取向就是功利主义，其核心内容就是欲望之放纵。在胡先骕看来，物质欲望之放纵，酿成贫富之悬殊，此正为西方资本主义思想之弊害。而新文化运动所主张者恰是西方资本主义思想之弊害所在。因此，其结果只能将青年引向"浮嚣虚骄之习"，导致社会伦理之败坏，"今日中国之现象，固不仅上无道揆，下无法守已也。人欲横行，廉耻道丧，已至于极点"②。在政府层面，正如吴宓提出的："中国官场及各机关办事人，可谓毫无心肝。遇事推诿卸责，但求自利，而强他人以难事。夫一国一政府之人皆如此，则其国焉得不衰亡？其政府焉得不速倒？"③

要走出这个怪圈，还是要靠提倡儒家道德教育。按照吴宓所言，即："可知救国救世，惟在改良人心，提倡道德。惟道德之增进，为真正之改革。此外之所谓革命，皆不过此仆彼兴，攘夺利己而已。"④在吴宓等学衡诸君看来，救国救世在于道德，而其主力，当然不能依靠新文化派，只能依靠留学欧美之青年。⑤

当然，因为当时传统士绅已经丧失话语权，无法与新文化派展开话题讨论。新文化派批判儒家文化的基本逻辑起点就是二元对立范式，即将儒家文化视为落后文化，而西方文化则为先进文化。在这种语境中，儒家文化的时代价值自然无法得到彰显，尤其是儒家伦理，作为传承上千年而浸润于国人生活中的伦常规则，与国人生活方式已然一体，一旦

---

① 胡先骕：《说今日之教育危机》，《学衡》，1922 年第 4 期。
② 胡先骕：《说今日之教育危机》，《学衡》，1922 年第 4 期。
③ 吴宓：《吴宓日记》，北京：生活·读书·新知三联书店 1998 年版，第 356 页。
④ 吴宓：《吴宓日记》，北京：生活·读书·新知三联书店 1998 年版，第 356 页。
⑤ 胡先骕：《说今日之教育危机》，《学衡》，1922 年第 4 期。

骤然被视为无用，对国人之日常生活所造成之冲击该有多大。而那些同情传统文化的留学欧美的知识分子，同样属于新知识分子，他们对西方文化有着传统士绅所不具备之了解能力，因而能在中西文化之间进行非二元对立之比较，能发现西方文化之弊端，也能发现传统文化，尤其是儒家伦理之时代意义。

没有陷入二元对立范式的学衡派诸君发现，儒家伦理对于当时社会仍具有积极的现实意义，就在于儒家伦理在面对西方资本主义发展带来的欲望释放、道德沦丧、功利主义等问题方面具有现实指导意义。在此基础上，他们重新发现并重振传统道德之伦理价值。

二、儒家伦理合法性的重建

儒家伦理秩序实际上是通过天理的先验性建立起天理对情欲绝对控制的合法性。可见，在传统儒家语境中，情欲一直作为否定意义而存在。但是随着天理世界观的瓦解，尤其是新文化运动对于功利主义、自由等观念的提倡无疑为情欲的正当化提供了较为充分的论证。如陈独秀1916年在《人生真义》一文中就人生之诸价值问题进行辨析。其关注的核心问题即人生之价值建基于何处。其论述之逻辑起点即功利主义。他认为，"一切道德、政治、法律不过是维持社会不得已的办法，非个人所以乐生的原意，可以随时变更的"[1]。陈独秀的论述似乎暗示，一切道德、政治、法律都应当以个人是否"乐生"为依据。而所谓的乐生，即满足欲望，他认为，"自食色以至道德的名誉都是欲望"，这是个人生存的根本理由，甚至以之为"天不变，道亦不变"的真理。[2]

在西方，尽管自由主义、个人主义和功利主义思想占据主流，基督

---

① 陈独秀：《人生真义》，《独秀文存》，合肥：安徽人民出版社1987年版，第126页。
② 陈独秀：《人生真义》，《独秀文存》，合肥：安徽人民出版社1987年版，第126页。

教可能对社会道德有一定控制和约束作用，因此情欲在很大程度上还有外在约束力量予以制衡。在中国，有一个现实问题不得不思考，即在天理世界观已经瓦解的情况下，在情欲被释放的时代，如何对其施加合理控制和约束？这是自近代以来，中国社会道德秩序构建不得不面对的现实和理论问题。

新文化运动以来，正视儒家礼教秩序瓦解后的情欲问题，学衡派诸君功不可没。他们有关情欲问题的思考视域来自白璧德新人文主义对西方现代社会的批判，正如吴宓介绍白璧德思想时所说：

其讲学立说之大旨，略以西洋近世，物质之学大昌，而人生之道理遂晦，科学实业日益兴盛，而宗教道德之势力衰弱。人不知所以为人之道。于是众惟趋于功利一途，而又流于感情作用，中于诡辩之说。群情激扰，人各自是，社会之中，是非善恶之观念将绝。……此其受病之根，由于群众昧于为人之道，盖物质与人事，截然分途，各有其律。科学家发明物质之律，至极精确，故科学之盛如此。然以物质之律施之人事，则理智不讲，道德全失，私欲横流，将成率兽食人之局。①

白璧德新人文主义的批判更多在于西方现代化发展导致的问题，如注重物质与科学，并以物质之律贯彻于人事，导致人欲泛滥，道德败坏。中国当时现代化发展并未达到西方之程度，因而并未遇到白璧德所批判之社会秩序问题。学衡派借用白璧德新人文主义思想，其意不在对现代化发展所带来的弊端进行批判，而在于用以反击新文化运动对儒家礼教之破坏：一方面借用其对西方社会现代化发展的批判，证明西方也存在社会问题，以消解新文化派所营造的西方崇拜心理；另一方面，在当时特殊语境中，白璧德所批判的私欲横流、道德败坏等问题与儒家礼教被破坏后之中国现实社会道德秩序问题比较接近。因而白璧德新人文主义思想之批判能量具有被转化为对新文化派破坏儒家礼教进行批判之可

---

① 吴宓：《〈胡先骕〉中西人文主义教育说吴宓附识》，《学衡》，1922年第3期。

能。正是在这种情境中，白璧德新人文主义思想被学衡派作为其思想文化批判的武器与护身符。

具体而言，白璧德新人文主义思想的意义就在于为学衡派提供批判情欲的思想武器，它能够超越自由主义、功利主义等思想之攻击，为情欲批判提供合法性依据。可以说，白璧德之新人文主义思想，足以为思想奥援。[①]而且实际上，白璧德也给予了他们足够的关怀与鼓励。[②]之所以能为奥援，就在于在白璧德思想中情欲本身也是一个问题。白璧德认为，情欲放纵在古典人文主义中不成其为问题，那时约束具有正当性，但是近代社会，随着人类对自然的崇拜与征服的进程，自然主义兴起，以追随"自然"的名义将选择权交给人的欲望与情感，实际上是放逐人自身而不加约束。其中培根和卢梭分别是科学自然主义和情感自然主义的代表，"培根与卢梭代表了目前正在瓦解传统规约——不论是人文方面，还是宗教方面——的主要趋势"[③]。白璧德认为，虽然培根在很多方面是一个文艺复兴时期的人文主义者，他也并非仅仅迷恋物质上之进步，也知道物质进步并不能确保道德进步，但是他主张整个人类都能通过科学研究和科学发现取得进步。培根这种过分追求科学进步的观念，使自

201

① 吴宓1919年7月24日日记：吾年来受学于巴师，读西国名贤之书，又与陈、梅诸君（陈寅恪、梅光迪）追从请益，乃于学问稍窥门径，方知中西古今，皆可一贯。天理人情，更无异样也。参见《吴宓日记》，三联书店1998年版，第45-46页。另见9月8日日记：且自受学于巴师，袄闻梅、陈诸良友之绪论，更略识西国贤哲之学说，与吾国古圣之立教，以及师承庭训之所得，比较证参，处处符合，于是所见乃略进。此后志向。当直追圣哲，决不以"热心人"或粗浅之"爱国者"及"改良社会者"自命。参见《吴宓日记》，三联书店1998年版，第69页。

② 吴宓1919年11月30日日记：夕，谒巴师，谈时许。巴师命宓作文，述中国之文章教育等，以登载美国上好之报章。宓遵允之。巴师谓中国圣贤之哲理，以及文艺美术等，西人尚未得知涯略；是非中国之人自为研究，而以英文著述之不可。今中国国粹日益沦亡，此后求通知中国文章哲理之人，在中国亦不可得。是非乘时发大愿力，专研究中国之学，俾译述以行远传后，无他道。此其功，实较之精通西学为尤巨。巴师甚以此望之宓等焉。宓归国后，无论处何境界，必日以一定之时，研究国学，以成斯志也。参见《吴宓日记》，三联书店1998年版，第196页。

③ 白璧德（Irving Babbitt）著，张沛、张源译：《文学与美国的大学》，北京：北京大学出版社2004年版，第26页。

然法则盖过了人的法则，在寻求获取对事物的控制时放松了对人自身的控制。①培根本人就是一个典型的例子，即杰出能力与卑琐人格的结合。②

白璧德认为，没有卢梭情感自然主义的增援，培根的科学自然主义破坏人文主义的影响力要小得多。③在推翻人文主义的过程中，卢梭的"自由观"一直有力地支持培根的科学进步观，尤其在教育领域，依据自由原则，孩子完全根据自己的性情及独特需要做出自己的选择。④白璧德认为，即使是受过良好教育的18岁青年，他对自身及自身才能的看法也很可能会随着某一时刻的印象而动摇改变，他把这种自由选择的教育观称为"教育印象主义"。⑤卢梭拒绝对内心欲望做任何限制，把个人权利置于个人义务之上，不可避免地走向道德败坏。在批判基础上，白璧德认为人文主义思想为问题解决之对策，他认为人文主义者要在防范过度限制的同时，警惕过度自由："今天的人如果不像过去的人那样给自己套上确定信条或纪律的枷锁，至少也必须内在地服从于某种高于一般自我的东西。"⑥

从上述内容可知，白璧德批判西方自然主义之放纵情欲，转而提倡节制与制约的道德原则。在将自由作为一切价值观之基础的西方语境中，要倡导节制欲望的价值观非常困难。因为欲望释放以自由价值的名义获

---

① 白璧德（Irving Babbitt）著，张沛、张源译：《文学与美国的大学》，北京：北京大学出版社 2004 年版，第 30 页。
② 1621 年，培根被国会指控贪污受贿，被高级法庭判处罚金四万磅，监禁于伦敦塔内，终生逐出官廷，不得任议员和官职。虽然后来罚金和监禁皆被豁免，但培根却因此身败名裂。
③ 白璧德（Irving Babbitt）著，张沛、张源译：《文学与美国的大学》，北京：北京大学出版社 2004 年版，第 31 页。
④ 白璧德（Irving Babbitt）著，张沛、张源译：《文学与美国的大学》，北京：北京大学出版社 2004 年版，第 33 页。
⑤ 白璧德（Irving Babbitt）著，张沛、张源译：《文学与美国的大学》，北京：北京大学出版社 2004 年版，第 33 页。
⑥ 白璧德（Irving Babbitt）著，张沛、张源译：《文学与美国的大学》，北京：北京大学出版社 2004 年版，第 40 页。

取其正当性，要论证节制欲望的正当性不得不处理与自由观念在价值位阶上的关系。白璧德当然明白这个道理，他对自然主义之批判是以对西方近代以来非理性主义展开批判为前提的。[1]他实际上将节制与约束的道德价值位阶置于自由与科学价值之上。白璧德这种论述对于学衡派批评新文化派以西方自由、科学与民主等观念为最高位阶之道德价值观具有重要借鉴意义。

吴宓要论证节制的价值面临同样的理论难题。他试图借用白璧德三界说予以阐述。白璧德曾经提出人类生活分为三界：上者立于宗教界（或天界）；中者为人文界（或人界），亚里士多德《伦理学》首数卷所言者是也；下者为自然界（或物界），如卢梭是也。[2]吴宓对三界说予以进一步阐述。他认为上者为天界，处于"Religious level"，此为第一级。此界以宗教为本，以上帝为世界之主宰，以其为人类之楷模。凡人皆当师法上帝，以求与之日近。为求近上帝之故，虽破除国家，谢绝人事，脱离尘世，亦所不惜，如耶教、佛教。实际上，在天界中，吴宓将上帝视为一切价值之最后依据，人一切行为之合法性来自最高准则之宗教教义。[3]人界即"Humanistic level"，此为第二级。吴宓认为，此界以道德为本，尤重中庸与忠恕二义，认为人之天性皆有不同于禽兽之处；而社会道德秩序皆本此而立。人之内心，理欲相争，以理制欲，则人可日趋于高明，而社会得受其福，即所谓人文主义，如儒家伦理，苏格拉底、柏拉图、亚里士多德等哲人之思想等。[4]在下者即为物界，"Naturalistic level"，此为第三级。吴宓认为，此界不信有天理人情之说，认为世界无非机械物象而已。处此界者，认为人禽无别，一切依欲望而行，遵循"物竞天

---

① 白璧德对于西方非理性主义的批判被学衡诸君借用作为思想武器展开对国内科学主义的批判，这实际上是语境的误置。

② 吴宓：《白璧德之人文主义》，《学衡》，1923 年第 19 期。

③ 吴宓：《论新文化运动》，《学衡》，1922 年第 4 期。

④ 吴宓：《论新文化运动》，《学衡》，1922 年第 4 期。

择，优胜劣败"之律，此即所谓物本主义。西洋自近世科学发达以后，此派盛行，故忧世之士，皆思所以救之。①

此三界，吴宓认为有三种人生观。宗教、道德皆教人向上，宗教之功用，欲超度第二、第三两级之人，均至第一级；道德之功用，则援引第三级之人至第二级而已。②但实际上，现代社会中宗教之力已不足恃，且宗教不脱迷信，与科学事实不合，难以强人遵从，由此道德晋级由低到高，则由物本而为人文。③而物本主义不辨人禽之分，按照文明与野蛮的区分，物本主义自然丧失进入文明之资格。物本主义以欲望为准则，这实际上就否定了欲望之正当性以及物竞天择等所谓物本主义道德之合法性。吴宓试图以三界说批判新文化派之道德观：

统观新文化运动之所主张，及其输入材料，似不无蔑弃宗教道德，而以第三级之物界为立足点之病。今欲造成真正之新文化，而为中国及世界之前途计，则宜补偏救正，不可忽也。④

可见，按照吴宓的观点，新文化派反儒家礼教思想的依据在物界之价值取向，其合法性由此被消解。他自己所推崇者在于人文主义人生观："处今之世，以第二种之人本主义即人文主义为最适，故吾崇信之。"⑤故他提倡，"故今日救世之正道，莫如坚持第二级之道德，昌明人本主义"⑥。

中国传统儒家道德原则与这种诉求无疑比较接近。在吴宓的三界说中，儒家伦理被视为人文主义思想，因而其思想之正当性被重新发现。这一点也得到白璧德本人的呼应：

兹请略述吾所见中国文化较优于他国文化之处，首要者，即中国古

① 吴宓：《论新文化运动》，《学衡》，1922 年第 4 期。
② 吴宓：《论新文化运动》，《学衡》，1922 年第 4 期。
③ 吴宓：《论新文化运动》，《学衡》，1922 年第 4 期。
④ 吴宓：《论新文化运动》，《学衡》，1922 年第 4 期。
⑤ 吴宓：《我之人生观》，《学衡》，1923 年第 16 期。
⑥ 吴宓：《论新文化运动》，《学衡》，1922 年第 4 期。

今官吏虽腐败，然中国立国之根基，乃在道德也。……而此道德观念，又适合于人文主义者也。其道德观念，非如今日欧洲之为自然主义的，亦非如古今印度之为宗教的。中国人所重视者，为人生斯世，人与人间之道德关系。[①]

在人文主义思想的视域中，儒家伦理之主张节制欲望道德原则具有理论正当性，这一点，在吴宓看来，东西古贤哲有异曲同工之妙：

孔子以为凡人类所用具者，非如近日感情派人道主义者所主张之感情扩张，而为人能所以自制之体。此则西方自亚里士多德以下人文主义之哲人，其所见均相契合者也。若人诚欲为人，则不能顺其天性，自由胡乱扩张，必于此天性加以制裁，使为有节制之平均发展。[②]

正因为具有理论之正当性，由此出发，儒家伦理之节制欲望思想具有指导现代社会生活之价值，甚至对于西方亦然：

吾人今试就此积无量之实在经验而成之孔教之学说，以求解吾前此所云今日最重要之问题，即如何而能使人类之精神统一，而非如今日机械之发明，仅使人类得物质之接触，而精神仍涣散崩离也。[③]

儒家伦理思想由于对解决西方当下社会秩序问题具有指导价值，它可以成为一种更加先进的思想，因而从时间上来说，即某种后于当前西方文化的思想。且这是依据西方思想得出的结论。因此，学衡派借用白璧德之人文主义思想为理论武器，将传统儒家伦理通过人文主义的包装，重新回到中国之问题视域，使之重新获取指导中国现实社会秩序之存在价值。儒家伦理所具有之某种后西方思想的特征，无疑对于瓦解新文化派将之视为过去式，不适应于现代社会的观点具有重要意义。新文化派

---

① 胡先骕：《中西人文主义教育说》，《学衡》，1922 年第 3 期。
② 胡先骕：《中西人文主义教育说》，《学衡》，1922 年第 3 期。
③ 胡先骕：《中西人文主义教育说》，《学衡》，1922 年第 3 期。

以新旧、中西等二元对立范式将儒家伦理冻结于过去的努力可由此被解构，时间魔咒由此被解开，进入现代乃至未来之时光隧道由此被开通。

在新人文主义思想的视域中，儒家伦理重新获取生存正当性之价值得到肯定，由此，白璧德对中国抛弃国粹甚为惋惜。[1]学衡派借用白璧德此类表述，以反击新文化派对于儒家伦理之抛弃，正如胡先骕所言："中国或将有与欧洲同样之工业革命"，"然须知中国在力求进步时，万不宜效欧西之将盆中小儿随浴水而倾弃之"。[2]

总之，在儒家伦理合法性被瓦解的新文化运动之后，要重新讨论儒家伦理之时代价值，首要问题就是恢复其立论正当性。学衡派之不同处在于，他们拥有传统士绅所不具备之西方新人文主义思想武器，以为儒家伦理立论辩护。总之，在新人文主义思想视域下，儒家伦理对于回答当时天理世界观瓦解之后，欲望释放而得不到约束的社会秩序问题具有现实的指导意义。从这个意义说，儒家伦理不再是过去的，而可以是时代的；不是落后，而是先进的思想。

三、学衡派之儒家伦理思想

由上述可知，建立节制欲望之机制，这是学衡派道德思想之基本问题。依据学衡派的观点，儒家伦理思想的实质为人文主义思想，其特点是坚持"人之所以为人"的底线，学衡派由此构建起儒家伦理思想之基石。

（一）人性二元论

学衡派诸君对人性论有较为系统之学说者，当属吴宓。他以人性论

---

① 见上文吴宓 1919 年 11 月 30 日日记所载。
② 胡先骕：《中西人文主义教育说》，《学衡》，1922 年第 3 期。

为基础论证人具有道德自主性之可能。他的道德人性论是在总结两种一元论人性论的缺点的基础上，通过对亲身实践进行总结而来：

> 吾曾取一元及二元之说——体验之，躬行之。又沈思默察，内观反省，积之久，见之明，乃知一元之说，实不合于事实。而人性二元，则为吾体验反省所得之结果，虽欲不信之而不能也。①

具体来说，他对西方两类一元人性论思想进行了分析。其一为昔之宗教家，如基督教之圣奥古斯丁，以及 17 世纪法国之 Jansenists（詹森主义者），又 18 世纪美国之 Jonathan Edwards（乔纳德·爱德华兹）等，其思想皆为人性纯恶。性本恶者主张，罪恶与生俱来，且罪孽深重，虽毕生虔敬修持，犹未必能赎其罪，死后将入地狱受苦。此类人性论者将道德裁判之权操之于上帝，吴宓觉得并没有给予人足够之道德自主性，因而人之道德觉悟主要靠上帝怜悯而特赐恩典（Grace）始可获得。其二，为近世之浪漫派及自然派，以卢梭为代表。此派认为人性纯善，而其所以陷于罪恶者，则由于社会环境使然，故一切顺先天之情，纵本来之欲，则所为皆合于善，一切礼教制度、风俗习惯所阻碍，即不得不转而为恶。吴宓认为此派设词之诡，害世之深，彰明较著。宗教派人性恶论，尚强调人应有畏惧上帝之心，足以钳制之，驱策之，而卢梭之人性善派则顺人欲之为善，无异于率兽食人，毫无顾忌，吴宓认为，其说之盛行，实人心世局之大忧也。②

207

宗教之人性恶论，将道德判断之抉择权移于上帝故不可取，在科学昌明时代当然难以让人信服，而卢梭之人性论则主张顺人欲或人不可捉摸之天性，实则人往往为自然性情欲所获，与吴宓之主张并不吻合。意识到人性一元论之不可行，因而他主张人性二元论，认为人之心性，即

---

① 吴宓：《我之人生观》，《学衡》，1923 年第 16 期。
② 吴宓：《我之人生观》，《学衡》，1923 年第 16 期。

Soul 常分二部，其上者为理（又曰天理），其下者为欲（又曰人欲），二者常相争持，无时或息。"欲"常思行事，而"理"则制止之，实即人遇事用"理"进行判断，是对"欲"之干预机制。在吴宓的思想中，"理"就是绝对（又曰纯正）观念，他相信世间有绝对之善，绝对之恶，绝对之是，绝对之非，乃至绝对之美、之丑，等等。①观念与实体乃至浮像相对应，观念依附于实体，但是超越于实体。观念为绝对，为一，千古长存而不变，而实体与浮像则千差万别，时刻转变。常人只能见此实体外物，由是而间接以知观念，故每感其繁杂淆乱，迁转靡常，遂堕于迷惘。儒家礼教之本体观念为一，其实体及表现则各异。但是人们往往会将儒家礼教实体之不足误以为礼教本身之问题，例如以多妻现象诋孔子，皆因未信或未究儒家礼教等之本体观念。②与此类似，胡先骕也主张二元人性论，认为人性善恶混两元，即一方面有情欲，此与动物区别者几希；另一方面有理智、道德与宗教观念，此人之所以为人而超越动物之处。③

　　在吴宓看来，正是观念具有绝对不变之性质，所以具有超越时间和空间的特点。道德观念之超越性质使其具有抵御流变之各种道德实体与浮像之潜能，即用以评判欲望，评判之依据则在于"理"，"'理'胜则'欲'屈服"，"若理败，刚'欲'自行其所适，久久而更无忌惮，'理'愈微弱驯至消灭，而人为恶之习惯成矣"。④

　　可见，吴宓之所谓以"理"克"欲"，其基本模式来自儒家理学思想。但在理学思想中，天理为先验之绝对至善，为一切道德观念合法性之来源。吴宓之绝对观念则来自何处？是先验之绝对观念抑或是其他？对此，

---

① 吴宓：《我之人生观》，《学衡》，1923 年第 16 期。
② 吴宓：《我之人生观》，《学衡》，1923 年第 16 期。
③ 胡先骕：《文学之标准》，《学衡》，1924 年第 31 期。
④ 吴宓：《我之人生观》，《学衡》，1923 年第 16 期。

吴宓语焉不详。但是，吴宓之二元人性论将道德判断之主动权赋于"理"或曰观念，实则使人握有自身掌控道德法庭之内在机制，对于道德建设具有一定积极意义。①

总之，吴宓试图通过二元人性论，确立观念之本体地位，以建立起对于欲望约束之观照和评判依据，以回应时代之社会秩序构建的基本问题。

（二）道德原则

以理制欲是学衡派道德思想的基本特点，其见于道德实践上还需遵循以下两条基本原则：

一是克制。在吴宓看来，此为以理制欲之工夫在道德实践上之体现，能以理制欲者，即为能克己，故克己为道德实践之第一步。克己者，就是要克制自己之欲望。当然克制欲望并非压制正当之权利。复礼者，就一己此时之身份地位，而为其所当为者也。在吴宓看来，克己复礼，即随时随地，皆能尽个体之义务：

> 故对父母则孝，对兄弟则友，对师长则敬，对邻里则睦，对贫弱则悯恤。素富贵行乎富贵，素贫贱行乎贫贱。交际酬酢，则蔼然如春，无人能比其温雅；遇国有大事，则执干戈以卫社稷，凛如霜雪，屹如金刚，无人能及其勇武。②

柳诒徵认为儒家传统道德最重义利之辨，"所谓义者，以节制人类私利之心，然后可以翕群而匡国"③。柳诒徵认为某些人伦之现代价值就在于节制人之欲望，如夫妇之伦，"而以君子偕老为正宗。其有变例，则男子出妻，女子改嫁，亦所不禁"，其实为"维持社会之道"，但今人"惟知情欲之感，以为此乃至高无上神圣之境，但计好恶而不计利害"④。

① 吴宓：《我之人生观》，《学衡》，1923 年第 16 期。
② 吴宓：《我之人生观》，《学衡》，1923 年第 16 期。
③ 柳诒徵：《中国文化西被之商榷》，《学衡》，1923 年第 27 期。
④ 柳诒徵：《中国文化西被之商榷》，《学衡》，1923 年第 27 期。

二是忠恕。理学所谓"忠"，"只是实心，直是真实不伪"，而所谓"恕"则是将"忠"外推，"应接事物，也只是推这个心去"，①推己而及人，所谓"恕"也。②所谓"忠恕"，其实质无非是天理在应事应物上之体现，如朱熹所言：

理，只是一个理。理举着，全无欠阙。且如言着仁，则都在仁上；言着诚，则都在诚上；言着忠恕，则都在忠恕上；言着忠信，则都在忠信上。只为只是这个道理，自然血脉贯通。③

可见，无论忠恕，都涉及个体与"理"之关系，所谓"忠"则实心对待，去实现天理，而"恕"则在"忠"基础上将之向外推己及人，如《朱子语类》中所言：

李德之问："'齐家'、'治国'、'平天下'三章，看来似皆是恕之功用。"曰："如'治国'、'平天下'两章是此意。'治国'章乃责人之恕，'平天下'章乃爱人之恕。'齐家'一章，但说人之偏处。"④

朱熹弟子将"恕"理解为推己及人，并据此推论认为，齐家、治国、平天下，自然即"恕"之功用。朱熹的回答是，治国、平天下是"恕"之功用，分别是责人之恕和爱人之恕，而齐家则主要在于纠偏。所谓责人之恕，即"有诸己而后求诸人，无诸己而后非诸人"⑤，换言之即"有善于己，然后可以责人之善。无恶于己，然后可以正人之恶"⑥。也就是说，责人之恕在于个体有一种道德责任，即将天理秩序推及他人，

① 〔南宋〕朱熹：《朱子语类·大学·卷十六》，《朱子全集》（卷14），上海：上海古籍出版社2002年版，第552页。
② 〔南宋〕朱熹：《四书集注·中庸》，武汉：长江出版社2016年版，第11页。
③ 〔南宋〕朱熹：《朱子语类·性理三·卷六》，《朱子全集》（卷14），上海：上海古籍出版社2002年版，第237页。
④ 〔南宋〕朱熹：《朱子语类·大学·卷十六》，《朱子全集》（卷14），上海：上海古籍出版社2002年版，第552页。
⑤ 〔南宋〕朱熹：《朱子语类·大学·卷十六》，《朱子全集》（卷14），上海：上海古籍出版社2002年版，第552页。
⑥ 〔南宋〕朱熹：《四书集注·大学》，武汉：长江出版社2016年版，第9页。

并教育监督他人实施之责任。而所谓爱人之恕，即"己所不欲，勿施于人"①，换言之即"君子必当因其所同，推以度物，使彼我之间各得分愿，则上下四旁均齐方正，而天下平矣"②。也就是说，爱人之恕在于一种对他人具同理心之道德责任，即使天下人"民吾同胞"的道德觉悟。所谓"齐家"在纠偏，原因在于，"人之其所亲爱而辟（偏）焉，之其所贱恶而辟焉，之其所畏敬而辟焉，之其所哀矜而辟焉，之其所敖惰而辟焉"③，即齐家在于纠正"亲爱""贱恶""畏敬""哀矜""敖惰"等偏私，因而不是推己及人之恕。总体而言，根据理学思想，忠恕侧重对天理的实诚，强调贯彻天理之道德修炼，其实质就是强调个体对自己进行道德修炼的责任以及对整体秩序形成的责任。这种责任并非一般意义上对他者的责任，其实质都是对天理的责任。

吴宓在理学基础上，根据时代需要对忠恕道德原则进行了适当转换。他认为，所谓"忠"，即尽心；所谓"恕"，即有容；忠以律己，恕以待人；所谓"忠恕"者，"严于责己而宽以责人之谓也"。④在吴宓看来，忠恕各自有不同要求：

"忠"者，自爱极笃，故自视极重，做事不容丝毫苟且，精勤专一，黾勉奋发，竭尽心力。事前须预为筹画，事中当全神贯注，事后更力图补救。……而"恕"者，则知人类共有之弱点而能怜悯之于他人，全凭修养之功。二者相资为用者也。躬自薄而厚责于人，又或己所不欲而施于人，固不恕之甚者也。⑤

可见，所谓"忠"是个体对自己之道德要求，所谓"恕"即个体对他人之基本态度，即要求对待他人有基本之同情，不得偏废。吴宓进一

① 〔南宋〕朱熹：《朱子语类·大学·卷十六》，《朱子全集》（卷14），上海：上海古籍出版社2002年版，第552页。
② 〔南宋〕朱熹：《四书集注·大学》，武汉：长江出版社2016年版，第10页。
③ 〔南宋〕朱熹：《四书集注·大学》，武汉：长江出版社2016年版，第8-9页。
④ 吴宓：《我之人生观》，《学衡》，1923年第16期。
⑤ 吴宓：《我之人生观》，《学衡》，1923年第16期。

步从人我关系角度对所谓"忠恕"进行阐述：

更就人我之关系论，则忠恕者，宁使天下人负我，不使我负一人之谓也。圣贤与奸雄盗跖之分在此，故当力学之。易言之，忠恕者，视我之义务甚重，视我之权利甚轻，而视人之义务甚轻，视人之权利甚重之谓也。由此义以言，苟凡人能行忠恕，则国家未有不富强，而天下未有不平治者也。无如世人之行事，大都适得其反，中西皆然。西国古昔之宗教哲学，亦固重忠恕之道，而近世之新说、则皆教人轻视义务而重视权力。[①]

在吴宓看来，所谓忠恕，即重自己之义务而轻自己之权利，重他人之权利而轻他人之义务。可以说，从权利与义务角度重新阐释儒家伦理之忠恕原则，使个体对天理之责任转而变成对他人之道德责任，使之赋予新的意蕴，具有很强的现实意义。

总之，在现代化发展不可避免的情况下，在欲望释放不可阻挡的情况下，在儒家伦理之合法性遭受新文化派前所未有之激烈否定的背景下，如何约束欲望的泛滥，建立起相应的社会道德秩序，成为当时社会秩序构建之基本问题。留学欧美归国的学衡派诸君，从中国当时的现实出发，以白璧德新人文主义思想为理论武器，试图重构儒家伦理思想的合法性，并在此基础上，选择性吸收了一些儒家伦理思想内容。一方面，从三界说出发，确立克制欲望的正当性，从而奠定解决现代道德秩序问题的起点。这一点在很大程度上是对儒家伦理思想基本问题视域之继承。另一方面，吸收了儒家一些核心概念，如克己、忠恕等，用以根据时代需要将儒家伦理思想予以转换。

可以说，学衡派诸君的努力主要在于回应社会的现实需要，并非复古，对于推进儒家伦理的近代转换具有重要的积极意义。但是，新文化运动所启动的历史发展趋势已经不可逆转，形势对于学衡派越来越不利，

---

① 吴宓：《我之人生观》，《学衡》，1923 年第 16 期。

学衡派所主张的批判与反思新文化运动的声音也愈趋微弱，影响日渐式微。1926 年 11 月 16 日，吴宓在接到中华书局关于《学衡》第 60 期以后不再续办印刷的信后，与陈寅恪谈《学衡》停办事。陈寅恪认为《学衡》对社会无影响，理当停办。中华书局也发函表示停办："昨接中华复函，谓《学衡》五年来销数平均只数百份。赔累不堪，故而停办云云。"①后来，虽在各界努力下，延办至 1933 年，但是其影响与当日不可同日而语。

213

① 吴宓：《吴宓日记》，北京：生活·读书·新知三联书店 1998 年版，第 251-258 页。

结　语

　　自汉武帝独尊儒术以来两千多年历史发展过程中，儒学逐渐成为中国社会独尊之意识形态。南宋以来，尤其明清以来，理学逐渐成为政治、生活等各方面社会秩序构建的合法性依据和基本思想资源。其中，在政治领域，理学通过天理世界观为政治制度构建、政治价值取向及其合法性论证提供整套解释体系，并与所谓封建帝制相结合，形成儒家特色之政治秩序。在教育领域，儒家经典成为各级官学和书院之基本教育内容，"四书五经"成为科举考试基本范围，并通过科举制度建立政教结合体制，形成儒家经典知识封闭循环系统，通过排斥其他知识进入以确保其意识形态之独尊地位。在社会生活领域，理学建立了一套"成人之学"，为生活秩序构建、人生观、价值观及其合法性提供整套解释体系，其内容主要为儒家伦常，以儒家礼法制度予以表达，并依托家族或宗族，形成儒家特色之生活秩序。概言之，明清以来，儒家伦理是官方意识形态之主体内容，且通过以科举制度为核心的政教结合体制，确立其意识形态独尊地位，并与宗族制度捆绑，形成意识形态支撑系统。

　　由此，只有从意识形态地位出发，研究儒家伦理之近代演变，才能真正梳理其演变轨迹。而其意识形态地位之近代变化绝非偶然所能为，往往与社会秩序构建的基本需求密切相关。总体而言，作为意识形态核心内容的儒家伦理的近代演变过程，在很大程度上是对时代秩序基本需求的回应。具体而言包括四个阶段：

第一阶段，即鸦片战争至甲午战争。鸦片战争后，面对西方坚船利炮，引进西学、以夷制夷就成为当时社会发展的基本需求。为了顺应时代需求，洋务派试图在维系儒家伦理之"道"的前提下，引进西学，"师夷长技以制夷"。但由于儒学知识封闭循环系统的阻碍作用，这种努力归于失败。

第二阶段，即甲午战败至清朝灭亡。甲午战败对士绅知识分子造成强烈心理震撼。他们开始意识到，仅依据儒学已经无法适应国际"物竞天择，优胜劣汰"的竞争形势。由此，挽救民族危亡成为当时时代发展的基本要求。在这种背景下，在体系内引进被视为"富强之术"的西学成为必然选择。这一次，以张之洞为首的官方士绅官僚倡导"中体西用"论，试图通过将西学限定于"用"，而将儒家伦理定位为"体"，从而将西学引进现有之知识循环系统，并强化儒家经典之学习时间和读经数量，以此巩固儒家伦理之意识形态地位。民间层面的代表人物康有为、梁启超等也尝试对儒家伦理之近代转换进行探索。当时随着科学思想的传播，天理世界观开始动摇。天理世界观为儒家伦理秩序合法性之唯一来源，其动摇势必影响其合法性论证。由此，康有为试图从近代西方之公理和人道思想两大基本观念出发，论证儒家礼教秩序合法性之基础；而梁启超则经历了一个从功利主义到王阳明心学的过程，并在康德道德哲学中重新发现了心学之道德主体性对于重构伦常秩序基础的重要意义。这一时期，尽管西学的冲击带来一些危机，儒家伦理的政治价值开始被削弱，但其作为生活秩序之价值来源和遵循仍然被广泛认同。

第三阶段，即民国初年。民国建立以后，随着封建帝制的覆灭，儒家伦理之政治价值基本废除，与其相互支撑之礼俗以及教育领域中之读经课程都被废除。政治功能紊乱和社会道德秩序芬乱并未随民国建立而平息，反而越加恶化。在亡国危机加剧的情境中，建立稳固的政治和社会道德秩序的需求越来越强烈。在这种背景下，儒家伦理虽然遭到批评，但是仍然被认为对于建立稳固的政治和社会道德秩序具有重要现实意义。由此，从官方到民间开始倡导以各种方式从制度设施和观念两个层面重建其意识形态地位，以此支撑儒家伦理之影响力。在官方层面，袁世凯政府试图通过恢复读经科、尊孔仪式等措施恢复儒家伦理之意识形态地位，并恢复儒家伦理秩序，从而建立稳固的政治秩序；在民间层面，以康有为为精神领袖的孔教会试图通过重建孔教组织，以宗教形式恢复儒家伦理之意识形态地位。这一阶段，儒家伦理意识形态地位已经遭到瓦解，其政治价值已经消解。但是，儒家伦理对于社会现实的价值指导作用仍受到广泛认同，官方和民间仍试图通过重建其意识形态地位，恢复其影响力，以实现各自之政治意图。这种努力也使得儒家伦理背负沉重的历史和现实包袱，为新文化运动时期被激烈批判甚至否定埋下伏笔。

第四阶段，即新文化五四运动时期。民初建立稳固的政治和社会道德秩序的努力被袁世凯绑架，作为复辟帝制的工具，进一步加剧了国内政治和社会道德秩序危机。在这种背景下，新知识分子以西方自由、民主等思想为思想武器，将儒家伦理视为自由、民主的对立物，视为落后和保守，儒家伦理之合法性在二元对立范式中遭到根本否定。而西方自由、民主等思想观念却不能替代儒家伦理成为指导中国政治和社会道德秩序构建的思想依据。在破旧而不能立新的同时，欧洲由于第一次世界大战爆发对西方主流的物质主义、功利主义等思想进行反思的思潮开始兴起。在中欧思潮相互影响的语境中，借助于对西方思想进行反思的意识，儒家伦理被认为对于克制物质主义、功利主义导致的欲望泛滥具有积极的现实意义，并由此被重新倡导并转化。

之后的20世纪30年代，面对乡村破坏导致的乡村社会道德秩序危机，现代新儒学的开山人物梁漱溟试图通过恢复儒家伦理思想的合法性，创立乡农学校等，重建儒家道德维系势力，重建儒家道德秩序。1930年11月，梁漱溟将创办于1929年的河南村治学院迁到山东，在韩复榘的支持下，以邹平县为中心推行乡村建设运动，以实践他于乡村重建儒家道德秩序的思想。1937年抗战全面爆发，不得不中断，此后再也未能恢复。梁漱溟的实践总体而言并不如意，但仍不失为重建社会道德秩序的一种重要尝试，对于后世新儒家思想的发展具有重要的影响。

总体而言，从1840年鸦片战争至20世纪30年代，儒家伦理演变经历四个阶段。尽管不同阶段有不同侧重点，但有一点是共同的，即儒家伦理每一次演变都与时代社会秩序建构密切有关，可以说，每一个阶段儒家伦理的演变都与它适应特定历史时期的社会秩序基本需求密切相关。由于与意识形态地位的捆绑关系，儒家伦理地位、制度设施以及合法性也随之不断被瓦解。相应地，每一次儒家伦理思想的演变，其核心就是其存在合法性不断遭到打击，甚至否定，由此不得不重新调整与意识形态地位的关系，包括巩固意识形态地位或重建其合法性等。有意思的现象是，尽管其政治价值受到毁灭性打击，甚至合法性遭到瓦解，儒家伦理从来没有被真正打倒，即使在新文化运动激烈反儒背景下也如此。可以说，在近代发展演变过程中，儒家伦理思想，无论是基本伦常关系，还是重要的伦常规范，除君臣一伦以及少数伦理规范遭到彻底抛弃之外，绝大部分内容随时代发展不断进行调整，并重新获取合法性而得以延续。

值得思考的问题是，为什么儒家伦理在其合法性遭到严重打击之下，仍可以不断调整其内容，从而重新延续下来？从根本上看，还是社会秩序建设的根本需要。任何社会中，赖以维系的社会秩序都需要一定伦理思想资源作为基本依据，也就是说，该伦理思想资源与其社会之间应能形成紧密的契合关系。

儒家伦理自汉武帝罢黜百家以来，逐渐成为社会秩序构建的基本依据，成为决定国人生活方式以及价值依据的基本思想来源。之所以如此，根本在于它满足了在一个庞大社会建立一个统一的基于自我约束的伦理秩序的需要。在一个庞大社会范围内建立起稳定的统一的伦理秩序，无疑不能靠武力征服，不能依靠出世的宗教思想，此为世界各国历史所证明。基于自我约束是儒家伦理的核心特征，而大一统和稳定是儒家伦理追求的核心价值。由于满足了中国社会秩序构建的基本需求，在两千多年的发展过程中，儒家伦理思想在很大程度上"型塑"了中国人之国民性格特征，在很大程度上成为中国人文化认同之核心标志。而且，近代以来，建立一个稳定的、统一的、内在约束的伦常秩序的需求并没有消解，反而在面对亡国危机的氛围中，这种需求还不断得到强化。因此，儒家伦理在满足近代以来社会秩序构建需求方面仍然具有现实意义。所以，近代以来，尽管不断遭到打击，部分伦理规范被视为不合时宜，整体而言，儒家伦理思想所遭受到的打击基本上为连带受损。在古代中国社会，儒家伦理与封建帝制具有政治捆绑关系。近代以来，社会对于封建帝制存在合法性之批判和否定同样被施于儒家伦理，因而遭到连带打击。儒家伦理与中国社会秩序构建的契合性并没有受到根本挑战，即大部分时候的大部分中国人基本认为日常生活仍应遵守儒家伦理思想。可以说，历经数千年发展，中华文化历经繁盛与衰落，儒家伦理已经沉淀为"中华民族的基因""民族文化血脉"和"中华民族的精神命脉"。①

另一方面，西方传入的自由、民主等观念在近代以来的中国社会仍水土不服，无法承担起类似儒家思想的作用。根本原因在于西方自由观念属于消极观念。而对于自由威胁最大者在于政治权力，其保障也需要政治权力。因此，自由作为权利，其主要关联主体为政府，即人民的自由权利就是政府的责任，即保障自由的责任。自由作为道德观念，从来

---

① 习近平：《习近平谈中华优秀传统文化：善于继承才能善于创新》，http: //theory. people. com. cn/n1/2017/1221/c40531-29721761. html。

不是针对他者的自由，而是在不影响他者的情况下，个体的自由。尽管西方思想中，自由观念被上升为自然法高度的先验道德原则，但是无法改变自由观念内容的实质，即它并没有规定个体应该主动做什么，而主要规定不能做什么，否则就是"不自由"。因此，自由思想在政治领域具有一定指导意义，对于限制政府权力、保障公民政治权利具有重要的积极价值。但是在近代中国，其核心社会秩序需求是如何富国强兵，拯救国家与民族之危亡，并且并没有一个强大的限制公民权利的政治权力的存在，相反，民国以来的民主共和政治现实却是军阀混战，民不聊生。可以说，在政治层面，自由思想并没有生根落地之土壤。在社会生活领域，自由思想也无法对个体如何面对家庭、工作等各种社会生活情境提出建设性的价值依据，因而无法取代儒家伦理思想之指导作用。

民主观念的境遇也相似。民主观念的主要内容为对民主程序的尊重，这种观念虽然在生活中具有一定指导意义，但不可否认，其主要指导意义在于政治领域。而且，在近代中国，相对救国救民的紧迫性，西方式民主政治天生极其低下的效率无疑是一个很大困扰。民国以来，西方式民主政治被逐渐废弃，并不是历史发展的偶然，也非国人民主素质太差，而是国人愿意选择更有效力的政治体制，以实现富国强兵，挽救国家之危亡，因而是理性的选择。

219

同时，近代儒家伦理合法性的破坏，意味着它无法正常发挥其影响力，意味着依托于儒家伦理之社会伦常秩序之失调甚至崩溃。同时，所引进之西方自由、民主等观念未能很好地发挥正面影响力，为解决社会政治秩序、道德秩序等方面的危机提供思想资源，因而形成严重的意识形态缺位。破旧却未能开新，这种客观现实使得儒家伦理被认为仍具有延续其存在的现实价值。

就政治秩序而言，对儒家伦理合法性的破坏每深一层，固有政治秩序的瓦解越进一步；而自由、民主观念并未能催生出适应国情的民主共和的政治秩序，由此政治秩序构建的困难亦加深一层。由此，清末以至民国，历届统治者似有某种共识，即采取各种形式，强化儒家伦理作为政治秩序合法性论证的地位。

就社会生活秩序而言，儒家伦理合法性的衰败、崩溃过程，也是固有社会道德秩序衰败不断加深的过程。同时，随现代化发展而兴起之功利主义、自由、民主观念并未能有效指导中国社会秩序之构建，相反，却往往导致欲望横行、自由恣肆。功利主义思想盛行与欲望泛滥，在很大程度上，是随着中国进入世界，随着现代化发展必然出现的矛盾和问题。而且，这种矛盾和问题，在西方社会已经引起了广泛的反思。但是，西方价值思想在帮助摧毁儒家伦理思想合法性的同时，却并没有提供解决问题的办法，甚至可以说，近代中国现代化发展本身带来的诸如欲望过度释放、功利主义泛滥等问题，并未有效得以解决。在这种情况下，同时出现两方面问题：一方面是儒家伦理思想合法性瓦解导致固有社会伦常秩序的瓦解，另一方面是现代化发展本身带来新的社会秩序问题。近代中国在向现代化转型过程中，两者相叠加，增加了问题的复杂程度，加剧了社会动荡的严重程度。因此，在近代中国向现代化转型的过程中，在很多中国人看来，充满着困惑，充满着危机。面对如何化解社会秩序危机的问题，相当一部分社会势力做出了一个相当现实和理性的选择，即旧瓶装新酒，回到传统，复兴儒家道德，并将之进行转换，为现实社会道德秩序建构提供价值来源。

概言之，近代儒家伦理思想的演变，根本原因在于它仍能在很大程度上满足近代以来社会秩序构建的现实需要。可以说，近代儒家伦理思想的演变实质上是对现实社会秩序构建问题的反应。尽管有学者认为，近代以来经历了历次文化革命，儒家文化已经成为"博物馆"①或"游

---

① [美]列文森著，郑大华、任菁译：《儒教中国及其现代命运》，北京：中国社会科学出版社2000年版，第82-337页。

魂"①，但从其近代演变来看，作为儒家文化主体内容的儒家伦理从来没有在现实生活中完全退场，尽管在某些特定历史背景下，在激进反传统的氛围中，儒家伦理在话语层面可能消隐。这正是当前中国社会仍在倡导儒家式伦理秩序之前提所在。

作为传统文化核心内容的儒家伦理，无疑蕴含丰富的"道德精髓"。②习近平总书记指出："传承和弘扬中华优秀传统文化，要重点做好创造性转化和创新性发展，使之与现实文化相融相通。创造性转化，就是要按照时代特点和要求，对那些至今仍有借鉴价值的内涵和陈旧的表现形式加以改造，赋予其新的时代内涵和现代表达形式，激活其生命力。"③可以说，实现儒家伦理的当代价值，关键在于当代创造性转换。当然，如何推动以儒家伦理为主要内容的传统伦理进行当代转换，这是一个重要的时代课题，也是笔者需要进一步努力研究和探索的方向。

---

① 余英时认为，儒学的游魂状态反映了儒学发展的现代困境。参见余英时：《现代儒学的困境》，《现代儒学论》，上海：上海人民出版社 1998 年版，第229-234 页。

② 中共中央宣传部：《习近平新时代中国特色社会主义思想学习纲要》，北京：学习出版社，人民出版社 2019 年版，第 147 页。

③ 中共中央宣传部：《习近平新时代中国特色社会主义思想学习纲要》，北京：学习出版社，人民出版社 2019 年版，第 147 页。

参考文献

一、中文著作

[1] [美]费正清. 剑桥中国晚清史 1800-1911[M]. 中国社会科学院
       历史研究所编译室，译. 北京：中国社会科学出版社，1985.

[2] 李新，等. 中华民国史（第二编）[M]. 北京：中华书局，1987.

[3] [德]康德. 道德形而上学原理[M]. 苗力田，译. 上海：上海人
       民出版社，1988.

[4] [美]张仲礼. 中国绅士[M]. 李荣昌，译. 上海：上海社会科学
       院出版社，1991.

[5] [美]彼得·贝格尔. 神圣的帷幕——宗教社会学之要素[M]. 高
       师宁，译. 上海：上海人民出版社，1991.

[6] [美]艾恺. 世界范围内的反现代化思潮——论文化守成主义[M].
       贵阳：贵州人民出版社，1991.

[7] 熊月之. 西学东渐与晚清社会[M]. 上海：上海人民出版社，
       1994.

[8] 王炳照，阎国华. 中国教育思想通史[M]. 长沙：湖南教育出
       版社，1994.

[9] 罗志田. 胡适传——再造文明之梦[M]. 成都：四川人民出版
       社，1995.

[10] [美]本杰明·史华慈. 寻求富强：严复与西方[M]. 叶凤美，译. 南京：江苏人民出版社，1996.

[11] 郭湛波. 近五十年中国思想史[M]. 济南：山东人民出版社，1997.

[12] 余英时. 现代儒学论[M]. 上海：上海人民出版社，1998.

[13] [美]费正清. 剑桥中华民国史 1912-1949[M]. 杨品泉，等，译. 北京：中国社会科学出版社，1998.

[14] 周策纵. 五四运动史[M]. 长沙：岳麓书社，1999.

[15] 罗志田. 权势转移：近代中国的思想、社会与学术[M]. 武汉：湖北人民出版社，1999.

[16] 沈卫威. 回眸学衡派文化保守主义的现代命运[M]. 北京：人民文学出版社，1999.

[17] 李国钧，王炳照. 中国教育制度通史[M]. 济南：山东教育出版社，2000.

[18] 来新夏，等. 北洋军阀史[M]. 天津：南开大学出版社，2000.

[19] [美]列文森. 儒教中国及其现代命运[M]. 郑大华，译. 北京：中国社会科学出版社，2000.

[20] 田正平. 中国教育史研究·近代分卷[M]. 上海：华东师范大学出版社，2001.

[21] 干春松. 制度化儒家及其解体[M]. 北京：中国人民大学出版社，2003.

[22] 余英时. 重寻胡适历程[M]. 桂林：广西师范大学出版社，2004.

[23] 邓洪波. 中国书院史[M]. 上海：东方出版中心，2004.

[24] 高瑞泉. 中国现代精神传统——中国的现代性观念谱系[M]. 上海：上海古籍出版社，2005.

[25] 黄书光. 中国社会教化的传统与变革[M]. 济南：山东教育出版社，2005.

[26] 萧公权. 康有为思想研究[M]. 汪荣祖,译. 北京:新星出版社, 2005.

[27] 张卫波. 民国初期尊孔思潮研究[M]. 北京:人民出版社,2006.

[28] 桑兵. 晚清学堂学生与社会变迁[M]. 桂林：广西师范大学出版社，2007.

[29] 张朋园. 梁启超与民国政治[M]. 长春：吉林出版集团有限责任公司，2007.

[30] 白蕉. 袁世凯与中华民国[M]. 北京：中华书局，2007.

[31] 桑兵. 晚清民国的学人与学术[M]. 北京：中华书局，2008.

[32] 高明士. 东亚传统家礼、教育与国法（二）：家内秩序与国法[M]. 上海：华东师范大学出版社，2008.

[33] 张君劢，等. 科学与人生观[M]. 合肥：黄山书社，2008.

[34] [美]杜赞齐. 从民族国家拯救历史——民族主义话语与中国现代史研究[M]. 王宪明，等，译. 南京：江苏人民出版社，2009.

[35] 洪明. 现代新儒学教育流派研究[M]. 广州：广东教育出版社，2009.

[36] 殷自成. 清代北方官办乡约研究[M]. 北京：中国社会科学出版社，2009.

[37] 刘集林. 中国留学通史·晚清卷[M]. 广州：广东教育出版社，2010.

[38] 元清. 中国留学通史·民国卷[M]. 广州：广东教育出版社，2010.

[39] 王中江. 进化主义在中国的兴起[M]. 北京：中国人民大学出版社，2010.

[40] 武吉庆. 五四前后的新文化派与文化保守派[M]. 北京：中华书局，2011.

[41] 金观涛，刘青峰. 开放中的变迁——再论中国社会超稳定结构[M]. 北京：法律出版社，2011.

[42] 王汎森. 清末的历史记忆与国家建构[M]//中国近代思想与学术的系谱. 长春：吉林出版集团有限责任公司，2011.

[43] 李申. 中国儒教史[M]. 上海：上海人民出版社，2000.

[44] [英]约翰·密尔. 论自由[M]. 许宝骙，译. 北京：商务印书馆，2007.

[45] [法]卢梭. 社会契约论[M]. 何兆武，译. 北京：商务印书馆，2005.

[46] [英]洛克. 政府论[M]. 叶启芳，等，译. 北京：商务印书馆，1996.

[47] 李成军. 近代国学教育思想研究[M]. 上海：复旦大学出版社，2014.

[48] 瞿同祖. 清代地方政府[M]. 范忠信，等，译. 北京：法律出版社，2003.

[49] [美]白璧德（Irving Babbitt）. 文学与美国的大学[M]. 张沛，张源，译. 北京：北京大学出版社，2004.

[50] 陈学恂，田正平. 中国近代教育史资料汇编·留学教育[M]. 上海：上海教育出版社，2007.

[51] 李世涛. 知识分子立场：激进与保守之间的动荡[M]. 长春：时代文艺出版社，2002.

[52] 王晓明. 人文精神寻思录[M]. 上海：文汇出版社，1996.

[53] 李承贵. 德性源流——中国传统道德转型研究[M]. 南昌：江西教育出版社，2004.

[54] 张怀承. 天人之变——中国传统伦理道德的近代转型[M]. 长沙：湖南教育出版社，1998.

[55] 赵炎才. 晚清民初道德观念嬗变研究[M]. 北京：中国社会科学出版社，2015.

[56] 张岂之，陈国庆. 近代伦理思想的变迁[M]. 北京：中华书局，1993.

[57] 张锡勤，等. 中国近现代伦理思想史[M]. 哈尔滨：黑龙江大学出版社，1984.

[58] 吴熙钊. 中国近代道德启蒙[M]. 长春：吉林文史出版社，1990.

[59] 吴翠丽. 社会制度伦理分析[M]. 南京：东南大学出版社，2006.

[60] [英]边沁. 道德与立法原理导论[M]. 时殷弘，译. 北京：商务印书馆，2000.

二、外文文献

[1] Joseph Richmond Levenson. Confucian China and Its Modern Fate[M]. Berkeley：University of California Press，1968.

[2] Confucius （Author）. James Legge （Editor），The Confucian Analects，the Great Learning ＆the Doctrin of the Mean[M]. New York：Dover Publications，1971.

[3] Alex Inkeles. Causes and Consequences of Individual Modernity in China[J]. The China Journal，1997（37）.

[4] Angela Zito. Of Body and Brush：Grand Sacrifice as Text Performance in Early Modern China[M]. Chicago：University of Chicago Press，1997.

[5] Pamela K. Crossley. A Translucent Mirror：History and Identity in Qing Imperial Ideology[M]. Berkeley：University of Canifornia Press，1999.

[6] Yeh Wen-hsin. Culture and Politics in Republican China[M]. Massachusetts: Havard University Press, 1999.

[7] Yao Hsin-chung. An Introduction to Confucianism[M]. Cambridge: Cambridge University Press, 2000.

[8] Lee Seung-hwan. Topography of Confucian Discourse : Politico-philosophical Reflections on Confucian Discourse Since Modernity[M]. Korea: Prunsoop Publishing Company, 2006.

[9] Mayfair Mei-hui Yang. Chines Religiosites-Afflications of Modernity and State Formation[M]. Berkeley: University of Canifornia Press, 2008.

[10] Lionel M. Jensen. Manufacturing Confucianism : Chinese Traditions and Universal Civilization[M]. Durham : Duke University Press, 1997.